社会调查研究方法

张 蓉 主 编

庄龙玉　王立全　侯 婧 副主编

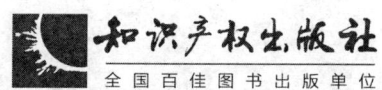

知识产权出版社

全国百佳图书出版单位

内容简介

　　本书对社会学研究方法作了系统全面的介绍。全书围绕社会学研究的原理、科学程序，从方法论、研究方式和具体研究方法、技术三个层次，详细阐述了资料的收集、整理、分析、解释与评估的各种方法、技术和应用。同时，本书还系统地介绍了社会调查研究的基本知识、具体操作技巧等，使学生能够掌握社会调查研究的方法和调查研究报告的撰写方法，学会自觉地认识、研究和分析社会，将来更好地为社会服务。

责任编辑：龚　卫　　　　　　责任校对：董志英
装帧设计：张小力　　　　　　责任出版：卢运霞

图书在版编目（CIP）数据

　　社会调查研究方法 / 张蓉主编 . —北京：知识产权
出版社，2013.10（2016.7 重印）
　　ISBN 978-7-5130-2389-4

　　Ⅰ. ①社…　Ⅱ. ①张…　Ⅲ. ①社会调查－调查方法　Ⅳ. ①C915

　　中国版本图书馆 CIP 数据核字（2013）第 255972 号

21 世纪高等院校网络教育示范教材

社会调查研究方法

张　蓉　主编

庄龙玉　王立全　侯　婧　副主编

出版发行：**知识产权出版社**

社　　址：北京市海淀区马甸南村 1 号　　　邮　　编：100088
网　　址：http：//www. ipph. cn　　　　　邮　　箱：bjb@cnipr. com
发行电话：010-82000860 转 8101/8102　　传　　真：010-82005070/82000893
责编电话：010-82000860 转 8120　　　　　责编邮箱：gongwei@cnipr. com
印　　刷：北京雁林吉兆印刷有限公司　　　经　　销：各大网络书店、新华书店及相关销售网点
开　　本：720mm×960mm　1/16　　　　　印　　张：20.5
版　　次：2014 年 1 月第 1 版　　　　　　印　　次：2016 年 7 月第 2 次印刷
字　　数：375 千字　　　　　　　　　　　定　　价：55.00 元

ISBN 978-7-5130-2389-4

前　言

　　2004 年，应中国农业大学网络学院的要求，我们编写了一本《社会调查研究方法》教材，该书自出版以来，深受读者喜爱。本书主编讲授《社会调查研究方法》课程已近二十年，教学的过程也是一个不断学习与实践的过程，随着教学与实践经验的增加，对于社会调查研究方法又有了一些新的体悟，本书在上版书的基础上做了一定了增删，以期在逻辑结构方面更加合理，在相关知识点的介绍方面更加通俗易懂。

　　在本书的组编撰写工作中，作者广泛收集资料，反复进行分析研究，在编写过程中，曾引用了国内外有关学者和研究人员的许多论著，为行文方便和节省篇幅，未在有关章节中一一注释，一并列入本书附录的参考书目中。在此谨向曾引用过论著的作者们以及所有曾支持、帮助过本书编写出版的同仁们深表谢意。

　　在编写过程中，作者希望本书能够简明易懂，以方便广大学生自学，因此尽可能采用通俗易懂的语言来编写本书，同时在一些章节中设置了专栏，以加深对相关知识点的理解。本书可作为高等院校人文社会科学各专业的参考教材，又可作为行政、企事业各单位社会科学工作者的参考读物。

　　张蓉教授作为本书的主编，对本书的编写，从基本思路、写作特点等方面进行了整体的把握；庄龙玉博士负责本书的统稿工作，通读本书的每一章节，对每一章内容进行了增订与删减工作；王立全博士、侯婧博士、王妍蕾博士、李倩博士等人分别负责了本书具体章节的编写工作。

　　作为本书的主编和撰稿者，虽然尽了很大的努力完成本书，但由于水平所限，疏漏不妥之处在所难免，恳请读者与各位同仁惠予批评指正。

　　在本书即将出版之际，感谢中国农业大学网络学院的郑丽老师为本书的出版所付出的辛勤劳动；感谢中国农业大学社会学系的同事们所给予的无私帮助。

张　蓉

2013 年 6 月于绿苑

目 录

第一章 导 论

内容提要

　　本章包括社会调查研究的概念与特征、西方社会研究方法论的不同观点、社会学方法论的演进、社会调查研究的方法体系及社会调查研究简史共五节的内容。本章主要阐述了社会调查研究的概念，社会调查研究的特征，进行社会调查研究应遵循的原则，实证主义和人文主义在一些问题上的不同观点，实证精神的引入，马克思、韦伯和涂尔干社会学方法论的基本观点，波普尔的证伪与库恩的范式，社会调查研究的方法体系，近代社会调查、现代社会调查以及中国社会调查简史。

学习目标

1. 掌握社会调查研究的概念、特征以及进行社会调查研究应遵循的原则。
2. 了解实证主义和人文主义在一些问题上的不同观点。
3. 了解孔德的实证精神，理解马克思、韦伯和涂尔干社会学方法论的基本观点。
4. 理解波普尔的证伪与库恩的范式。
5. 掌握社会调查研究方法论体系。
6. 了解社会调查研究的历史发展过程。

学习提示

1. 阅读毛泽东关于调查研究的相关著作。
2. 阅读哲学中与社会调查研究方法论相关部分。

第一节　社会调查研究的概念与特征

研究是人们发现问题、寻求解释、解答问题的全过程。科学研究就是在一定理论和方法论的指导下，运用系统的经验观察和逻辑推理方法，通过建立科学理论来解释具体现象，并力图说明普遍的因果规律。本书也是在这个意义上使用社会调查研究的概念。首先，我们需要了解社会调查研究的一些基本问题。

一、社会调查研究的概念

社会调查研究是在系统地、直接地收集有关社会现象的经验材料的基础上，通过对资料的分析和综合来科学地阐明社会生活状况及其发展规律的认识活动。它实际上包括两个部分的内容，即社会调查和研究。社会调查是指收集事实、数据，了解情况，占有材料，它是一种感性认识。研究是指从现象中寻求本质，从经验中推导理论，从感性认识上升到理性认识。调查研究的这两部分内容可以用四个字总括：实事求是。"'实事'就是客观存在着的一切事物，'是'就是客观事物的内部联系，即规律性，'求'就是我们去研究。"❶

社会调查研究的一般过程是：首先，从客观存在出发，在实际生活中收集各种具体的经验材料（感性认识阶段）；其次，通过对材料的整理、加工，形成某种观点或理论（理性认识阶段）；再次，依据这些观点和理论提出一些方针、政策、计划，用以指导各项实际工作（实践）；最后，在实践过程中检验这些方针、政策、理论、观点是否正确（检验），同时再发现新问题和新的经验材料，这是又一个调查研究过程的开端。由此可见，社会调查研究遵循科学研究的一般程序，并且以科学的认识论和方法论为指导。

二、社会调查研究的特征

社会调查研究作为一种科学的探索活动，同时也是形成和产生这种有关社会知识的一种过程，这种过程比起常识、传统、权威、个人经验以及其他一些知识来源来说，具有更高的系统性、结构性、组织性及科学性。社会调查研究作为特定的科学研究类型，具有下述几个特点：

1. 社会调查研究是在一定的理论指导下，有目的、有计划、系统地了解

---

❶　毛泽东选集［M］（一卷本）. 1970：759.

社会现实，并对所观察到的现象作科学的解释

这种方式与日常观察和考察不同，作出的解释也不同于"拍脑袋"式的主观解释，它必须依据科学的方法和程序，必须以经验事实和逻辑法则为依据，不能只停留在总结经验、罗列资料的层次上，必须要上升到理论层次或提供各种政策性建议。

2. 社会调查研究的目的是要反映总体情况，而不仅仅是了解和说明个人情况或个别事件

社会调查的领域、对象、内容是广泛多样的，但是必须注意的是它限定以分析社会现象为目的。社会调查研究的结论必须具有社会意义，不能仅仅停留在对个人或个别事件的分析和解释上。

3. 社会调查研究是利用第一手资料进行分析和研究

与社会研究的其他方式不同，社会调查研究是直接到社会现实中，在自然状态下，通过观察、访问和调查表格等方法来收集社会信息。实验研究通常是在实验室中人为控制其他条件，然后实施某种影响，通过观察产生的反应和变化来研究人的行为或态度；文献研究则是仅仅依赖间接的、第二手资料来分析社会现象，无法像社会调查研究那样获得丰富的感性材料。社会调查研究中也要查阅相关文献资料，但是它不是仅仅依赖这些文献资料，它主要依赖的是调查得来的第一手资料。

4. 社会调查研究是建立在经验观察和归纳法基础之上的，与形而上学是相对立的

传统的社会研究方法轻视经验、注重思辨和演绎，人们在分析社会现象时，只知引经据典，而不重实践检验。到了 19 世纪，科学的社会研究方法开始得到发展，社会调查便是其中之一。科学是建立在实验法的基础上的。实验法的基本思想是，客观世界具有一定的规律性，人们通过对事物进行系统、精确的观察就能够发现事物的因果规律，并能对理性认识或理论假设作出实际验证。不过，纯粹的实验法在社会研究中很难广泛采用。在某种意义上，现代的社会调查方法可以看作是实验法在社会领域中的具体应用。研究者以社会为实验室，直接在社会生活中对社会现象进行系统的观察和度量，然后依据所得到的事实来形成理论或检验理论。

三、社会调查研究的基本原则

作为一种科学的认识活动，社会调查研究必须遵循科学研究的一般原则，必须采取科学的方法和态度，才能获得真实可靠的信息，得出符合客观实际的结论。科学研究的一般原则，主要有以下几条：

1. 客观性原则

客观性是任何社会研究都必须遵循的原则。这一原则要求研究者对客观事实采取实事求是的态度，而不能带有个人主观偏见或成见，更不能任意歪曲或虚构事实。在社会调查研究中，能够遵守这一原则具有一定的困难性。与自然科学家不同，社会学家本人也是他所研究的对象的一部分。自然科学家与他所研究的对象之间，一般不容易产生情感上的纠葛。他一般不会对他所研究的对象产生同情、厌恶、喜欢、钦佩等情感。而社会研究者就不同，他极有可能陷入这种"感情纠葛"之中。所研究对象的状况、处境、经历，以及行为、态度、价值取向，常常在社会研究者的心中产生某种"共鸣"或"印象"。社会研究者的主观体验，往往在不知不觉中影响到他对研究结果的解释上来。总之，造成个人观察偏差的因素是多方面的，所以每个调查研究人员都应对自己的调查结论中可能出现的偏差进行分析和估计，尽可能消除各种主观因素的影响。

2. 科学性原则

科学性主要是指研究及研究结论的实证性和逻辑性。科学是建立在系统的经验观察和正确的逻辑推理之上的。科学结论所依据的事实应当是全面的、具有内在逻辑的，而不应当是个别的或偶然的。

由客观事实到结论需要经过正确的逻辑推理。例如，由资本主义国家的人均收入普遍比社会主义国家高这一事实，得出"资本主义制度比社会主义制度优越"的结论，就是一种错误推理，因为它没有考虑历史因素。

科学的理论或结论还必须能受实践的检验，也就是说，结论必须来自对客观世界的观察，而且必须以明确的方式来表达。例如，观察到大量的白色天鹅得出结论说："所有的天鹅都是白的"，但是，一旦发现了一只黑天鹅，这个结论便被推翻。

3. 系统性原则

所谓系统性，并不是说要抽象地、笼统地分析一个包罗万象的整体，而是将所要研究的现象分解，然后对各种复杂的联系进行分析和综合。科学的基本假定是，任何事物都是相互联系，相互影响的，事物之间的内在联系表现为一定的因果规律性。自然现象如此，社会现象也不例外。为了找出这些必然的、普遍的因果联系，需要将作为整体的世界分解为相互联系的各个部分、各个要素，然后从不同层次、不同侧面来分析其内在的联系。例如，我们要研究犯罪现象，就要根据研究目的将研究范围限定为某一个或某几个层次（如国家、地区、群体、个人），将犯罪划分为各种类型（如经济犯罪、政治犯罪或暴力犯罪），区分出各种犯罪动机或原因。在分析犯罪原因时，不能只考虑个人原因，还应该考虑社会原因，包括家庭、生活环境、社会经济发展状况等方面的影响。

在具体分析的基础上还必须进行综合。要把研究对象的各个方面、各个部分，按照现象之间的内在联系结合成一个统一的整体，然后从总体上把握社会系统或子系统的结构、功能、作用机制、运行方式、发展规律等，从而完整地、全面地认识客观事物。

4. 理论和实践相结合的原则

有社会学家认为，理论是人们根据经验事实对现象所作的尝试性解释，这种解释要在实践中加以检验，检验的目的不在于证实理论，而在于修正理论、发展理论。科学哲学家也指出，之所以要不断在实践中修正理论，不仅是由于人们的认识不可能完全反映事物的真实本质，而且还由于人们的认识手段和思维方式在不断发展。理论具有累积性，任何研究都是对前人或他人理论的补充或发展。因此，调查研究必须以现有的理论为指导。但是，现有的理论只是作为参照，我们要用所调查到的事实材料来检验理论或发展理论。理论不在实践中应用和检验，就会成为教条。

坚持理论和实践相结合的原则，在社会调查研究中要防止犯"经验主义"和"教条主义"两种错误。"经验主义"是简单地罗列现象，而不作理论分析；而"教条主义"是以一些空洞的原理或信条来解释现象。例如，有的调查报告中充斥着大量的统计数据或实例，而缺少对资料的分析；还有的调查报告只是借用了很多经典理论的概念，缺少用具体的事实来说明。

第二节 西方社会研究方法论的不同观点

方法论是对"如何看待和认识社会现象"，"如何获得客观、可靠的事实"，"如何分析和解释事实"，"如何检验社会理论"等问题的认识。在社会研究中，一直存在着两种基本的、同时也是相互对立的方法论倾向。一种是实证主义方法论；另一种是人文主义方法论。下面我们简要介绍其中一些主要观点。

一、关于社会规律性

自然科学的基本假设是，任何现象都有其内在规律性。许多社会学家尤其是实证主义者在研究社会现象时也采用了这一观点。

但有些人文主义者否认社会现象的规律性，代表人物是德国学者狄尔泰（1833～1911）。他认为，社会现象不同于自然现象，因为人们的行为不同于物体运动，人有自由意志，因此无法对人的行为作出预测。此外，社会历史事件都是独特的，非重复性的，因而无规律可循。针对以上观点，实证主义的代表、法国社会学家涂尔干（1858～1917）反驳说，社会科学不是研究个别人和个别事件，而是研究普遍的社会现象，这些现象是在各种社会力量作用下产生的客观事实，它们是受一定的社会规律支配的。德国社会学家韦伯（1864～1920）指出，社会现象都是与人的行动和人的主观动机有关的，它们与自然现象有区别。但是人们的行为是理智的、有目的的，这种理性行为具有一定的规律性。通过对社会行为的外部原因和内部动机的分析，就可以发现社会现象的规律性。韦伯的上述观点目前为大多数西方社会学家所接受。

二、如何认识社会现象

在对社会现象的认识上，实证主义与人文主义所侧重的角度、方法和观点是不同的。主要表现在以下三个方面：

第一，宏观研究与微观研究的对立。实证主义者主张在宏观层次上通过对大量样本的调查和统计来研究社会现象。例如，涂尔干强调说，社会现象表现为多数社会成员的共同行动，它们的规律性只能通过统计分析来发现。而人文主义者主张在微观层次上通过实地调查来直接了解具体的社会生活状况。他们认为，统计分析所得到的"社会事实"忽略了具体个人的具体行动，因而它无法完全反映真实的社会现象。

第二，整体认识与个体认识的对立。实证主义者认为，对社会现象的认识是要说明社会整体的特征，如社会结构、社会制度、生产力发展水平、历史、地理条件等，是这些因素而不是个人特征决定了社会现象的产生、发展与变化。人文主义者认为，社会是由个人所构成的，任何社会现象都可以还原为人的活动，因此，不了解人的行为动机和价值观念就无法认识社会现象。这两种观点也称为整体主义方法论与个体主义方法论。

第三，客观检验与主观判断的对立。在检验真理的标准上，实证主义者主张以经验为客观标准。他们认为，研究者在收集社会事实时应坚持自然科学的"价值中立"的原则，这样就能得到客观的事实和理论认识，并能对理论作出客观检验。而人文主义者指出，在社会科学中，不带个人价值与偏见的研究是很难做到的，研究者的世界观、价值观、信仰、阶级地位等都会对他的认识有影响。此外，不同的研究者在观察角度、指导思想以及所使用的概念和方法上都有所不同，因此，他们所得到的社会事实和理论认识不可避免地带有主观性或阶级性，对这种"真理"，没有一个客观的检验标准，只能依靠主观判断。

三、如何分析和解释社会现象

分析和解释社会现象是对"社会现象为什么会产生或为什么会变化"进行回答。实证主义和人文主义对"如何说明以及采取何种分析方法进行说明"这个问题的对立表现在三个方面：第一，客观解释与主观理解的对立；第二，静态分析与动态分析的对立；第三，定量分析与定性分析的对立。

实证主义者主张对社会现象进行客观的解释，这种解释是像自然科学那样客观说明现象产生和变化的外部原因。例如，用万有引力的作用来解释苹果的下落。同样，可以由家庭环境、父母文化水平的不同来解释工农子弟和知识分子子弟的升学率的差别。人文主义者则认为，除外部原因外，影响社会现象的因素还有内在的原因。例如，一个人是否能够进入大学还取决于本人的智力水平、刻苦程度和升学欲望。与自然现象相比，人具有很大特殊性，人的内在动机是无法观察到的，它们只能在特定的场合、条件和情景中通过主观理解法才能加以说明。主观理解法的特点是，研究者要设身处地地体验被调查者的处境，由此来理解他为什么采取这一种行为而不是另一种行为。这种说明只适用于特定场合，它能揭示某一现象的个性和特殊性。

在分析方法上，实证主义者强调静态分析和数量分析。他们认为，社会结构和系统各部分之间的联系是相对稳定的，只有客观的、实证的和定量的研究才符合科学的要求，才具有价值。"只有当社会世界能够用数学的语言来表示时，它的各个部分之间的确切关系才能得到证实。只有当资料可以通过可信的计量工具用数量来加以表示时，不同研究者的研究结果才能直接地加以比较。没有量化，社会学就只能停留在印象主义的臆想和未经证实的见解这样一种水平上。因而也就无法进行重复研究，确立因果关系和提供证实的通则。"❶

法国著名的社会学家涂尔干深受孔德实证主义思想的影响，在其著名的《自杀论》一书中，仔细分析犯罪统计学向他提供的统计资料，并最终展示出那种类似于自然科学的规律性。人文主义者强调动态分析和定性分析。他们认为，研究应在自然的环境和条件中进行，这样才能判定事物的性质，说明事物之间的联系。

总的来说，实证主义与人文主义两种方法论都包含着正确的和错误的成分，不存在谁优谁劣的问题，都片面强调某种认识角度而忽视了其他角度。社会现象是多层面、多样化的。不同的问题，研究的侧重点和研究方法也就有区

---

❶　[英] 哈拉博斯. 社会学基础 [M]. 上海：上海社会科学出版社，1986：60—61.

别。在研究者认识社会现象的过程中，两种方法论发挥着各不相同的作用。在实际研究中，采用哪种方法不仅取决于研究者的兴趣，同时也取决于他所要解决的问题。

第三节　社会学方法论的演进

社会学是一门多范式的学科，一般地说社会研究方法始于孔德的实证主义，且一直处于不断地发展之中，不存在任何凌驾于科学之上的、"放之四海而皆准"的指导思想或方法论原则。

一、孔德：实证精神的引入

当法国社会学家孔德（Auguste Comte，1798～1857）在1822年创立社会学一词时，他开启了人类智力运动历险的大门。最重要的是，孔德把社会当成一种可以用科学方法研究的现象。社会学研究方法论的真正确立也始于实证精神的引入。

在孔德之前，社会只是既成事实。人们只知道有不同类型的社会，或是社会随着时间推移而有所变迁。那时是宗教范式主导着人们对社会的解释，社会的各种状况通常被认为是在反映神的意旨。孔德把自己的探索从宗教中分离出来，他认为社会应该可以用科学的方法来研究，用科学的客观取代宗教的信仰。

孔德的"实证哲学"把人类历史分成三个阶段：神学阶段、形而上学阶段和科学将取代宗教和哲学阶段。孔德认为，知识建立在经验观察上而不是信仰之上，社会可以被逻辑而理性地研究，社会学应该成为像生物学、物理学一样的科学。他创立了"实证主义"一词来描绘这种科学取向。

需要指出的是，虽然实证主义由孔德提出，但其精神却早已蕴涵于孔德之前的一些学者之中。我们在孔德的先师圣西门那里就能找到关于实证主义的论述。圣西门在《人类学概论》（1813）中指出，"关于人的科学迄今只是一门猜想的科学"，应当将这门科学"提高到以观察为基础的科学水平"，"要赋予关于人的科学以实证的性质，把它建立在像物理学等其他领域中所使用的那种观察和研究方法的基础之上"。这说明，实证主义的根源要追溯到经验哲学和自然科学的领地。实证精神可以说是社会研究的精髓所在，它使社会学独立为一门科学，同时也为其研究手段提供了科学的方法论前提。

专栏 1-1　奥古斯特·孔德

　　奥古斯特·孔德（Auguste Comte，1798～1857）是社会学的创始人，他最先提出并使用了"社会学"的概念，力图把它建成一门研究社会的实证科学。孔德思想的出发点"就是研究他所处的那个时代内部神学和尚武型社会以及科学和工业型社会之间的矛盾。由于这个历史时期的特点是科学思想和工业活动已经相当普遍，所以解决这种危机的唯一方法是创立一种像过去神学思想体系支配社会秩序那样支配现时社会

奥古斯特·孔德
Auguste Comte
1798-1857

秩序的科学思想体系，以加速变革的进程"。他创立社会学，是为了解决当时的社会危机，是为了提供一种支配重组社会的思想体系。他把社会学分为"社会静力学"和"社会动力学"，社会静力学旨在揭示社会的基本秩序，社会动力学旨在探讨社会进步的曲折历程。他还认为"进步就是秩序的发展"，因为进步如果不同秩序结合，就不能持久；秩序如果不与进步共存，真正的秩序也无法建立。他一生都在努力寻求走出现世混乱、重建社会秩序、实现社会进步的途径。

　　资料来源：湖南师范大学社会科学学报［J］. 2004（1）.

　　孔德的"实证"范畴在当时有其特定含义：（1）现实的而不是幻想的；（2）有用的而不是无用的；（3）可靠的而不是可疑的；（4）确切的而不是含糊的；（5）肯定的而不是否定的。

　　在这里，孔德将自然科学中的研究法则带进了社会研究，并且认为"人"——这个"理性的动物"——与动物只有程度上的差别，从而"人"被孔德从理性王国打入动物界。对人性及社会的研究应类同于对动物甚至对原子的研究——实证研究。

　　孔德由此提出了他确认的社会研究方法。他断言，首先，观察是社会学的主要方法；其次，是实验；最后，是比较法，即基于世界各种文化的比较，以及人类社会与动物社会的比较。此外，孔德还提出了历史法——不同历史阶段和过程比较，这也可归入比较法的一种。

二、社会学"三大家"方法论简介

　　在孔德提出"社会学"之后，社会学上出现了经典的社会学三大家，即卡尔·马克思、马克斯·韦伯和埃米尔·涂尔干，他们在方法论上都各有特点。

（一）马克思方法论的基本观点

马克思主义哲学方法论，即辩证唯物主义和历史唯物主义，是进行社会调查研究的理论基础和指导思想。它所提供的指导原则主要有以下几点：

1. 普遍联系的观点

马克思主义哲学认为，事物与事物之间、事物内部各要素之间是普遍联系的，整个世界是一个普遍联系的整体。这一观点告诉我们，社会现象同自然现象一样也具有一定的规律性。所谓社会规律并不是指个人行为的规律性，而是由许多社会成员的活动所表现出来的规律性。列宁写道："社会规律只能表现为平均的、社会的、普遍的规律性，至于个别的偏差情况则会相互抵消。"

但是，社会现象和自然现象所不同的是，它的规律性往往被掩藏在许多偶然性现象之中，人们必须通过对大量的社会现象的考察和分析才能透过表象抓住本质，才能发现事物内部各要素以及事物之间的内在联系。与此同时，现象之间的具体联系是多方面、多层次的；不仅有纵向的历史联系，还有横向的结构联系；不仅有数量的联系，还有性质的联系；不仅有客观因素之间的联系，还有主、客观因素之间的联系；并且不同层次之间的联系更加多样化，如个人之间、个人与集体之间、集体之间、集体与国家之间、组织与制度之间、组织与环境之间的联系等等。对于具体现象的分析还要根据各种不同的联系采用不同的分析方法，也就是具体问题具体分析。

2. 发展的观点

马克思主义哲学认为，社会现象是在历史过程中产生、运动和发展的。因此，只有把社会现象放在一定的历史过程中才能准确地作出说明和解释。在考察自然界或人类历史或精神活动时，恩格斯认为，"首先呈现在我们眼前的，是一幅由种种联系和相互作用无穷无尽地交织起来的画面，其中没有任何东西是不动的和不变的，而是一切都在运动、变化、产生和消失"。我们在认识社会现象时，既要看到它的过去，也要看到它的现在和将来，要对社会现象进行动态分析。

同时，马克思哲学也指出，事物的运动、变化和发展不是绝对的，任何事物和现象都具有不同程度的相对稳定性，否则人们就无法把握现象的类别和因果联系。动态和静态是相对而言的，任何社会现象都表现为动静两种形态。

3. 矛盾的观点

马克思主义哲学认为，任何事物或现象内部各要素之间以及事物或现象之间都包含着矛盾，矛盾既对立又统一推动了事物或现象的发展。恩格斯说：

"自然界中物体——不论是死的物体或活的物体——的相互作用中既包含和谐，也包含冲突，既包含斗争，也包含合作。"矛盾具有普遍性或绝对性，它有两方面的含义：其一是说，矛盾存在于一切事物的发展过程中；其二是说，每一事物的发展过程中存在着自始至终的矛盾运动。同时，矛盾具有特殊性。马克思说过："极为相似的事情，但在不同的历史环境中出现就引起了完全不同的结果。如果把这些发展过程中的每一个都分别加以研究，然后再把它们加以比较，我们就会很容易地找到理解这种现象的钥匙。"

事物或现象具有多重性、多面性，其内部的各种性质、各个方面是既对立又统一的，共同构成了一个整体。所以，在分析社会现象时，要采取矛盾的观点，既要看到事物对立的一面，又要看到事物统一的一面，而不能只注重某一属性或某一方面忽略了其他属性或其他方面。但是，矛盾有主要矛盾和次要矛盾之分，所以，分析要有重点，要抓住事物的本质属性或主要矛盾，这样才能把这类事物同其他类事物区别开来。

4. 质与量相结合的观点

马克思主义哲学认为，质量与数量是客观事物的基本规定，一个事物的性质决定了它的内涵、特征和表现形式，而数量则规定了事物的规模和程度。质与量是对立统一的，量的变化可以导致质的变化。我们可以通过对量变和质变的分析揭示事物的本质差别和规律性。例如，从一个普通工人到一个高级工程师的身份变化不是由于年龄和职务的上升，而是因为技术水平和专业知识的提高。通过这种分析，我们可以揭示普通工人和高级工程师的本质区别以及身份变化的一般规律。毛泽东说过："任何质量都表现为一定的数量，没有数量也就没有质量。我们许多同志至今不懂得注意事物的数量方面，不懂得注意基本的统计、主要的百分比，不懂得决定事物质量的数量界限，一切都是胸中无'数'，结果就不能不犯错误。"

定量研究侧重于且较多地依赖于对事物的测量和计算，定性研究则侧重于和依赖于对事物的含义、特征、隐喻、象征的描述和理解。因此，在对社会现象的认识时，要将定性分析与定量分析结合起来。

（二）韦伯方法论的基本观点

韦伯对当代社会科学和社会思想作出了无与伦比的巨大贡献，而这种贡献相当重要的一部分就是他的方法论学说。

韦伯把社会学设想成一门探讨社会行动的综合性学科。他与先前的社会学家不同，不是用社会结构的概念构成自己的理论，而是把分析的重心放在人类个体行动者上面。韦伯主要研究的是特定的社会历史背景下人类行动者们在相互作用的过程中所采取的行动的主观目的。这样的目的表现为行动者赋予行动的主观意义。按照韦伯的想法，这样的意义是可以被理解的。韦伯的理解社会学也由此而来。

1. 理解与理解社会学

韦伯的社会学叫做理解社会学，他在《社会学的基本概念》一书中对社会学下了这样的定义："旨在对社会行动作出的解释性理解以获得对这一行动的原因、进程和结果的解释的科学。"韦伯继承和发展了德国人文主义传统，坚持人与自然的截然划分，坚定地站在实证主义一边，并强调社会事实与价值的截然分开，反对德国唯心主义哲学的神秘化的直觉体验，反对将个人的情感因素置于科学研究之中。因此，他力图把历史的个别化方法和社会学的类比方法结合起来，把对社会事实意义的理解与因果解释的方法结合起来。韦伯对理解的把握主要是从以下两方面进行分析的。

从确定性角度来看，理解的确定性基础有二：一是理性的方法（如逻辑和数学），即对各种行动因素在其有意向的意义中获取完全清晰和理智的把握；二是重新体验的方法，如移情和艺术欣赏或如狄尔泰所言"理解就是再现你中之我"，这种方法通过同情的参与并能恰当地把握行动发生的情感环境，从而获得移情和欣赏的确定性。同时，他也强调"可重新体验性"并非是理解确定性获得的唯一的必要条件，正如"要理解恺撒不必成为恺撒一样"。

从操作类型来看，韦伯把理解分为两类。第一类是对主观意义的直接观察理解，即通过对社会行动的直接观察就能理解其意义。第二类是解释性理解，即根据动机来把握行动者赋予行动的意义。解释性理解是对动机的理性理解，它把社会行动置于可理解和更加内在的意义背景之中。也就是说，在韦伯那里，解释性理解就是要寻求社会行动的"为什么"，而并不仅仅局限于社会行动"是什么"或"干什么"。

2. 价值相关性和价值中立

韦伯价值中立的观点影响很大，不过要介绍价值中立，首先提一下德国社会理论家李凯尔特所区分的两个概念，即价值判断与价值相关性。

价值判断是指个人对世界的一种看法。比如，我认为随地吐痰是一件很不文明的事。但是其他人可能会持有不同的看法，他们可能会认为随地吐痰是个人的自由，无所谓好与坏。我认为吐痰不文明就是一种价值判断，它是我个人的一种看法，其他人认为随地吐痰是个人的自由也是他的一种价值判断。价值判断是属于个人的看法。

价值相关性是指一个群体共享一套价值判断。比如，我认为随地吐痰是一件不文明的行为，这是一个价值判断。如果我所属的群体一致认定随地吐痰是一件不文明的事，我们对随地吐痰这件事具有相同的看法，这时候就可以说我们具有价值相关性。

每个人对这个世界都有自己的一套看法，我认为重要的事情，你未必认为重要，你认为重要的事情，其他人也未必认为重要。如果我们遵循价值中立的原则，就没办法在众多的题目中选择一个课题进行研究。因为每个人都有自己不同的价值判断，我们无法选出一个对自己、对别人来说都重要的且有意义的题目。

韦伯吸收了李凯尔特对价值判断与价值相关性所作的区分。他认为根据价值相关性进行选题，可以选择大家所共享的、认为重要的课题作为研究对象，不过一旦选定了研究课题，接下来在研究过程中，就要严格遵守价值中立的原则，遵从他所发现的资料的指引。无论研究结果对于我们有利或者不利，都不能把自己的价值观强加于研究资料。

也就是说，必须严格地以客观和中立的态度来从事研究，目的是保证研究的客观性和科学性。从这个意义上说，从事科学研究的人应该作为科学家而受科学精神的支配。

对韦伯的价值中立原则，可以简单总结如下：

第一，研究者根据价值相关性进行选题。

第二，一旦课题选定，研究者要严格遵守价值中立的原则进行研究。

价值中立的含义之一是，要区分"事实领域"和"价值领域"。事实与价值观念是两个领域，不可能从"忠实的陈述"中抽出"应该的陈述"。也就是说，不应混淆事实判断和价值判断，研究需要的是发现事实。所以，一种经验性的科学绝不能劝导任何人应该做什么，尽管有时他会帮助人们搞清楚自己能够或希望做什么。所以，作为科学家，可以估量行为的可能后果，但不能作出价值判断（即"应该做什么"）。这就是一个科学研究者与政治家或普通公民的区别。应该说，作出事实领域和价值领域的区分是韦伯对社会科学的一大贡献。

3. 理想类型

所谓理想类型是研究者选择和强调对象的某些重要的典型特征，舍弃或忽略另一些次要的非典型特征而组合、构建的概念形式，它的建立必须有逻辑的一致性，不能违反经验的因果关系。

不过有一点我们要注意，理想类型是在现实的基础上所作的理论抽象，是研究者的一种主观建构，它不等于现实本身，现实中也找不到完全一样的对应物。

　　马克斯·韦伯（Max Weber，1864～1920），德国社会学家，曾从事社会意识、文化学、经济学方法论问题研究，他对宗教社会学和新教历史作用的研究对资产阶级的社会学产生过重大影响。

　　韦伯研究的"资本主义精神"，"科层制"等可以看作其理想类型的典型代表，也就是说在现实中找不到完全一样的对应物，但是却抽象出了现实中的一些本质的内容。

　　理想类型对于研究的价值主要体现在以下几个方面：

　　第一，它使社会学的概念清晰明确，有利于揭示各种社会现象之间的逻辑关系；

　　第二，它可以凸现某些社会事物的最重要、最纯粹的特征，通过比较实际情况和理想类型的差异，达到对现象深入认识的目的；

　　第三，它使社会学研究可以超越个别、特殊的现象，上升到一般和普遍的高度，并使相关现象之间的比较有了参照标准而使比较分析成为可能。

　　资料来源：世界宗教研究 ［J］. 1994（3）.

（三）涂尔干方法论的基本观点

　　孔德提出了实证的方法，但是他并没有采用实证的方法进行研究，真正将实证的方法运用于社会学研究并将其发扬光大的是涂尔干。涂尔干一直致力于将社会学变成一门独立的学科，将其从社会哲学中分离出来。

　　涂尔干的《自杀论》可以被看成是实证研究的典范，是一部里程碑式的著作，抛开其中深刻的思想不谈，光是其采用的方法就足以让这部著作成为社会学史上一座无法逾越的山。今天我们社会学研究的许多方法都来自涂尔干。让我们来看看涂尔干研究方法中的一些内容。

　　1. 社会学的研究对象：社会事实

　　涂尔干明确地界定了社会学自身的研究对象，即"社会事实"。涂尔干不满于以往研究中把社会内部发生的几乎所有现象都视为社会事实的做法，他认为，这种泛泛而论使得社会学失去了自己固有的研究对象。

　　他致力于为社会学划定专属于自身的研究对象，这个对象是一种具有自身明显特征的"现象群"，这些现象群是存在于个人意识之外的具有明显属性的行为方式、思维方式和感觉方式，这些行为或思想的类型不但存在于个人意识之外，而且具有一种必须服从的，带有强制性的力量，当人们心甘情愿服从这种强制力时，就感觉不到或者说是很少感觉到它是强制的，而它也就不成其为强制的了。但是，一旦反抗它，这种强制性就立即表现出来。

这些现象群就是社会事实，用涂尔干自己的定义来说，社会事实就是把"一切行为方式，不论它是固定的还是不固定的，凡是能从外部给予个人以约束的，或者换一句话说，普遍存在于该社会各处并具有其固有存在的，不管其在个人身上的表现如何，都叫做社会事实"。

2. 社会现象的解释规则

在获得有关社会事实的资料后，进一步要对社会现象加以解释，解释的主要原则是：

第一，要区别原因和功能，即区分因果解释和功能解释这两种不同的解释方法。原因是现象产生的理由，功能是现象存在的作用，不能将现象存在的作用代替现象产生的理由，因为有些现象可能已经没有功能，但是仍然存在，有些功能可以由多种现象来承担。原因与功能的研究是有联系的，对原因的研究应先于对功能的研究。

第二，寻求社会现象的原因只能源于先存的社会现象，而非源于个人的心理。因为心理因素是主观的、不稳定的和难以客观地观察的，更重要的是社会现象是以社会群体为基础的，不可能化约为个人的心理层面，因此不能用心理因素去解释社会现象，社会现象只能用其他的社会现象加以解释。涂尔干批评孔德和斯宾塞虽然把社会视作整体，但是却以心理因素解释社会现象，前者假定人性有追求进步的倾向，后者假定人生追求快乐，以此说明社会进步的动力。两人都以心理学的解释为归宿。这属于倒果为因的目的论的解释，是应该摒弃的。

第三，社会变迁的解释只能源于社会环境。涂尔干认为社会现象的起始原因应由社会环境的变动来说明。例如，社会分工的现象，应由人口增加来说明。

专栏1-3 埃米尔·杜尔克姆

黄渭梁 张珠圣

埃米尔·涂尔干（Emile Durkheim，1858～1917），旧译杜尔克姆，亦有译迪尔凯姆，法国早期社会学家。他先后在法国和德国学习法律、经济学、文化人类学和哲学等社会科学。1887年受任波尔多大学专门为他设立的社会学教授职位。五年后，被招聘到巴黎大学任社会学和教育学教授。1897年，他创办《社会学年刊》，吸引并培养了许多热心的合作者与爱好者。

他的社会研究深受孔德的实证主义影响，他认为社会学如同物理等其他科学一样，应该建立在客观实证的基础上。他把自然科学研究的实证方法用于社会领域，主张"把社会事实作为物体来研究"。

社会事实具有四个性质：

第一，外在性。社会事实是可以用感官与知觉来把握的，因为它是外在于个人意识的实在。

第二，客观性。社会事实可当作事物，因为它同物一样，具有外在的客观性。

第三，强制性。这种强制性一般只在人们试图反抗它时才体现出来。

第四，群体性（突生性）。社会事实不以个人作为基础，只能以社会作为基础：要么以整体的政治社会为基础，要么以社会内部的个别团体，诸如教派、政治派别、文学流派或同业公会等为基础。也就是说社会群体是由个人组成的，但群体又具有自身的性质，这种性质是个体所不具有的。

对社会事实的界定，其目的是为社会学提供独特的，同时是经验性的研究对象。涂尔干是最早开展社会学实证研究的代表人物之一，也是西方社会学体系化的奠基人。

资料来源：社会［J］. 1981（0）.

三、波普尔与库恩：社会学方法论在 20 世纪的发展

进入 20 世纪，科学就开始以一种崭新的态势向前发展，由此推动了整个人类社会的发展，社会研究方法尤其是方法论随着这一时期新科学的发展获得了巨大的突破。

（一）卡尔·波普尔的试错法（证伪法）

在西方科学方法论的演变过程中，卡尔·波普尔（K. Popper）是个关键人物。他试图用他的证伪主义的方法论取代旧的、静止的、传统的唯理论方法论和逻辑实证主义方法论，在科学方法发展史上占有重要地位。

孔德实证体系的基础是经验主义，逻辑实证主义的经验论表现在：在认识来源问题上，主张科学认识起源于观察、经验，在观察和经验的基础上进行归纳，再进一步进行逻辑分析，从而产生科学理论；在检验科学认识的标准问题上，主张检验一个理论是否为科学，最终是人们的经验。能够被经验证实的就不是形而上学理论，在经验中得不到证实的就是形而上学理论。科学研究的目

的是证实理论，这一目的是通过对事实的经验观察和归纳，并对事实与理论的相符程度进行批判而达到的。

波普尔对经验主义的修正是从"知识起源说"开始的。他认为，科学知识不是起源于经验观察和归纳，科学知识的起源是从各种"问题"开始的。问题引起人们的思索、探究，促使人们作出各种假设式的回答，然后通过事实证伪而形成知识。并且，波普尔强调自由想象的重要性，以"自由想象优于经验观察"的命题否定了孔德关于"观察优于想象"的原有命题。

波普尔认为实证主义只强调理论的可实证性或可证实性，只注意搜集肯定的例证，而轻视否定的例证，这是不正确的。爱因斯坦的相对论否定了牛顿的经典物理学，是波普尔批判理性主义产生的重要科学背景。波普尔看到，爱因斯坦的相对论否定了牛顿的经典物理学，说明科学是可以否证的，同时看到爱因斯坦也对自己的理论持批判态度，认为相对论也将面临经典物理学一样的命运。由此，波普尔提出科学发现和发展的方法是假设检验法或称"试错法"（trail-and-error method）。这一方法是对杜威（1859～1952）等实证主义者的假设演绎法的修正与发展。它的提出对 20 世纪的自然科学和社会科学的研究逻辑都产生了深远影响。

假设检验法用公式表述如下：$P1 \rightarrow TT \rightarrow EE \rightarrow P2$，

即问题 P1 ——试验性理论 TT ——评价性排除谬误 EE ——问题 P2。

这个公式的含义是：科学开始于问题 P1（problem 1），为了解决问题，科学家提出试探性理论 TT（Trail Theory），看看理论的演绎是否保持经验上的一贯性，再看理论演绎的结果是否与经验事实相一致，然后排除错误 EE（Exculde Error），在科学发展中又有新的问题出现 P2（Problem 2）。由此，科学从一个理论发展到另一个理论。

➡ **专栏 1-4　卡尔·波普尔**

卡尔·波普尔爵士出生于 1902 年 7 月 28 日。1945 年，波普尔应聘来到伦敦经济学院工作，从此他就留在了英国。他在科学哲学方面的基本著作于 1934 年以德文出版，书名为《研究的逻辑》，这书只是到了 1959 年才有英文版。不过，它的主要思想在那时已经在讲英语的国家里颇受赞赏。最贴切的思想是，科学以经验否证的第一性而同其他活动分界（或者应当说以之"定义"？）：只有至少在原则上可由实验或观察发现为

错的那些理论才有资格被称为科学的。

这个判据在许多科学领域都有重要价值。不过，波普尔对科学哲学的贡献远远超过这个假说——演绎观点。

资料来源：Nature [N]. 1994—10—6.

（二）托马斯·库恩的"范式"和"科学发展阶段论"

继波普尔之后，库恩（T. Kuhn，1922～1996）的"范式"概念和"科学发展阶段论"对科学方法论的发展作出了重大贡献。

范式是库恩从语言学中借用的一个词，这个词在语法中表示词形的变化规则，如名词变格、动词人称变化等，由此引申出模式、模型、范例等义，库恩借用这个词加以改造，在于说明科学理论发展的本质和规律性。库恩之前的传统的科学方法论受逻辑实证主义的影响，都认为不仅世界是统一的，并依据严整的因果规律运行，而且科学研究的方法与规则也是统一的，是像数学法则一样永恒不变的。库恩对波普尔的假设检验法进行考察时发现，在研究的"自由想象"或"大胆假设"阶段，不同的研究者会因为知识结构、社会背景和历史背景等方面的不同，有不同的"想象"或"假设"。库恩使用范式这个概念来表示这类现象。范式是指研究问题、观察问题时的角度、视野和参照框架。它是由一整套概念和假定组成的，反映了科学家看待世界、解答问题的基本方式。

➡ 专栏 1-5　托马斯·S. 库恩

托马斯·S. 库恩（1922 年 7 月 18 日生）。1988～1990 年间担任科学哲学协会主席。他在 1982 年获得科学史颁发的乔治·萨顿勋章，1983 年获科学的社会研究学会颁发的约翰·德斯蒙德·伯纳奖金。

库恩认为由于科学的发展，人们对物体的认识在不断变化，从而导致旧范式被新范式所取代，然而这种新旧的替代并不是简单的不断否定的过程，他认为波普尔的猜测与反驳的模式过分简单化，提出了自己的科学发展的动态模式：

前科学时期→常规科学时期→反常与危机→科学革命→新的常规科学时期……

库恩认为，在人类发展的早期，各门学科都处于前科学时期，在这一阶段存在着各种研究范式的相互竞争与相互批判。到了常规科学时期，一门学科成熟了，标志是各个科学家集中团结在一种研究范式中。科学家集团对于共同的范式坚信不疑，正如同宗教徒对于共同的宗教教义坚信不疑一样。常规科学的任务不在于解决问题，而在于解决难题，即不在于否定范式，而在于发展范式。在这个阶段，科学家对于反常现象是不介意的，但随着常规研究的深入，科学家们遇到一类反常的出现，不仅使科学家无法用范式调整，而且随着这类反常出现的频率增多，构成了对范式的根本威胁。这时按照库恩的说法，就是"危机"来到了，危机给科学家带来分歧和混乱，使他们失去稳定的方向，也给科学家带来批判精神和创造精神。危机的意义在于它标志着科学革命的开始。这时，科学家又分为不同的集团，他们求助于哲学思辨和理论思辨，直到有重大的理论或方法的突破，才能使科学家们重新统一在新的范式中，进入新的常规科学时期。

库恩方法论思想的启示作用在于：（1）他的范式概念不但把理论体系，也把哲学思维和心理素质作为自己的基本内容，并力图与科学共同体融为一体，通过科学认识主体的活动以及科学活动主体的变化，来揭示科学知识增长的规律，对科学发展的质变、飞跃做了很好的解释。他将社会历史观和非理性因素引入科学和科学研究过程，打破"科学万能论"，完善了波普尔的科学发展观。（2）他的"科学发展阶段论"说明，存在多种方法论或研究范式。一种"范式"要想被大多数科学家接受，必须有效解决某一学科领域的所有新问题。

库恩的范式概念也具有一些缺陷：首先，库恩没有给范式下一个严密统一的概念，内部缺乏有机联系；其次，强调范式是科学共同体的信念，具有不可通约性，认为范式的选择是由权威的科学家集团的意志决定，得出了科学进步旨在不断提高科学共同体的解题能力这一错误结论。

第四节　社会调查研究的方法体系

社会调查研究是一种复杂的认识活动，为了解决研究过程中遇到的各种问题，研究者需要对社会调查研究方法的总体框架以及这个框架中的各个具体部分都十分了解和熟悉。社会调查研究方法同科学方法一样，可分为三个层次：（1）方法论；（2）基本方式；（3）具体方法。

一、方法论

社会调查研究的方法论主要探讨的是研究的基本假设、逻辑、原则、规则、程序等问题，它是指导研究的一般思想方法或哲学基础。这种研究的方法论所要探讨的主要问题是：（1）社会科学能否像自然科学那样客观地认识社会现象？（2）是否存在客观的社会规律？（3）应采用何种方法来研究社会现象？（4）如何判断社会科学知识的真理性？（5）人的主观因素（如价值观、伦理观）对社会研究有什么影响？

研究必须以一定的理论为指导，但方法论并非统一的。不同的理论学派有不同的方法论。长期以来一直存在着两种基本的、同时也是相互对立的方法论派别，即实证主义学派和人文主义学派。实证主义学派认为，社会研究应该向自然科学看齐，应该对社会世界中的现象及其相互联系进行类似于自然科学那样的探讨，通过非常具体、非常客观的观察来得出结论。而人文主义学派认为，在研究社会现象和人们的社会行为时，需要充分考虑到人的特殊性，考虑到社会现象和自然现象之间的差别，要发挥研究者在研究过程中的主观性。

不同的学科也有不同的方法论。例如，在经济学中假设人是理性的人，人的行为是由其经济动机决定的。而社会学的基本假设之一是，人的行为是受社会结构或社会环境制约的。

在社会研究中应遵循何种方法论，是一个实践的问题，研究者一般是根据研究课题的性质来选择更适合于这一课题的方法论和学科理论作为指导，或者是根据自己在理论、方法论方面的专业特长来选择适当的研究题目。

二、基本方式

基本方式也称研究方式，表明贯穿于调查研究全过程的程序、步骤与操作方式，说明研究者是通过何种具体途径得出研究结论的。基本方式可以从各种角度划分为不同类型，具体可以分为四种方式，即调查研究，实验研究，文献研究，实地研究。每种类型在具体操作上都具有与其他类型不同的特点，后面的章节将会详细介绍调查研究与实地研究中的一些常用的收集资料的方法。

三、具体方法

具体方法指的是在研究过程中所使用的各种资料收集方法、资料分析方法，以及各种特定的操作程序和技术，它说明研究者是通过何种具体途径得出研究结论的。资料的收集和分析是社会调查研究过程中的重要环节，可以采用多种方法，如在资料收集阶段可以采用问卷法、访问法等，在资料的分析阶段可以采用统计分析方法以及理论分析方法等。

概括起来，社会调查研究的方法体系可以用图 1-1 来表示。

社会调查研究的方法体系是一个有机的整体。虽然它们之间在层次上有差别，但各项之间都不是各自独立、互不相关的，而是相互联系的，在调查研究

一手资料。他亲自到医院观察，并将积累的情况报告给英国下院，促使下院重视而不得不通过了一系列改革监狱管理制度的议案，得到了大多数人的支持。随后，霍华特又到欧洲其他各国考察监狱情况，进行对比研究和交流，以事实引起社会的重视。作为资产阶级的改良家，霍华特对改良资本主义制度的某些环节确实起到了一定的作用。

英国19世纪最著名的调查是查尔斯·布思（Charles Booth，1840～1916）的《伦敦人民的生活和劳动》。查尔斯·布思出生于英国工业革命时期，处于时代剧变的环境中，了解工人的困苦而决心投身到英国工人生活的调查中。当时，布思成为英国经验社会学研究的较有代表性的专家。他对英国伦敦社会作了剖析，对各阶层人民的生活状况作了认真的调查研究。出版的17卷本《伦敦居民的生活和劳动》，把伦敦描绘成一幅五彩图，按贫困状态、人口率、出生率、死亡率、早婚率等方面制定了一系列综合指标加以对照分析，取得了一定的成果，使他成为英国乃至全欧洲社区研究的杰出的先驱者之一。

布思的独特性的调查对以后城市的发展和调查起了一定的昭示作用，在20世纪上半叶，布思的研究成为各国社会学家调查和研究贫困城市的参照对象和继承改进的原始样板而一直引起人们的极大兴趣。英国政府依据布思的调查报告，于1908年颁布了《老年抚恤金条例》，实行了失业保险，并规定了重体力劳动的最低工资限度。由此，布思成为英国通史上"一位杰出的人物"。

20世纪初，英国的阮垂（B. S. Rowntree）继承并发展了布思的方法。他从生理学和营养学中的"体力效应"出发，提出了维持这种"体力效应"的最低工资，从而为制定合理的社会福利制度提供了可能性。

（二）法 国

法国的经验调查起源也比较早，比较著名的有柯尔柏，他曾长期担任法国的财政大臣，也是当时法国政府的国内外政策的实际决策人。在当政期间，他倡导和主持了一系列大规模的社会调查，如1664年的法国社会概况普查、1665年的制造业调查以及不定期的人口状况调查。这些调查为以后的行政统计调查的制度化奠定了基础。

弗雷德里·勒·普累（Frederic Lepley，1806～1882）是法国著名社会改革家和经济学家。他从1835年起用了20年时间先后调查了英国、法国、德国、匈牙利、俄罗斯、土耳其等国数千名城市工人家庭的收支情况。他较早使用了家计调查的方法。他认为，收支内容可以反映工人的生活方式和那个社会的性质。伙食开支比重高，说明生活窘迫；饮酒与无益娱乐开支多，说明精神颓废和对教育文化的轻视；从家庭情况可以说明社会的安定与动乱等特点。他的调查结果在1853年国际统计会议上公布时，使德国统计学家恩格尔备受启发，从而促使他发现了工资与生活消费的比例关系，创立了著名的恩格尔法则。

与弗雷德里·勒·普累同期的还有帕兰·杜卡特列（Parent Duchatelet）的妓女调查和维莱梅（Villerme）的纺织工人调查。杜卡特列的调查编写成的《巴黎的卖淫现象》后曾轰动整个欧洲。维莱梅的调查对于制定"童工管理法"发挥了很大作用。

（三）德　国

经验社会调查在德国比在英国、法国两国开始的都要晚一些，而且也受到英国、法国两国的影响。比如，前面所讲的德国统计学家恩格尔受弗雷德里·勒·普累的影响，提出了著名的"恩格尔定律"：收入水平越低，家庭越穷，用于伙食开支的比重就越高。

19 世纪，马克思为剖析资本主义社会，作了大量的调查研究。他早年在担任《莱茵报》编辑期间（1842～1843），有机会深入社会、采访调查，实地考察农民的贫困状况。他后来说，正是对摩塞尔地区农民状况的考察和对林木盗窃问题的研究，促使他从纯粹研究政治转而研究经济问题。在流亡英国期间，他在《资本论》的写作过程中，收集了世界各国的统计资料、档案、文件，并且通过对英国工厂和产业工人的考察、观察、访谈，收集到大量材料。在此基础上，他深入分析了资本主义的经济关系和运行机制，并对其发展趋势作出预测。恩格斯在早年时候利用在英国工厂的便利条件，曾长期深入工人住宅区进行实地调查，并且将调查报告写成《英国工人阶级状况》一书。在调查方法上，马克思和恩格斯主要运用观察、访问和文献法，同时也关注一些先进的分析技术。例如，马克思高度评价凯特勒等人的社会统计方法，在《资本论》中运用凯特勒的"平均人"概念对产业工人进行了分析。

著名社会学家马克斯·韦伯曾对产业工人的心理状况、劳动生产率及企业发展关系进行过调查。这一调查虽因工厂工人拒绝合作而未能完成，但该项调查的方法论本身就具有学术意义。后来，韦伯将调查总结成《关于工业劳动的心理生理问题》一书，作为经验研究的方法论导论。

（四）美　国

19 世纪末 20 世纪初，社会学的研究中心转移到了美国，社会调研的实践和理论也在美国发展起来。美国在 20 世纪初所进行的大规模社会调查以匹兹堡调查和春田调查最为著名。

匹兹堡调查是由保尔·凯洛葛于 1907 年主持的以研究都市化的社会结构为目标的一项社会调研活动。西方学者认为，匹兹堡调查中第一次使用了社区系统研究方法。参加这次调查的社会学者，使用了个案调查法、区域划分法、图示描写法、实地观察法、访问法、调查表法等，从多种角度对匹兹堡城在工业化过程中出现的各种问题进行了详细的调查研究。

春田调查是由哈里逊于 1914 年主持的以研究小城市的社会状况为目标的一项社会调查活动。它所使用的方法主要是宣传公众法。即在实地调查开始前进行新闻发布，以引起公众的注意。实地调查开始后，再进行新闻发布，以得到调查对象等各方面的配合。调查结束时，举办展览，呈现全市社会情况与问题的全貌，并在各种集会上鼓励、组织市民对调查结果展开讨论。参加这次调查工作的有 900 多人，他们分别使用问卷、访谈、统计等方法，搜集春田市的公共卫生、居住条件、学校教育、治安等多方面的情况，并对改善当地的市政管理、社区生活等提出了具体建议。

19 世纪末 20 世纪初以前的大多数社会调查研究尚缺乏理论的指导，研究的目的主要在于解决当时社会的尖锐问题。尽管这些调查在当时起到了相当大的作用，但其调查本身却难以上升到一定的理论高度。但是这些经验调查还是为今后的社会研究提供了丰富的调查经验和翔实的调查材料。

二、现代社会调查研究（20 世纪初至今）

20 世纪以来，经验社会调查开始与理论研究和政策研究密切结合。法国社会学家涂尔干的《自杀论》（1897）标志着社会研究进入到现代阶段，它不仅是孔德实证主义思想在社会研究中第一次得到完备的经验体现，它还是理论与经验结合的首次范例。涂尔干创立了社会调查研究的实证程序，即研究假设——经验检验——理论结论。他还为如何利用统计分析构建社会理论提供了范例。

20 世纪以来，美国的经验社会调查发展非常迅速，社会调查的中心转移到了美国，社会调查研究方法的科学化与美国的社会调查息息相关，尤其是从第二次世界大战的情况看更是如此。

在 20 世纪初期，芝加哥学派的社会学家托马斯（W. I. Thomas，1863～1947）、帕克（R. E. Park，1864～1944）等人就美国的社会问题诸如移民问题和城市问题作出了具有开创性的研究。托马斯与美籍波兰学者兹南尼斯基（Floriam Znaniecki）选取了几百个样本，使用文献法和个案分析法，写成了《欧洲和美国的波兰农民》（1920）一书，该书被誉为个案研究的范例。帕克等人的城市生态学研究开创了都市病态研究的领域。人类学家林德夫妇也将人类学的社区研究方法运用于对现代城镇的研究，他们在《中镇》（1929）一书中刻画了美国中部城镇的市民生活（包括谋职、成家、养子、闲暇、宗教和社会活动六个方面）。

20 世纪二三十年代，因为经济、政治的需要，美国出现了大量的舆论调查和市场调查，逐渐建立了一些专职调查机构，其中非常著名的有乔治（盖洛普（George Gallup，1901～1984）于 1935 年创办的盖洛普民意测验所。1936 年，该所以 1‰左右的样本准确地预测罗斯福当选，这使盖洛普民意测验所名声大振。经过近 60 年的发展，它已经成为一家唯一能进行全球性市场调查的跨国公司，其调查网络覆盖了全世界 55％的人口和 3/4 的经济活动。在它之后，出现了越来越多的民意测验和市场调查机构，比如像"兰德公司"那样的智囊机构，这些机构承担着越来越广泛的社会调查研究任务。民意调查在很大程度上得益于费希尔于 1928 年创立的抽样理论。此后，抽样调查逐渐在社会调查中占据重要地位。

第二次世界大战中和第二次世界大战后，美国社会学家斯托福（Samuel Staugger，1900～1960）等人在《美国士兵》（1948）一书中创立了目前仍广泛应用的统计调查模式。拉扎斯菲尔德（Paul Larzarsfeed，1901～1976）在斯托福等人的《美国士兵》的基础上，提出了社会统计分析的"详析模型"，在以他为首的哥伦比亚学派的努力下，社会调查的多变量分析方法得以成熟。

第二次世界大战以后，社会调查研究的数理化倾向日趋明显。这一时期抽样理论和统计检验的引入，社会测量法的推广，社会统计学和数理社会学的发展等，都进一步推动了社会研究方法的定量化。同时，理论的发展也越来越取决于研究方法和分析技术的提高。例如，在 19 世纪 60 年代美国社会学家布劳和邓肯采用了路径分析方法作的《美国职业结构》（1965）的研究对于社会分层理论的发展有很大的促进作用。这个时期的社会结构理论也因为系统论和控制论思想以及网络分析技术的发展而有了很大的发展。

专栏 1-6　盖洛普调查中国

有趣的是，盖洛普对中国消费者做的三次调查报告，发布时都正好赶上一个重大历史事件。公司的副董事长方晓光说，除了这次我们特意选在《财富》全球论坛时发布外，前两次全是无心之举，但每次都在西方刮起了一阵中国热。

1994 年，第一份报告我们是在纽约由公司的高级顾问基辛格主持发布的，当时正赶上中美贸易谈判。有人称我们的报告是：一家外国公司派出了它在当地的访员，讲着各种奇怪的方言，骑着骆驼，蹬着自行车到各处去调查。这份报告引起了美国人的兴趣。在我们的报告中有这样一个数据：在中国最有认知度的十大品牌中，第一位是日本的日立，而且日本品牌有 6 个，美国品牌却只有 3 个。这在美国引起了强烈反响，美国人惊呼：日本人捷足先登了。美国商界也对旷日持久的谈判表示不满，称美国政府在与中国扯不清时，日本正在巩固在华市场。

1997 年，第二份报告在香港发布时，正好是江泽民访美的当天。我们又公布了关于品牌的数据，这次名列榜首的是可口可乐。这在美国又成了新闻，美国哥伦比亚广播公司在播送江泽民访美这条新闻时说，江泽民是代表十几亿中国人民访问美国，而十几亿中国人最喜欢的外国品牌是可口可乐。我们的调查数据为江泽民访美而转暖的中美关系适时地添了一把火。

1999 年夏，公司开始做第三次调查，我们想到今年适逢新中国 50 周年大庆，而《财富》论坛又是 9 月底在中国召开，于是我们便决定这次要在中国上海，在《财富》论坛上发布我们的调查报告。公司派人与《财富》一谈，他们喜不自禁。这一次调查比前两次范围更广，内容更宽泛，而且根据时代的变化，我们增加了一些问题，主要是想更全面地反映中国的变化。

52% 的人选择不同工作，超过 1/4 的人想当老板；

51% 的人想出国看看，新加坡最有吸引力；

最知名的外国品牌是可口可乐。

盖洛普 1999 年中国人消费观念和生活方式的调查报告，向世人展示了一个正在向上变化着的中国。

资料来源：北京青年报 [N]. 1999—10—15.

19 世纪六七十年代以后，注重了解个人与社会行为的主观意义的研究方法有所发展。"现象学方法"试图通过主观理解和实地调查来揭示人们是如何在熟视无睹的生活世界里建立一种意识中的共同世界，并在这种共同意识的假定下行动的。"民俗方法学"主张考察人们在日常生活中的交往规则，通过对交往过程中的方式、姿势、语言、动作的细致观察与分析来理解真实的社会行为。尽管这两种方法并未产生很大影响，但它们使社会研究人员意识到，在了解和认识社会现象方面，主观理解和现场观察也具有相当重要的作用。

当代的社会调查更多担负的是理论研究和政策研究的功能，要有效发挥这些功能，还需要在调查研究方法上不断发展和完善。

三、中国社会调查简史

我国真正将社会调查方法作为认识社会的一种科学的方法，是 20 世纪早期开始的。随着近代西方社会调查研究理论与方法逐渐传入我国，一批学者对中国现状和各种社会问题展开了社会调查与实践活动，对我国近代的社会调查理论的发展产作出了重要贡献。

（一）我国在 20 世纪早期的社会调查

从教育和科学研究系统看，中国的社会调查研究活动大多起始于 20 世纪初的一些教会学校或一些学校中的外籍教授。他们为指导学生学习，从事一些小规模的调查研究。1917 年清华学堂美籍教授狄德莫（C. G. Dittmer）指导学生在北京西郊调查 195 家居民的生活费用。1918～1919 年，美籍教士甘溥（S. D. Gamble）与燕京大学教授步济时（I. S. Burgess）等曾仿照美国春田社会调查的成例，调查北京社会状况，于 1921 年在美国出版《北京，一种社会调查》（Peking，A Survey，1921），这是高等学校城市社会调查研究的开端。这时在上海有沪江大学社会学教授葛学溥（D. H. Kulp Ⅱ）指导学生在广东潮州调查有 650 人的凤凰村，1925 年在美国出版，书名：《华南农村生活》（Country life in South China，1925），这是高等学校乡村生活社会调查的开始。

从此之后，社会调查研究的活动逐渐盛行，出版的作品也逐渐增多。到 1935 年前后发展到了高峰。这段早期的社会调查研究活动可以称之为中国社会调查研究的第一个里程。第一个里程约有二十年，在这期间有代表意义的社会调查研究活动与研究成果，从教育与科研系统而言，有三个方面是可以特别一提的：

1. 北平社会调查所的调查研究活动

这个所的前身是中华教育文化基金董事会的社会调查部。它在 1926 年 2 月接受美国纽约社会宗教研究院捐助的专款，供作社会调查费用，由陶孟和、李景汉主持。1929 年 6 月，改名为北平社会调查所，做了不少调查研究工作，是新中国成立前专业性社会调查研究机构中成果较多的组织之一。他们先后出版了二十余种书籍。

2. 中央研究院社会科学研究所的社会调查活动

20 世纪 30 年代南京中央研究院成立社会科学研究所，由留美博士、曾任北大教授的陈翰笙任所长。陈翰笙是中国共产党党员，在艰难的条件下与解放区毛泽东领导下的农村调查相呼应，在国民党统治区领导进行农村调查和后来中国农村经济研究会的农村调查。在陈翰笙、王寅生主持下，1929～1930 年先后在江苏无锡、河北保定进行农村调查；薛暮桥等在广西农村及上海宝山、河南、陕西等地进行调查。这些调查是在马克思主义的指导下，以阶级分析观点，重点调查农村的经济基础和生产关系，揭露阶级矛盾、阶级剥削的情况。陈翰笙等领导下的农村调查在当时堪称独树一帜，对理解在帝国主义和地主的盘剥下中国农村社会性质与农民贫困的根源，提供了事实根据与科学的论证，也对当时学院派社会学的研究产生了不小的思想冲击。

3. 中华平民教育促进会的社会调查活动

以平民教育家晏阳初为干事长的中华平民教育促进会定县实验区，根据愚、穷、弱、私是中国人民生活上的基本缺点，以文艺、生计、卫生、公民教育为内容，以提高人民的知识力、生产力、强健力与团结力目的，进行农村建设。为此，首先的工作就是进行社会调查，以便进一步制订教育实施方案，进行实验研究。定县调查从 1926 年实验区筹备就开始，1928 年始由社会学家李景汉接任继续进行。

在上述早期的社会调查研究即第一个里程里，具有里程碑意义的代表作要首推李景汉主编的《定县社会概况调查》。这本书是中国首次以县为单位的系统的实地调查研究著作，调查全面翔实。全书 83 万字，分为 17 章，包括地理、历史、县政府以及其他地方团体、人口、教育、健康、卫生、农民生活费、乡村娱乐、风俗与习惯、信仰、财税、县财政、农业、工商业、农村借贷、灾荒、兵灾，是一部大型调查报告。它是迄 20 世纪 30 年代中期社会调查研究发展到高峰时期具有代表意义的一部调查成果。

> **➡ 专栏 1-7 《定县社会概况调查》的贡献与方法的特点**
>
> （1）它是以定县整个县为范围，内容包括全县的"一切社会情况"的最全面的调查。在此之前，有些调查虽然论述的范围较大，但实际根据的材料，往往不过是零碎的，少数农村或城市某个方面的零星资料。本书资料之详细是少有的。社会学家孙本文说："《定县社会概况调查》一书，为我国县区社会调查最详细的报告"，他又说："为社会调查方法书本中最充实的一书……可比之美国匹兹堡调查或春田调查。"
>
> （2）它是中国县志的改造。它在调查研究方法上，一方面延续了西方传统的社会调查方法，一方面又充分利用了中国地方志所特有的结构和格式并有所改革。社会学家吴景超评论说："看完了这本书之后，对于定县社会的认识，真比亲身到定县去参观半个月还要深刻。这才是我们所需要的县志。这真可以做别种县志的模范。"
>
> （3）突出资料的客观性。调查报告只提供客观现象的数据，有一是一，有二是二，不加任何粉饰和解释，不加任何价值判断，不说农民的某种活动好，某种不好，只提供事实，不加任何观点。所谓"本书在报告多种赤裸裸的事实以外，不下评论与结论，连较细的解释也是很少的"。"好像矿工把山间一块一块的矿石开出来送给化验师们去化炼，由他们随便炼出什么有价值的东西来"

（见该书《序言》）。

（4）实证主义的方法和方法论。《定县社会概况调查》体现了西方传统实证主义的社会调查方法。所谓实证主义方法，众所周知，从它的方法论观点说，认为社会科学研究的对象即那些社会现象，是独立于调查研究者之外，而一切关于事实的知识都应以经验的实证材料为依据，不能实证的结论则是无意义的。同时为强调获得资料的真实性和客观性，就认为调查者不要带任何观点，要求调查者脑海似"一张白纸"。正如李景汉所说的："社会调查研究是用客观的方法研究社会现象。调查者必须不拘成见，不参加个人的感情或主观的玄想，要以科学的态度，搜集事实，这才称得起是忠实的社会调查者。"

资料来源：韩明谟. 中国社会学调查研究方法和方法论发展的三个里程碑[N]. 北京大学学报（哲社版），1997（4）.

中国教育与科研系统的社会学，在调查研究方法上，20 世纪 30 年代中期至 1952 年，可以称之为第二个里程，其特点是 20 世纪 30 年代中期以后异军突起，开始了一个新的尝试，这就是所谓"社会学调查"或称之为"社区研究"。在这之前，社会学界只讲"社会调查"而无"社会学调查"之说。可以说，在社会学的调查研究方法上，所谓"社会学调查"是"社会调查"在理论和操作上的深入和发展，也或者可以说，是中国社会调查研究的一次重大突破。

从中国社会学方法和方法论发展的角度，第二个里程的代表作是费孝通的《江村经济》。《江村经济》在社会调查研究方法和方法论上的贡献主要在于：

（1）成功地把功能主义人类学的研究方法和观点移植到社会学中来。它开辟了人类学研究当代文明社会农村的先河。《江村经济》在方法与方法论方面的新开拓，还可以从马林诺斯基《江村经济》的序中得到更深一步的理解："我敢于预言费孝通博士的《中国农民生活》一书将被认为是人类学实地调查和理论工作发展中的一个里程碑。此书有一些杰出的优点，每一点都标志着一个新的发展。本书让我们注意的并不是一个小小的微不足道的部落，而是世界上一个最伟大的国家。作者并不是一个外来人，在异国的土地上猎奇而写作的；本书的内容包含着一个公民对自己的人民进行观察的结果。这是一个土生土长的人在本乡人民中间进行工作的成果。"

（2）深入社区，完全参与。人类学的参与观察法，一般认为源于马林诺斯基，因为在他之前人类学的研究主要的是所谓"沙发中的人类学"，而他在特罗布里恩群岛（Trabriand Islands）前后三次调查用了六年之久，做到了完全的参与。调查者变成了被调查的社会中的一员，完全"卷入"他们的生活气氛中与他们交往，心心相通，打成一片，分享他们的快乐与悲哀，做到无话不说，无所顾虑。而费孝通的江村调查也像其师马林诺斯基那样做到了"完全的参与"。

（3）社会学调查方法初展风采。《江村经济》是我国 20 世纪 30 年代那个异军突起的燕京大学青年社会学者群体循着 R. E. 帕克、R. 布朗和老师吴文藻的嘱托，采用社会学调查研究的路子，深入中国农村社会调查研究的初步优异成果。按照社会学调查的基本理论，作者在《江村经济》里，尝试着首先确定一项研究主题，这个主题就是："土地的利用和农户家庭中再生产的过程。"循着这个路子，以文化功能主义作为指导思想贯穿全书。

（4）从实证主义走向理解社会学。《江村经济》中对农民生活中的许多理解和分析便说明了已经逐步摆脱早期社会调查的那种实证主义或自然主义的方法论的思想束缚，走向理解社会学。

（5）模式比较法的起跑点。《江村经济》在方法与方法论上具有里程碑的意义，不仅在于它是社会学调查方法尝试的成功代表作，而且还在于它是在方法论上是"类型比较法"的起跑点，头一站，是一个里程起始的界碑。

近现代中国的社会调研取得了较快发展，调研的内容由小到大，调研方法与手段日益科学化，但是，这一时期的社会调查还多局限于一些学者的调查，其社会化程度不够高，调查研究一般理论及调研方法论的中国化发展得还不够。并且，当时由于战争，学者们的社会调研没有很大建树。而这一时期，以毛泽东为代表的中国共产党的社会调研取得了很大的成就。

（二）毛泽东的社会调查

中国共产党继承和发展了马克思主义社会调研的优良传统，为了把马克思主义同中国革命的具体实践结合起来，中国共产党对中国农村各个阶级、城市、工人阶级的状况进行了广泛的社会调查，对中国社会调查事业的发展作出了重要贡献。尤其是毛泽东同志对发展马克思主义社会实践与理论作出了杰出的贡献。

毛泽东在 20 世纪二三十年代为解决中国革命的理论和策略问题，对中国社会调查特别是对当时的阶级状况和农村土地问题进行了一系列的社会调查，如《湖南农民运动考察报告》（1927）、《寻乌调查》（1930）、《兴国调查》（1930）、《才溪乡调查》（1933）等。在毛泽东的倡导下，党中央于 1941 年作出了《关于调查研究的决定》，动员全党广泛开展调查研究。此后，在张闻天等党政领导人的亲自带领下，对陕北地区进行了大规模的调查，写出了《绥德、米脂土地问题初步研究》《米脂县杨家沟调查》《临固调查》《保德调查》等一大批调查报告，它们对于制定中国土地革命和策略有重要影响和作用。

毛泽东同志创立和发展具有中国特色的一套行之有效的社会调研方法，主要内容概括有以下几个方面：

第一，文献法。即通过搜集各种文献资料，摘取与调查课题有关的情报的方法。它是社会调查研究的第一步。并不是所有的读书都是调查方法，但像毛泽东那样为了批判地继承前人已有的研究成果，为了弄清现实问题，并采取科学的方法读书，搜集资料，则是调查研究的一个重要方面。

第二，解剖麻雀法。"麻雀虽然多，不需要分析每个麻雀，解剖一两个就够了。"毛泽东同志在 1948 年 4 月同《晋绥日报》编辑人员谈话时说："天下老鸦一般黑。性质相同的只要研究一个典型材料，能够说明问题就够了。"他以《湖南农民运动调查报告》来说明农民运动好得很，以《寻乌调查》弄清了富农与地主的问题。解剖麻雀法的实质是从个性中寻找出共性，然后发现问题、提出问题，再寻求解决问题的办法。

第三，调查统计法。社会调查中的统计是对社会现象的数量方面进行调查、整理和分析等具体的实践活动。统计数字具有很强的概括力和表现力。早在兴国调查时，毛泽东同志就对该地区永丰区旧有土地关系进行了深刻调查并用统计方法加以说明，指出地主占全区人口 1%，富农占全区人口 5%，二者共占全区人口 6%，而占有土地却是 80%，占全区人口的 80% 的农民，却占 20% 的土地。因此，毛泽东同志得出结论："只有两个字：革命。因而也日益增加了革命的信心，相信这个革命是能获得百分之八十以上人民的拥护和赞助的。"后来，毛泽东同志把"胸中有数"概括为领导工作方法中的重要一条，强调社会调查研究中的数字方法的重要作用。

第四，"走马观花"法。即大略地调查研究。也就是说，经常到基层单位走走、看看、听听、问问、议议。1961 年，毛泽东同志纠正浮夸风，重新提出"大兴调查研究之风""要搞个实事求是年"的口号。这样，从中央到地方，对工厂、农村的状况展开了广泛的调查。通过这种方法不但可以了解到许多直接的、具体的、生动的情况，增加许多感性认识，而且还可以发现问题、提出问题。

第五，集体访谈法。即访问者通过口头交谈等方式向被访问者了解社会实际情况的一种方法。这种调查是面对面的口头调查，当被访问者对问题不理解或理解得不正确时，访问者可及时引导和解释。因此，集体访谈法可以提高调查工作的可靠性。1956 年春，在毛泽东同志的领导下，中央政治局连续听取了中央 30 多个部门的工作汇报，毛泽东同志还亲自做了一些调查，查阅了大量资料，后来写成了《论十大关系》这篇著名的论文。

（三）改革开放以后的社会调查

社会学 1979 年恢复以来至今，可以认为在调查方法与方法论上走入了第三个里程。在这期间社会学如何面对中国社会的发展变化，选定自己的研究课题。这是对社会学提出的严峻挑战，也是对如何进行社会调查研究的方法和方法论的新挑战。十几年来，在中国社会学的发展中，不仅采用并发展了现代西方以数理统计和电子计算机处理为基础的量化分析、模式分析、网络分析的新技术、新理论，而且在社会调查研究方法的普及方面也是显著的。无论政府、企业、各种集体的社会活动中，广泛重视以现代社会调查研究方法作为决策步骤，并以之作为发展取向的指南。这就显示出中国社会学调查研究方法与方法论的发展，进入到第三个里程的特点。

在社区研究方法的带动下，十几年来社会学界所作的有关调查研究成果和方法论的阐述已经发表不少，作出了很大成绩。但最有权威性并做了系统的调查研究，取得较大较多成果的，要数费孝通领导的北京大学社会学人类学研究所。这个所自 1985 年 3 月成立以来，围绕着上述社区研究新开拓的几个方向，承担了大量的国家重点研究课题、国内各类基金项目，以及国内、国际协作和赞助项目，作出了大量的研究成果，发表和出版的论文和专著不下 300 篇（部），其中最有代表性，具有里程碑意义的，应该推费孝通的《行行重行行》。《行行重行行》是一部乡镇发展研究的论文集。全书 35 篇文章，是费孝通自 1981 年"重理旧业"以来到 1991 年约 10 年间他在社会学研究成果的精选本，主要是关于乡镇发展问题的论述。具有中国社会学方法和方法论第三个里程碑意义的《行行重行行》，其贡献在于：

（1）文化人类学应用方面"志在富民"的忠实纪录。费孝通从 20 世纪 30 年代起至今的学术生活，可以分为前后两期，前期是从 20 世纪 30 年代至 20 世纪 50 年代初，后期是从 20 世纪 70 年代末或 20 世纪 80 年代初至今。在后期，他行程几万里，"生逢盛世"，著作丰收。《行行重行行》可算是这些年丰收中的代表，忠实的纪录也象征性地显示出他第二次学术生命的繁华旅程。前后两期，虽然在他的学术思想上有了不少变化，但还有一些"此志不渝"的东西。这就是他的"志在富民"的思想。费孝通 60 余年来风尘仆仆到各地农村调查，"想办法，出主意"，帮助各地农民走出困境。最近十几年来，他的真知灼见，得到各级领导部门的支持，农民热情欢迎的小城镇研究，得到各地领导的大力支持。他的一些主意、办法已经在社会主义的建设上取得了很大的成效。

（2）追踪江村数十年的变迁。自从 1936 年费孝通对开弦弓村作了第一次调查，写出了《江村经济》一书之后，1957 年又重访江村。1986 年，费孝通作了《江村五十年》一文，系统、全面地把开弦弓村 50 年来的变化，作了概括的叙述。1996 年春天，费孝通第 19 次访问了开弦弓村。费孝通这种追踪调查的精神，是社会学者深入社会，进行社会实践，科学地认识社会，艰苦而认真地探索社会发展规律的可贵表现。这种研究精神和探索社会规律的活动，也是研究工作坚持理论、实践紧密相结合的典范。

（3）"野马"精神是创新的精神。费孝通曾经说过："前几年一次人类学的国际讨论会上，很多朋友都同意我自称为学术领域里的一匹野马，因为学科的传统界限从来限制不了我的研究领域。"他所说的野马精神，看起来好像是不守学术"本分"，不按照学科研究的常规、循规蹈矩地做学问。其实，他的这种野马精神，正是当代科学研究精神的具体体现，又是在中国社会学、人类学、民族学等研究中非常需要提倡的方法论上的创新精神。野马精神，就是在学术上不断探索，不断创新，不断前进，既遵循着学术发展的规律、方向，但又不拘泥于老的学术框框的约束。

社会调查的优良传统在我国迅速的恢复和发扬，社会调查的理论和实践活动逐渐繁荣起来。随着社会经济体制改革的深入和中国社会的急剧变迁，社会调查研究越来越被人们重视。在各级政府部门和实际工作部门的主持或协助下，科学的社会调查研究工作在全国各地广泛开展起来。此外，民意调查和市场调查也开始发展，社会问题则更为广泛，如对城市化过程中的问题、农民增收问题、粮食安全问题、青少年犯罪问题等，都有大量的调查研究。

全国规模的多类型、多层次、多渠道的调研机构和咨询机构相应地建立起来，还健全和完善了调研工作制度，充分加强了各种社会信息资料的搜集、整理、储存和加工工作，从而使社会调研工作朝专业化、制度化、经常化的方向迈进了一大步。

本章小结

社会调查研究是人们认识社会的科学活动，也是一种社会研究方式，它是在系统地、直接地收集有关社会现象的经验材料的基础上，通过对资料的分析和综合来科学地阐明社会生活状况及其规律的认识活动。它具有较高的系统性、结构性、组织性及科学性。社会调查研究必须遵循科学研究的一般原则，它必须具备客观性、科学性、系统性，同时必须理论和实践相结合。

在社会研究中，长期以来一直存在着两种基本的、同时也是相互对立的方法论倾向。一种是实证主义方法论；另一种是人文主义方法论。它们在社会规律性、如何认识社会现象、如何分析和解释社会现象等方面存在着很大分歧。

　　本章重点回顾了马克思、涂尔干和韦伯的方法论主张。马克思主义哲学方法论提供了将实证主义和人文主义以及各种对立面统一起来的理论依据，很多观点为我们进行调查研究提供了指导原则，如普遍联系的观点、发展的观点、矛盾的观点以及质与量相结合的观点。涂尔干则主张对社会事实进行研究。韦伯主张对社会行动进行理解的理解社会学。

　　社会研究方法处于不断的发展之中，社会学研究方法论的真正确立也始于实证精神的引入，由于实证主义研究范式本身所具有的缺陷，逐渐发展出更加具有人文主义色彩的解释范式。进入 20 世纪，社会研究方法尤其是方法论随着这一时期新科学的发展获得了巨大的突破。卡尔·波普尔（K. Popper）在科学方法发展史上占有重要地位。社会调查研究方法是由方法论、研究方式和具体方法三个层次组成的体系。

　　社会调查的广泛发展是与近代工业革命和社会实践有着密切联系的。社会调查与理论研究和政策研究密切结合，越来越广泛地应用先进的科学技术，并综合其他学科的方法。20 世纪二三十年代后，我国学术界的社会调查有了飞速发展。改革开放以后，随着社会经济体制改革的深入和中国社会的急剧变迁，社会调查研究越来越被人们所重视。

思 考 题

1. 什么是社会调查研究？社会调查研究具有哪些特征？
2. 社会调查研究的一般过程是什么？
3. 进行社会调查研究应遵循哪些基本原则？
4. 社会调查研究方法可分为哪几个层次？它们之间的关系是怎样的？

自 测 题

一、判断题

1. 社会调查是一种理性认识。
2. 社会调查的目的是反映个体情况。
3. 社会调查研究是利用第一手资料进行分析和研究的。
4. 传统的社会调查研究是建立在经验观察和归纳法基础之上的，与形而上学是相对立的。

5. 人文主义学派认为，在研究社会现象和人们的社会行为时，需要充分考虑到人的特殊性，考虑到社会现象和自然现象之间的差别，要发挥研究者在研究过程中的主观性。

（答案：错、错、对、错、对）

二、不定项选择题

1. 社会调查的基本原则是（　　）。

A. 客观性原则　　　　　　　　　B. 科学性原则

C. 系统性原则　　　　　　　　　D. 理论和实践相结合原则

2. 社会调查研究方法同科学方法一样，可分为三个层次，包括（　　）。

A. 方法论　　　B. 基本方式　　　C. 经验层次　　　D. 具体方式

3. 长期以来一直存在着两种基本的、同时也是相互对立的方法论派别是（　　）。

A. 解释主义学派　　　　　　　　B. 实证主义学派

C. 印象主义学派　　　　　　　　D. 人文主义学派

4.（　　）的"范式"概念和"科学发展阶段论"对科学方法论的发展作出了重大贡献。

A. 韦伯　　　B. 孔德　　　C. 库恩　　　D. 波普尔

5. 科学发展的动态模式是（　　）。

A. 前科学时期→常规科学时期→反常与危机→科学革命→新的常规科学时期

B. 前科学时期→反常与危机→常规科学时期→科学革命→新的常规科学时期

C. 前科学时期→科学革命→常规科学时期→反常与危机→新的常规科学时期

D. 前科学时期→科学革命→反常与危机→常规科学时期→新的常规科学时期

（答案：ABCD、ABD、BD、C、A）

第二章 社会调查研究理论

内容提要

　　本章包括社会理论的构造、理论与研究的关系、理论建构与理论检验和社会调查研究的一般程序共四节内容。本章主要介绍了概念、变量、命题和假设，构成社会理论的基本要素，阐述了理论对经验研究的作用以及经验研究的理论功能，分析理论建构和理论检验的过程，最后以实例介绍了社会调查研究的一般程序。

学习目标

　　1. 认知概念的定义及分类。
　　2. 认知变量的定义及分类，理解变量之间的关系。
　　3. 认知命题的定义及类型，理解假设的作用。
　　4. 理解"科学环"所表达的含义。
　　5. 掌握并能运用归纳法和演绎法两种推理方式。
　　6. 了解理论建构和理论检验的过程。
　　7. 掌握社会研究的一般程序。

学习提示

　　1. 对照文中举的例子自己思考一些实例。
　　2. 课外寻找实例了解社会调查研究的一般程序。

第一节　社会理论的构造

社会研究是在经验层次和抽象层次上进行的，在抽象层次上的任务是建立科学理论。理论的主要功能是：（1）指导研究方向；（2）描述事物的状况和性质；（3）解释现象之间的关系；（4）预测未来的事件或现象。

社会理论是以抽象的概念来说明社会现象的本质，是一套加以系统陈述的，以可靠的经验资料为基础并在逻辑上相互联系的命题。一般来说，不管各种理论在具体含义和层次上如何不同，它们都是由一些基本的要素构成的。这些基本要素包括：概念、变量、命题和假设。

一、概　念

概念在社会研究中具有重要意义，它是调查者认识和反映调查对象各方面情况、性质、特点、程度和规模的重要工具。社会调查研究的对象是社会现象，但对社会现象进行调查必须借助于概念，因为社会现象都是用概念来表达的。相关概念的有机综合，便构成了某种社会现象的基本结构和基本原理。比如，我们设计某一政府部门培训的总体方案，在设计培训总体方案之前，必须进行调查研究，如何进行调查，是通过或借助于工作职能、学历、知识结构、培训方式、培训方法、培训周期等诸多的概念，来完成这一方案研究。

概念是对现象的一种抽象，它是一类事物的属性在人们主观上的反映。比如，"凳子"是一个简单的概念。当说到凳子时，不同的人头脑中会出现具有各种不同特征的凳子：有木头的，塑料的，也有钢铁的；形状有的是方形的，也有的是圆形的；颜色有黄色的，棕色的，黑色的等等。尽管这些凳子不完全一样，但是它们却具有某些共同的特征：由若干条腿支撑着一个供人坐的平面。这一共同特征可以说就是"凳子"这一概念的内涵。凳子的概念正是对这些具体的、各不相同的凳子进行抽象的结果。

概念是由名词、抽象定义和经验内含组成的。它们之间的关系是：名词是对同一类现象的概括；抽象定义界定出这些现象的范围和主要特征；经验内含是由名词所指示的那部分现象，它在经验层次上与名词和抽象定义相对应（见图 2-1）。

概念可分为实体概念和非实体概念。实体概念是指可直接观察到的物体、事物或现象，如书、性别、游行等。非实体概念则无法直接观察，如智力、社会关系、文化、动机等。社会科学涉及的许多概念都是非实体概念。概念都是

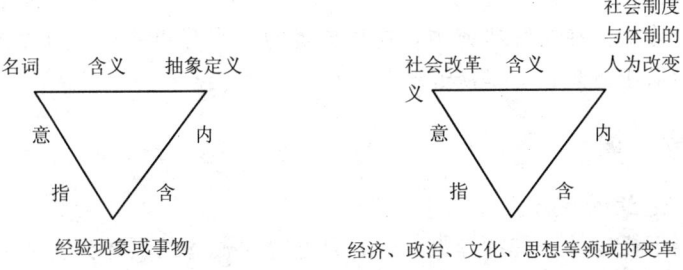

图 2 – 1 概念三部分关系图

通过概括和抽象而得到的，但是各种概念的抽象程度是不同的，社会研究中所运用的许多概念是一种综合概念，如角色、社会地位、互动等，它们是由一些低层次的概念构成的。综合概念的抽象程度更高，它们所包含的信息较多，概括性较强，却很难在经验研究中运用。相反，抽象程度低的概念比较容易观测和操作，不过它们包含的信息量较少（见图 2 – 2）。例如，我们要调查一个群体的"社会地位"，社会地位是抽象的概念，可以把社会地位分为先赋地位和成就地位两个维度，这两个概念的抽象程度较社会地位要低一些，其所包含的内容要比社会地位涵盖的内容小，特征也更明确一些。同理，先赋地位又可以划分为出身、性别、种族等，这些概念的抽象程度更低，在现实社会生活中，可以找到其对应物，这些概念所包含的内容比先赋地位要小得多，概念所具有的特征也更明确。

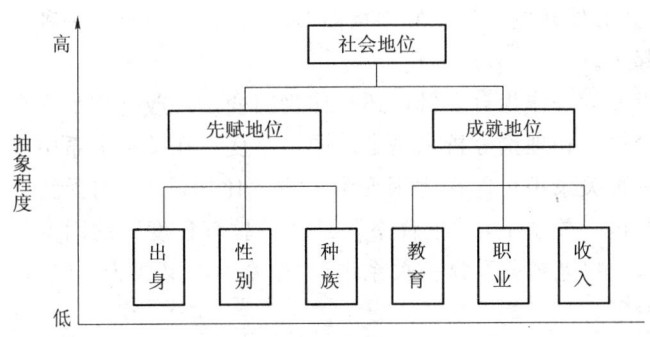

图 2 – 2 概念的抽象层次图

概念可以为科学提供一种观察或勾画那些无法直接观察到的事物的方式，对于理论的构建具有非常重要的作用。关键是如何恰当地运用概念，或者如何合理地形成概念，这是体现一项经验研究所具有的理论色彩和理论深度的关键一环。各种具体的现象、事实和材料或许是司空见惯的，但是我们从中抽象、提炼出了某种概念，即将它们冠以某种新的"概念标签"，这些现象、事实和材料就十分珍贵。在实际研究中，这种提炼的工作有两种基本的方式：一是从理论文献中借用概念；二是从经验材料中抽出概念。

二、变　量

（一）变量的定义

变量属于概念的一种特殊类型，它是通过对概念的具体化转换而来的。所谓变量，就是具有一个以上不同取值（不同的子范畴、不同的属性，或不同的亚概念）的概念。而那些只有一个固定不变的取值的概念，则叫做常量。

变量在不同情况下有不同的状态或属性，它反映了概念的可变动性，说明了现象在规模、重量、密度、速度等方面的变化情况，或现象在程度差异上的变化方式。例如，"性别"这一变量包括"男性"和"女性"两个取值；某一部门职工人数是 1000 人，另一部门职工人数是 800 人，其中职工人数就是包括两个取值"1000"和"800"的变量。

根据变量相互之间的关系，我们可以把变量分为自变量、因变量以及中介变量。我们把那种引起其他变量变化的变量叫做"自变量"，并用 x 来表示；而把那种由于其他变量的变化而导致自身发生变化的变量叫做"因变量"，并用 y 来表示。我们用"→"表示"引起"或"导致"。当一个变量影响另一个变量，或者说一个变量的变化"引起"或"导致"另一个变量的变化时，就形成了某种因果关系。用符号表示即是：$x \rightarrow y$。比如，"高的受教育程度倾向于低的生育率""对外开放导致犯罪率增高"，这些说法都是用一种因果关系把两个变量联系起来。

一个变量究竟是作为自变量，还是作为因变量，或是作为中介变量，要根据研究的理论框架和理论分析来决定。同一个变量在某种关系中作为自变量出现，而在另一种关系中可能作为因变量出现。比如，"高的受教育程度倾向于低的生育率"这一关系中，"生育率"是"受教育程度"的因变量；但在"低的生育率导致人口老龄化"这一关系中，"生育率"又成为影响"人口老龄化"程度的自变量了。

一项基本的因果只需一个自变量和一个因变量。中介变量则是出现在更为复杂一些的因果关系链中的第三变量。介于自变量和因变量中间的变量我们称为中介变量。它在自变量与因变量的联系中处于二者之间的位置，表明自变量影响因变量的一种方式或途径。例如，高的受教育程度倾向于低的生育率，低的生育率导致人口老龄化，在这组变量关系中，低的生育率是高的受教育程度的因变量，同时低的生育率又是人口老龄化的自变量，是介于自变量与因变量之间的中介变量（见图 2 - 3）。

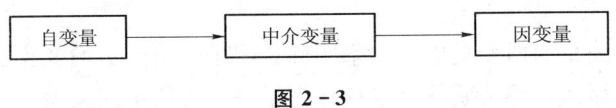

图 2 - 3

　　另外，也可将中介变量定义为"不能经由人类的感官而觉知其质和量的变量"。比如，动机、智力、敌意、态度等抽象的概念。例如，涂尔干在研究自杀的时候，发现信仰天主教的要比信仰新教的自杀率低，女性要比男性自杀率低，结婚的要比单身的自杀率低，由此他抽象出了一个概念——社会整合程度，他认为天主教徒，女性和已婚的人社会整合程度要高，而社会整合程度高导致较低的自杀率。在这个例子中，社会整合程度就是一个中介变量。同时也是一个抽象的概念（见图 2 - 4）。

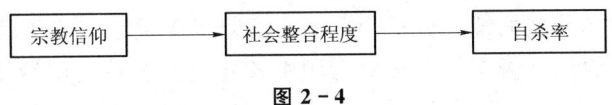

图 2 - 4

　　在图 2 - 4 中，宗教信仰作为自变量，社会整合程度作为中介变量，自杀率作为因变量。同样，我们可以将性别作为自变量，或者将婚姻状况作为自变量。

　　（二）变量间的关系
　　变量间的关系是指两个或两个以上的变量相联系的性质，它们主要有相关关系、因果关系、虚无关系三种类型。
　　1. 相关关系
　　相关关系指的是如果两个变量 x 和 y 一同起变化，即 x 有变化、y 也有变化，反之也一样。社会现象之间的相互关系是很复杂的，它们各以不同方向、不同程度相互作用着，并表现出不同的类型和形态。从变量之间相互关系的方向来看，可以分为正相关与负相关。如果一个变量值的增加伴随着另一个变量值的增加，或者一个变量值的减少伴随着另一个变量值的减少，则这个关系称为正相关，或称直接相关。例如，某企业的技术改造投资增加，则产品产量也随之增加，这种关系是一种正相关。一个变量值的增加，伴随着另一个变量值的减少，则这个关系称为负相关，或称逆相关。例如，当人们受教育程度提高时，人们倾向于生育较少的孩子。
　　社会调查研究中，运用变量关系的正相关与负相关的概念，在于调查事物之间相互关系的发展方向和趋势。例如，经营战略、经营管理与经济效益的关系；政府机关的整体素质、人员素质与政府工作效率的关系；廉政建设与政府形象之间的关系等，都存在着正相关与负相关的关系。

2. 因果关系。

在有相关关系的两变量中，如果明确说明了一个变量的变化引起了另一个变量的变化，那么这种关系就可以称作因果关系。所谓因果关系就是"因 x 的变化导致了 y 的变化"。

在社会调查研究中，衡量变量之间因果关系有三个标准：（1）x 和 y 有相关关系；（2）原因 x 必须先于结果 y 而发生；（3）x、y 之间的因果关系不受其他因素的影响。

3. 虚无关系。

虚无关系说明从某一变量的变化很难预计到另一个变量是以怎样的方式变化的。例如，性别和人才之间毫无关系，从性别的差异中，很难预测出他（或她）是否能够成才。换言之，虚无关系表明一个变量与另一个变量不存在共变关系。在数据的统计分析中，通常要对虚无关系（虚无假设）进行检验，如果虚无假设被否定，那么对命题中各变量的关系，就给予了更令人信服的证实。

➡️ 专栏 2 - 1 相关与因果关系

查尔斯·邦尼（Charles Bonney）东密歇根大学社会学系

在证明了假设的"因"和预设的"果"之间的统计关系后，很多人（有时候包括研究者，他们应该比较清楚）会急于说"证明了"变量之间有因果关系。让我们看下面的例子，了解为何"未必如此"。

设想你们完成了一项有关大学生吸大麻的研究，你们发现了吸大麻（变量 M）和学业成绩（变量 G）之间的负相关，也就是说，吸大麻学生的学业成绩平均低于不吸大麻的学生，而吸食量越大，学业成绩就越差。你也许会说：吸大麻会使成绩变差（以符号表示就是 M→G）。若要解释这个现象，也许可以说大麻影响记忆，进而损及学业成绩。

但是，如果负相关是惟一的证据，那么，就存在第二种可能性。不好的成绩会令人沮丧，进而导致逃避行为。也就是说，成绩不佳导致吸食大麻（G→M）！除非你们能确定吸大麻或成绩不好何者为先，否则两种因果关系都有可能。

现在让我们引入另一个变量：情感问题或情感问题的程度（变量 E）。当然可以说，有情感问题会导致逃避现实的行为，包括吸大麻。同样可以说，情感问题会对学业成绩造成负面影响。流鼻涕和喉咙痛常常一起发生，同样，吸大麻和学业成绩的相关，并不一定哪个是因，哪个是果，有时候两者同时是第三个变量所造成的果（E→M/G）。除非排除第三个变量的可能性，否则第三种解释也会成立。

或许，学生吸大麻是因为他们刚好有朋友吸大麻，而成绩不好是因为他们并不聪明，或者用功不够，而在你们的研究对象中，有的人刚好同时具备这些特点。除非你们发现的相关相当显著而且一致，使巧合的可能性降到最低，在这样的情况下，尽管第三种解释得不到资料的支持，但也不会被排除在外。顺便说一句，举这个例子有两个原因：第一，对于这个负相关，上面的每一种解释都先后出现在一本全国性的杂志上。第二，每一种解释最后都无法成立，因为很多研究结果都发现了正相关，也就是说，学业成绩较高的学生更可能吸大麻！

资料来源：艾尔·巴比. 社会学研究方法基础 ［M］. 邱泽奇，译. 北京：华夏出版社，2002.

三、命题与假设

（一）命　题

社会调查研究中的命题，是关于一个概念的特征或多个概念间关系的陈述。如果说概念是建造理论的砖石的话，那么命题则是理论的构架。概念是描述现象"是什么"的分类概括，而命题是对现象之间的关系的陈述，它用于说明"为什么"的问题。社会调查研究的结论是由一些观点所组成的，这些观点在逻辑学上称为判断，从调查研究角度讲则是一个一个命题。比如，我们从大量数据资料分析中得出结论：经济效益下降的直接原因是单位产品成本水平上升，这一观点，或者说一种判断，就是一种命题。

命题可依据其理论用途的不同划分为各种类型，不同的类型在抽象性、概括性和可被经验证实的程度方面各不相同。命题的类型主要有：公理、定理、经验概括和假设（见表2-1）。

公理处于理论的最高层次，它是高度抽象的陈述，如"人都是自私的"，"人的一切行为都是理性的"。公理可作为理论的出发点，所有其他的理论命题都可由公理推演出来。公理的正确性是由定义或假定而来的，它无法直接被经验检验，而只能通过对它的逻辑推论的检验得到部分证明。

定理是由公理推导出来的，它可被经验事实来检验。由公理和定理还可推导出其他更具体的命题。公理式的理论是以演绎三段论为基本形式的，例如，

由公理1：人的行为都是理性的。

公理 2：理性行为都是受社会环境制约的。

可推论出定理 1：人的政治行为是受社会环境制约的。

经验概括是通过对大量事实的观察而归纳出来的，它的经验色彩较浓，抽象程度较低。例如，"随着工业化程度的提高，人们的读写能力也提高"，这一个命题就是一个经验概括，只要对一些国家或一个国家的不同历史阶段进行过观察就能得到这一概括。

假设是在研究之前提出的待检验的命题，它在研究中起着相当重要的作用。假设是社会研究中最常用的命题形式。

表 2 - 1　命题类型

命题类型	如何形成的	可否直接检验
公理	由定义或假定而为真	不可
定理	由公理演绎而来	有些可，有些不可
经验概括	来自经验资料	可
假设	来自演绎或经验	可

（二）假 设

假设是对调查对象的特征以及有关现象之间的相互关系所作的推测性的判断或设想，它是对问题的尝试性解答。如同变量是概念的一种特殊形式一样，假设也是命题的特殊形式。这种特殊性体现在两个方面：一是命题中的基本元素是抽象的概念，而假设中的基本元素则是相对具体的变量；二是假设中的变量关系应该是经验可测的，即可以通过经验的观察进行检验的。比如，我们说"天才往往不幸福"是一个命题，它陈述的是概念"天才"与概念"幸福"之间的关系。而我们说"人们的智商与他们在幸福量表上的得分相关"则是一个假设，它陈述的是变量"智商"与变量"幸福量表上的得分"之间的关系。显然，只有后者才是经验上可检验的。

假设是抽象的理论和经验的研究之间重要的结合部，在实际研究中，研究者更多的是与假设而不是命题打交道。一般而言，假设有如下三种陈述方式：（1）函数式陈述，其基本形式是：$y = f(x)$，即 y 是 x 的函数，它是说明若 x 发生变化，则 y 也随之发生变化，反之亦然。这种方式在自然科学中很常见。（2）条件式陈述，即"如果 x，则 y"，这里，x 称为先决条件，y 称为后果，这种方式常常说明两变量间的因果关系，但有时也只表示相关关系。（3）差异式陈述，其基本形式是"A 组与 B 组在变量 x 上无（或有）差异。"例如，"教师和干部的平均收入无差异"。在统计学中，这种无差异的假设也称为"零假设"或"虚无假设"。在社会研究中，一般多使用后两种陈述方式。

社会调查研究之前为什么要建立"假设"？主要原因在于社会现象纷纭复杂，如果在调查研究之前不预先进行假设，调查研究就无从下手。假设在研究中的作用主要有：

1. 指导研究

确定研究假设的目的就是使课题进一步明确化，找出哪些现象之间有可能是相互联系的，为收集资料指明方向。

命题假设的目的，只是为了更有效地进行调查研究，为了便于搜集资料和分析资料提供一个大致的方向。这是假设概念的性质和作用决定的。正因为如此，对于假设应防止犯的一个错误是：一旦建立假设之后，就只搜集能够证明原假设正确的资料，而忽视甚至摒弃证明假设错误的资料。事实表明，调查者最初建立的假设可能是正确的，也可能是错误的，或是不完善的。因此在调查研究过程中特别要注意哪些资料与假设观点不同。

2. 逻辑推导

假设有不同的抽象层次，由理论直接演绎来的假设一般比较抽象，研究者可从抽象的理论假设推论出具体而特殊的经验假设，又称工作假设。例如，对于"为什么在现代化社会中核心家庭的比重大大增加"这一问题，可采用帕森斯的理论先作尝试性的解释，这一理论指出，随着工业化的发展，人们的工作地点越来越远离父母的居住地，此外，由于工作与培训的需要以及调动、转换工作单位等因素，导致了社会流动的增加，从而削弱了传统大家庭的联系，使核心家庭的比重上升。其主要逻辑关系是：工业化→社会流动→家庭形式改变。为了检验这一理论，第一步是运用逻辑推演提出一组理论假设（见图 2-5）。

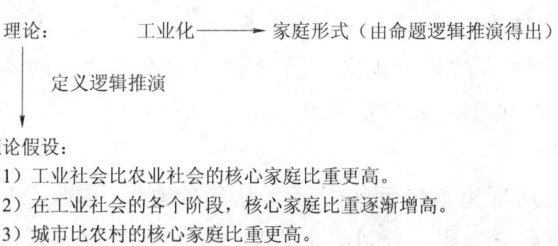

理论：　　　　　工业化———家庭形式（由命题逻辑推演得出）

　　定义逻辑推演

理论假设：
（1）工业社会比农业社会的核心家庭比重更高。
（2）在工业社会的各个阶段，核心家庭比重逐渐增高。
（3）城市比农村的核心家庭比重更高。

图 2-5　推演理论假设

但是这组假设仍然是抽象，无法直接观察和检验，因为其中的概念，如"工业社会""农业社会""城市""农村""核心家庭"还没有明确定义。因此，下一步的工作是运用经验推演建立工作假设。对理论概念建立操作定义，选择和制定测量概念的指标和方案，最后用可被观测的变量和指标来重新表述理论假设。

例如，对上述抽象概念可作如下操作定义：

工业社会——工业总产值占国民生产总值的比重超过 60% 的社会。

工业社会的各个阶段——可用年代、人均收入水平或主要技术特征（如火车、汽车、计算机）等来划分。

核心家庭——由一对夫妻及其未成年子女组成的家庭。

核心家庭比重——一个国家或地区的核心家庭的数量占总家庭数量的比率。

城市——总人口超过 5 万，人口密度超过 100 人/平方公里且具有各种公共设施的地区。

在作出理论概念的操作定义之后，可以选择一些工作假设来重新陈述理论假设（见图 2-6）。

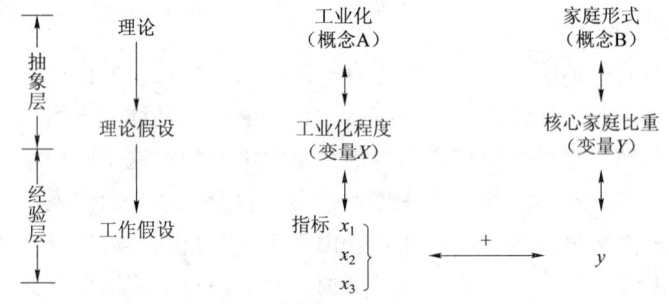

图 2-6 推演工作假设

从图 2-6 可以得出：① 在不同国家，工业生产总值的比重（x_1）越高，核心家庭的比重越高；② 在同一国家或地区的各个时期，人均汽车占有量（x_2）越高，核心家庭的比重越高；③ 在同一国家或地区的各个时期，人口密度（x_3）越高，核心家庭的比重越高。

3. 发展理论

假设不管是从理论演绎而来，还是从经验观察而来，只要经过证实或证伪，就可以增进科学知识，就可以促进理论的应用或发展新理论。可以说，理论建设是经由假设→假说→定律发展的。同样，理论的检验和修改也是从假设检验开始的。

⇨ **专栏 2 - 2　关于假设建构的一些提示**

莱里·邓莱肯（Riley E. Dunlap）华盛顿州立大学社会学系

假设是在研究中被检验的基本陈述。在典型的情况下，假设所表述的是两个变量之间的关系（虽然也有可能使用两个以上的变量，不过，现在你应该只注意双变量的情形）。因为假设对于两个变量之间的关系提出了预测，所以，必须是可被检验的。这样一来。在考察研究结果的时候，就可以判断这个预测是对的还是错的。另外，假设必须陈述清楚，以便于检验。以下便是一些发展可检验假设的建议。

假定你有兴趣预测一些现象，诸如"对待妇女解放的态度"，就可以用续谱方式来测量这种态度，从"反对妇女解放"到"中立的"到"支持妇女解放"。假定你们缺乏理论，就必须依赖"灵感"来提出与对待妇女解放态度有关的一些变量。

在某种情形下，可以把假设建构看作是填空："＿＿＿＿＿与对待妇女解放的态度有关。"你们的工作就是去思考一些似乎与这种态度有关的变量，然后写下来，陈述两个变量间的关系（"空格"是一个变量，"对妇女解放的态度"是另一个变量）。你们必须仔细做这件事，这样才能够在考察结果的时候（在这种情况中，多半指的是调查的结果）清楚地判断这个假设是否被证实。

关键在于仔细地写下假设，使得其中的关系一目了然。如果使用年龄，注意到这句话"年龄和对待妇女解放的态度有关"并没有准确地表达你如何思考两者之间的关系（事实上，这个假设失败的地方就在于：无法在年龄和对待妇女解放的态度之间发现任何统计相关显著性）。在这个例子中，有两个必要的步骤，你有两种选择：

1. "年龄与对待妇女解放的态度有关，年轻成人比年长者更支持妇女解放"（或者，假如你相信年长者更支持的话，可以用相反的方式陈述）。

2. "年龄和支持妇女解放有着负面相关的相关"。请注意，在此我界定了"支持妇女解放"（support for women's liberation，SWL），然后预测一个负面关系——也就是随着年龄的增长，SWL会随之降低。

注意，在这个假设中，两个变量（年龄为自变量或是"原因"，而SWL为因变量或是"后果"）的范围是由低到高。这两个变量的特点让你们可以使用"负面的"（或"正面的"）来描述两者之间的关系。

如果你们假设性别与SWL之间有关系，那么就注意到底发生了什么状况。由于性别是一个定类变量，其范围无法从低到高——人们不是男的就是女的（性别变量被归类成这两种）。因此，你们必须小心地陈述这个假设：

1. 性别与 SWL 是正相关的（或负相关）并不是一个恰当的假设，因为它并没有明确指出你们如何期待性别与 SWL 之间的关系——换句话说，你们是否认为男性比女性更支持妇女解放。

2. "妇女与 SWL 有正相关"之类的陈述具有某种诱导性，但它实际上不起作用。因为女性只是一个属性，并不是一个完整的变量（性别才是变量）。

3. 我的建议是，"性别与 SWL 相关，女性比男性更积极"。或者，你可以说，"男性比女性更不支持"，也提出了相同的预测（当然，如果你希望男性比女性更支持的话，你也可以做相反的预测）。

4. 同样有效的是，"女性比男性更可能支持妇女解放"（注意，在假设中必须明确区分支持对象，稍不留神就可能表达为：女性支持妇女解放的程度超过了女性对男性解放的支持。注意，这是两个不同的假设）。

上面的例子假设了"特性"（年龄或性别）与"倾向"（对妇女解放的态度）之间的一组关系。由于因果次序相当清楚（很明显，年龄与性别发生在态度之前，而且较少改变），所以，我们可以陈述上面的假设，而且每个人都明白我们陈述的是因果关系。

最后，还可以根据参考文献提出零假设（null hypothesis），特别是在统计方面。尽管零假设假定两个变量之间没有关系（技术性地，没有统计性显著相关），实际上却是隐含了假设检验。基本上，如果假设一种正相关（或负相关），你将希望得到的结果会拒绝零假设，拒绝零假设也就证实了你的假设。

资料来源：艾尔·巴比. 社会学研究方法基础［M］. 邱泽奇，译. 北京：华夏出版社，2002.

第二节 理论与研究的关系

社会学知识的积累和发展过程，包含两个相互依存的方面：理论与研究。二者缺一不可，相辅相成。理论向人们提供了认识和理解世界的一般框架，同时，它也指导着人们去探索具体的事件。尽管理论常常是一种理性思维的产物，很少有经验数据的支持，但在科学发展的过程中，理论与观察之间的联系变得越来越紧密。研究与理论携手共进才能增加人们对社会世界的认识。二者对于对方都有十分重要的贡献和影响。

一、"科学环"

美国社会学家华莱士于 1971 年在其名著《社会学中的科学逻辑》一书中，提出了社会研究的逻辑模型，也就是被人们广泛运用的"科学环"，其所概括的过程见图 2 - 7。

"科学环"中，用方框表示五个知识部分：（1）理论；（2）假设；（3）经验观察；（4）经验概括；（5）被检验过的假设。用椭圆表示研究各阶段中使用的六套方法：（1）逻辑演绎方法；（2）操作方法，它包括研究设计，概念的具体化和操作化，测量方法、抽样方法和调查方法等等；（3）量度、测定与分析方法，指观察的记录、资料的整理、分类、评定、统计及分析方法；（4）检验假设的方法，如统计检验；（5）逻辑推论方法，如统计推论；（6）建立概念、命题和理论的方法。各个知识部分通过各种方法转换为其他形式。箭头表示知识形式转换的阶段。中心线的右边是理论演绎的过程，即把理论应用到现实中，在这一过程中是运用演绎法。中心线的左边是理论建构的过程，它首先是运用归纳法由经验观察概括出研究结论，然后再上升到抽象的概念和理论。在横剖线的上方属于理论研究，它们处于抽象层次。在横剖线的下方则属于经验研究。

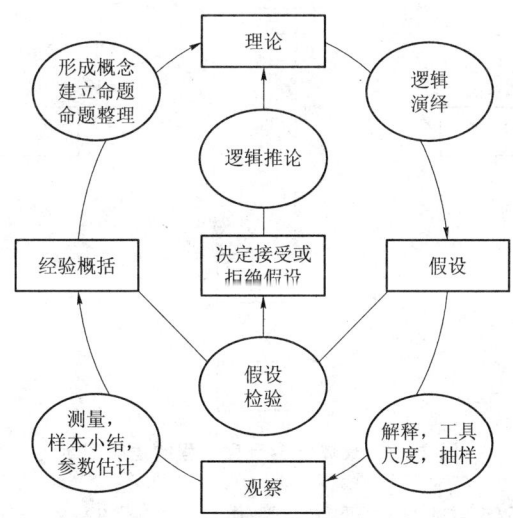

图 2 - 7 科学过程中的主要信息成分、方法控制和信息转换

"科学环"告诉我们：科学是理论与研究之间不断相互作用的过程。研究者可以从两个方面入手：研究者可以首先从观察事实、记录事实入手，通过描述和解释他们所观察到的事实，形成经验概括并上升为理论。然后在他们的理论的基础上作出预测，即对未知事物的假设，再通过观察新的事实以检验这种预测。研究者也可以首先从理论出发，由理论产生假设，再由假设导致观察，然后由观察形成经验概括，用这种概括支持、反对或建议修改理论，或提出新理论。

华莱士所建构的"科学环"是针对社会研究的一般逻辑过程而言的，即对于社会研究的总的过程来说，它有两个起点，反复循环，螺旋上升。但是，对于任何一项具体的社会研究来说，它往往只是走完整个圆环的一半，即理论建构的研究往往只走完左半圆——从观察走到理论；而理论检验的研究则只是走完右半圆——从理论到观察。并且，同是观察产生的事实，在其作为导出理论的起点时和其作为检验理论的终点时是不一样的；类似的，同是理论解释，在其作为推出假设、指导观察的起点时和其作为具体观察和经验概括的终点时也是不一样的。风笑天提出以下研究过程的逻辑图示（图2-8）。

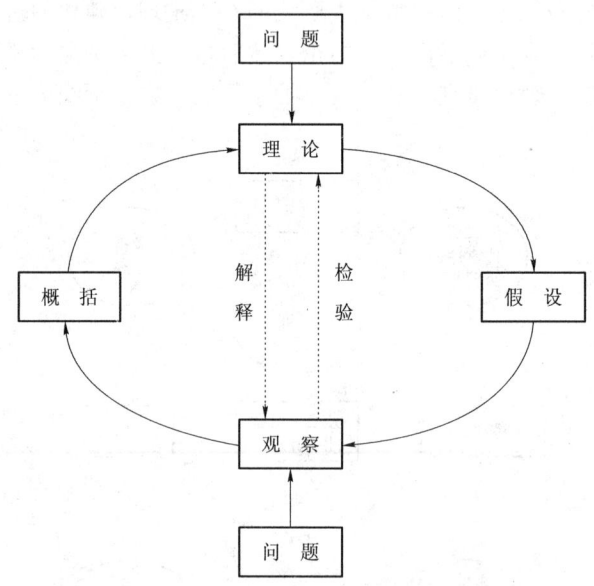

图2-8　具体社会研究过程的逻辑图示

研究问题是任何一项具体研究的逻辑起点。图2-8表明，在现实所提出的各种问题面前，具体研究可以采取两种不同的研究路线。一是从具体观察入手，通过经验概括和归纳推理，得出理论，并用这一理论对最初的观察进行说明和解释；二是从现有理论入手，运用演绎推理得出假设，再通过经验的观察来检验（证实或否定）最初的理论。因此，理论和研究是一个永恒的循环中的两个相对独立的组成部分。理论鼓励人们去进行可以用来证实或反驳它的研究，而研究的成果则被用来证实、否定或修改这一理论，同时也为新的理论的建立提供依据。社会学知识正是在这样一种循环往复、永无休止的过程中一步步积累起来的。

二、归纳与演绎

在社会研究中，经常会使用两种推理方法：归纳法和演绎法。

（一）归纳法

归纳法是通过对许多特殊或个别现象及问题的分析比较，而得出一般结论或归纳出带有普遍性原理的方法。

归纳法的一般原理是：如果在各种各样的条件下观察过大量的 S 类对象，所有这些被观察到的 S 都毫无例外地具有性质 P，那么我们可以判定所有 S 类对象都具有性质 P。在数学中，有归纳法证明某项数学推断的方法。在社会调查中，也可以采用归纳逻辑。如调查 1000 名青年（男女各 500 名），了解他们选择配偶的标准。调查结果绝大部分青年都考虑对方的年龄、身高、学历、职业、家庭状况、收入、相貌、性格、品位等 9 个方面。这样就可以归纳出一般性的认识，即中国青年择偶的主要标准是个人自然特征（年龄、身高、相貌）、个人心理特征（性格、品位）和个人社会特征（职业、家庭情况、学历、收入）。

在社会科学研究中使用归纳逻辑，是以调查事实的陈述为前提，以理论的陈述为结论，即根据调查事实归纳出理论结论。人们认识事物，总离不了要运用这种归纳推理。毛泽东说："就人类对于客观事物的认识的秩序来说，总是由认识个别的和特殊的事物，逐步扩大到认识一般的事物。人们总是首先认识了许多不同事物的特殊的本质，然后才有可能更进一步地进行概括工作，认识诸种事物的共同的本质。"

归纳法具有其局限性：

（1）由一些个别事例概括出的一般性结论并非是可靠的，它有可能被其他未观察到的事例所推翻。由于在现实中常常不可能进行完全的、穷尽的具体观察，因而，由归纳法得出的结论也容易遭到意想不到的驳斥。在这方面最为人们熟知的例子是由卡尔（波普尔等人所引证的有关白天鹅的结论。许多年来，人们所观察到的天鹅都是白色的，因而生物学家们设想所有的天鹅都是白色的。但是，当人们在塔斯马尼亚看到黑天鹅时，"天鹅都是白色的"这一概括就在一天之内被事实证明是错误的了。

（2）由归纳不可能逻辑地推论出一般原理，因为由归纳得到的结论只是对一些具体的、个别的经验现象的概括，它只适合于一定的时间、地点、场合、范围，仍停留在经验层次。由感性上升到理性，即由观察结论上升到理论命题实际上是经历了认识上的一个"飞跃"，这一过程要依靠猜测、想象、洞察或思辨，而并非是靠归纳完成的。

可以说，归纳法的主要作用是发现经验事实之间的联系，而不是发现一般原理。

（二）演绎法

演绎法是根据已知的一般原理或理论，通过逻辑推理来解释具体的事件现象的方法。它的基本形式是三段论，即由大前提、小前提推导出结论的方法。下面是一个三段论的例子：

人总是要死的——大前提；

苏格拉底是人——小前提；

所以苏格拉底也会死——结论。

演绎分析具有两个作用：

第一，演绎逻辑可以证明研究结论的普遍指导意义。在调查资料的理论分析中，演绎推理需要将归纳推理的结论作为前提。例如，数学中平面几何的证明题就是事先要有公认的"公理"，以及被证明的"定理"，再根据已知条件，推出必然的结论。再比如，以上面的中国青年择偶标准的研究结论为出发点，演绎分析如下：大前提——凡是（符合调查对象特征的）中国青年都按此标准择偶；小前提——某地区（或某单位、某个人）青年是中国青年；结论——所以某地区（或某单位、某个人）的青年按此标准择偶。做了这种演绎分析后，"中国青年择偶标准"的研究结论就脱离了某个具体的调查（假定该项调查是在全国范围按科学原理抽样的调查），而具有了一般的指导意义。

第二，可以用经过演绎方法证明的研究结论去解释未知的情况，或解释和预见社会生活中的事实。在上面我们得出"中国青年择偶标准"的结论解释青年人找对象所选择的条件，不是特殊的个别现象，而是青年人择偶标准的体现，社会各界应理解青年人，对他们加以正确的引导。

由于演绎的大前提，即一般原理或公理有可能是错误的，所以由它推演出的命题也可能是错的，这样的命题不可能很有效地解释具体现象。同时，单纯靠演绎也不可能发现理论的错误。

在实际的科学探索中，单纯的归纳或单纯的演绎都具有很大的局限性，波普提出的假设检验法是由归纳和演绎两种逻辑构成。它是由理论推导出研究假设，然后通过观察来检验假设。假设如果被证实，就可以对被观察到的具体现象作出更有效的理论解释；假设如果被"证伪"（即被证明不成立），或者部分证伪，就要对理论作出修正或推翻原有理论，发展新的理论。

波普进一步提出，所有的科学研究，实际上只能在有限的时间内提出有效的解释，而不是终极的真理。科学结论必须是可以被检验的，在这个结论还没有被实际观察的结果证伪之前，人们接受它作为一个结论，而下一次科学研究的目的，就在于提出和这个结论不同的假设，试图突破原有的理论。当然证实或者证伪的依据是根据实践观测所得的资料。因此，科学研究对自然和社会的观测就不是漫无目的地随意浏览，而是受某一次具体研究的研究假设左右的。研究假设是科学研究观测事物的取景框，是每一次具体观测的方向标和角度。

在目前的科学研究中，假设检验法已成为普遍运用的研究逻辑，社会调查研究方法作为社会科学的工具和一种认识社会的武器，也自然遵循这个具体的研究原理。

三、理论对经验研究的作用

经验研究与理论研究具有双向的作用，美国著名社会学家默顿指出，过去的社会学研究存在着两个极端：或热衷于建立空洞抽象的社会学理论，或只做零散的无意义的纯经验研究。这两种偏执都极大地阻碍了社会学学科的发展。所以他提出："社会学要想取得真正的硕果，必须有（经验）研究和理论的结合，这样说还不够。它们不仅仅要有山盟海誓——它们还必须懂得如何携手向前。"

从社会学的角度看，理论对经验研究的作用主要表现在：

第一，理论作为研究的基础、背景，为研究提供特定视野和概念框架。这种基础和背景的作用首先是从课题产生的角度来说的。具体的社会研究课题有两个最基本也是最重要的来源：一是现实；二是理论。许多经验研究直接来源于理论并服务于理论的事实很好地说明了这种作用。另外，对于从具体的社会现实中所提出的研究课题，理论也通过提供特定的视野和概念框架来体现这种作用。理论告诉研究者应该提出什么样的问题，以及为了回答这一问题应该去探讨什么。比如，下岗职工再就业问题，是我国社会中的一种具体现象，当我们从社会现实中提出这一研究课题后，理论可以给我们提供许多不同的探讨角度和分析视野。无论是"社会资本"理论、"地位获得"理论，还是"社会分层"理论、"社会网络"理论，都会使我们对具体现象的探讨更为深入。这些不同理论视野所具有的概念框架将把我们探讨下岗职工再就业现象的研究过程引向新的境地。具有这种理论背景、运用这些概念框架的经验研究在增进人们对具体现象的认识方面将具有更大的作用，产生更好的效果。

第二，理论指导研究的方向。在进行一项具体的经验研究时，理论可以指导研究者去收集与研究有关的事实，对于解释性研究尤其如此。只要研究者运用的理论不同，观察后收集上来的"有关事实"是不同的，自然得到的结论也是不同的。但这并不意味着得到的结论是相互矛盾的，这些结论只是从不同的角度得出来的。也正是由于这些源于不同理论的不同视野关注到现象或问题的不同方面，人们对社会现象的认识才更加全面。比如，对于青少年犯罪现象的研究，就可以有多种不同理论视野。一种是"制度的"视野，另一种是"互动的"视野。前者的理论兴趣在于发现社会中导致各种青少年犯罪现象的"社会机制"。根据这种理论视野，研究者往往会去考察犯罪青少年的家庭背景，考察社会的婚姻制度，考察学校教育制度以及处置青少年犯罪的司法制度。而后者则更加注重青少年犯罪的"互动情景"。根据这种视野，研究者会集中考察犯罪青少年的社会交往对象、交往过程，特别是青少年与其同辈群体之间的互动及其相互影响等等。

第三，理论提供研究的解释。举例来说，假设一位社会学研究者通过调查得到这样的结果：黑人男性与白人女性结婚的比例明显超过黑人女性与白人男性结婚的比例，前者的比例为 20%，后者的比例为 4%。如果缺乏理论，研究者往往只能描述这种现象的存在及其特征。一旦涉及"为什么会有这种现象发生"或者"二者的情况为什么会如此"这样的问题，就必须依靠理论来解释。因为"比例为 20% 和 4%"这样的数字，本身并不能说明什么，数字和资料不会自我解释。我们必须依据某种理论，如交换理论，来对上述数字所表达的现象作出合理的说明：由于该社会中，男性的社会地位普遍高于女性的社会地位，黑人男性用较高的社会地位去"换取"白人女性较高的人种地位，而黑人女性却难于做到这一点。同样地，当我们通过大规模的调查，发现夫妻双方在家庭生活中许多方面的决策权力大小不同时，我们也必须为这种差别寻求一种理论解释。一个可能的解释是"资源理论"，即夫妻双方在家庭生活中决策权力的大小与双方所占有的资源多少有关。

总的说来，理论通过对研究提供有显著意义的指导，通过将基本过程相似的分散结果进行合适的联系以及通过对所观察到的各种现象、各种联系提供一种解释，大大地增加了研究成果的价值和意义。可以说，一项研究越是被系统的理论所指引，它的结果就越可能对知识的发展和进一步的累积作出贡献。

四、经验研究的理论功能

经验研究对理论所起的作用不只是被动地检验理论、证实理论，它还扮演着其他角色。对此，默顿也做了独到的阐述。他说："经验研究已超出了证明和检验理论这一被动角色：即它不只肯定或否定假设。经验研究可承担积极的角色：它在推动理论的发展上至少具有四种主要功能。它们是激发理论、重塑理论、修正理论和澄清理论。"

第一，经验研究中所获得的那些"不期而遇、异乎寻常而有关全局的资料"，常常可以激发某种理论的创造。而越是富有成效的经验研究，就越可能成为新的假说和理论的发源地。默顿还特别强调，正是这种不期而遇、异乎寻常和有关全局的经验事实，构成了一种"偶发机遇模式"。这种情形就像在霍桑工厂所进行的管理实验一样，研究者所关注的本来是劳动条件与工人生产的产量之间的关系，然而研究在这方面却未获得结果。但是，研究者却从实验中得到了更为重要的"副产品"——一个以前未被研究者所认识、却对各种社会及行为科学研究有着重要影响的现象——那些意识到自己正在被别人观察的个人具有改变自己行为的倾向——这就是著名的"霍桑效应"。

➡ 专栏 2-3 霍桑效应

"霍桑效应"又被称作为"被试效应"，所谓"被试效应"是指"由于实验对象对其被试身份的认知及态度而产生的实验偏差"。

霍桑是 20 世纪 20 年代位于美国芝加哥城郊外的一家工厂。它的设备先进，福利优越，但工人们仍然愤愤不平，生产效率一直低下。为研究工作条件与生产效率的关系，以及社会因素与生产效率的关系，美国科学院专门组织了一系列实验。实验期间，随着车间照明、工间休息等工作条件的逐步变化，工人的生产率不是像研究假设所描述的那样减低，反而是稳步提高。然而，致使生产率提高的真正原因是参加实验的工人在精神方面发生了巨大的变化，产生了一种参与感，觉得受到了重视，因而加倍努力地工作便使生产效率上升。

"霍桑效应"说明：当一个人觉得自己被尊重，并且真正参与到工作或学习中，他就会表现出非常高的效率。

资料来源：时事报告 [J]. 2003 (8).

第二，重塑理论模式把注意力放在到目前为止被忽视了、却是有着重要关系的事实上，正是这些被忽视的事实迫切要求扩展和改善原有的概念系统。任何一项具体的理论都具有某种相对性，它们往往主要针对现实中的某一类特定现象或过程。但是，实际社会研究中人们往往会发现一些新的、原有理论框架和概念系统未注意的事实。这些事实提出了一些新的变量，它迫使研究者把这些新的变量与一个具体的理论相结合，导致原有理论的重整。

第三，经验研究中新的研究方法和研究技术的运用大大地拓展了研究者探索现实、建立理论和检验理论的能力。比如，问卷调查方法、计算机技术、统计软件、历年人口统计资料数据库、内容分析方法、二次分析方法、心理测验、参与观察、焦点小组讨论等等。特别地，这些新的资料又会促成研究者形成新的假设，并导致产生新的理论关注点。可以说，新的研究方法的运用不断帮助研究者形成新的理论兴趣中心，不断为研究者打开建立新理论的窗口和途径。

第四，经验研究促使概念的澄清，概念是理论建构的砖石，而概念含义的准确、清晰，则是进行理论建构的基础和前提。许多事例表明，正是经验研究的需要，才促使人们去澄清公认的概念。在理论探讨中长期不加分辨的概念问题却在经验研究的过程中被首先提了出来。事实上，"理论化"的工作的一个重要部分就是进行概念的澄清。经验研究的一个基本要求就是要对概念进行界定。同时，经验研究还通过对所讨论的变量的选取和确定指标来澄清概念。这种被称为"概念操作化"的过程，要求研究者对概念的内涵与外延、概念的维度、概念的层次性等弄得清清楚楚，因为只有这些方面确切了，研究者才便于设计出恰当的、反映概念本质的、并且是可观察的指标来。

第三节　理论建构与理论检验

在社会研究中，研究者通过经验观察所得到的资料需要理论来解释，同样地，各种理论解释也需要用经验的事实来检验。社会研究的过程正是一种包含着观察、解释、进一步的观察、对解释的进一步修正……不断循环往复的过程。

一种理论解释的发展包含着两个相互联系的过程或阶段：以归纳推理为标志的理论建构过程和以演绎推理为特征的理论检验过程。这两个过程并不是到达好的理论解释的替换方式，而是代表两种有着不同起点的研究阶段。理论建构过程以观察为起点，然后通过归纳推理，得出解释这些观察的理论。而理论检验过程则是以理论为起点，通过演绎推理，作出预言或预测，并通过对实际事物的观察来检验预言的正确性。通过下面的图2-9、图2-10可以直观地说明二者的区别。

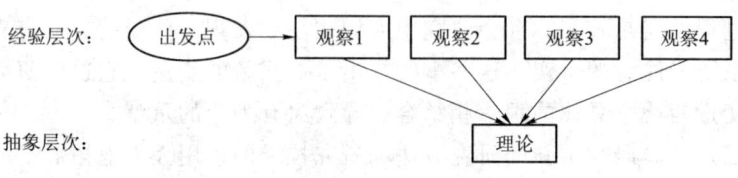

图2-9　理论建构

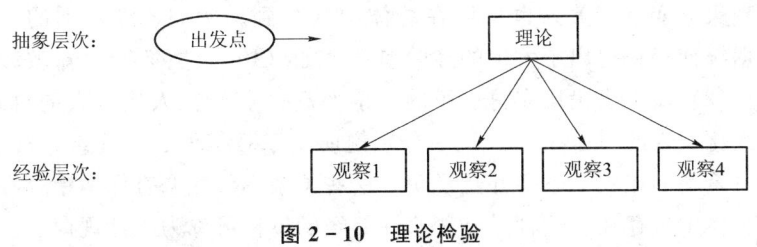

图 2 - 10 理论检验

一、理论建构的过程

（一）从观察到经验概括

理论建构起始于对经验现象的观察。在课题确定以后，研究者就可以直接深入到社会生活中去收集与课题有关的各种资料，以便对所研究的现象作出解释和说明。例如，要研究犯罪行为，研究者可以到监狱中询问、观察，或对犯人和犯人家属进行问卷调查。通过这些经验观察可收集到大量的资料。对这些原始的、零散的、不系统的资料经过整理、简化和系统化，以便从中概括出一些研究结论，即由经验资料转化为经验概括。经验概括指的是对现象反复出现的规律或特征的总结，或者是对变量之间反复出现的某种相互关系的一种说明。

经验资料包括案例资料和统计资料。案例资料是对几个或几十个调查案例的记录，而统计资料是对大量样本的统计。

案例资料的归纳有两种方式：（1）列举归纳，即通过简单枚举建立经验概括。这种归纳方式一般是得出一种普遍现象的概括，而不涉及这一现象的产生原因。严景耀的"中国犯罪问题研究"的结论中，有大量的由"列举归纳"得到的经验概括，它们都试图陈述一些具有普遍性的事实，而不涉及这些现象的原因。比如，犯罪者多为经济地位低下的人，青少年犯罪往往只与家庭有关，但成年犯罪则包含许多社会问题等。（2）排除归纳，即在许多命题中，排除不符合客观事实的命题，保留未被事实所反驳的命题以建立经验概括。这种归纳方式试图概括某一现象的普遍原因，它以现象之间的必然因果关系为根据。例如，研究者首先观察许多人的死亡，然后排除"人都由于疾病而死亡"、"人都由于事故而死亡"、"人都由于战争而死亡"等命题，保留"除意外或偶然情况，人都会由于生理机能的老化而必然死亡"的命题。这种概括是排除偶然因素，找出许多个别案例中的共性或必然性的因果联系。

由统计资料归纳出的命题为"统计概括"，也是一种经验概括。统计概括依据的是概率原则，它说明，只要样本是从总体中随机抽取的，那么在样本中发现的现象或变量间关系也可以在总体中观察到。例如，涂尔干的"自杀研究"依据统计资料得出了大量的经验概括，如（1）天主教徒比新教教徒的自杀率高；（2）城市居民比农村居民的自杀率高；（3）富人比穷人的自杀率高；（4）男人比女人的自杀率高。这些分别说明了宗教信仰、居住地、社会阶层、性别与自杀率的相关关系。并且说明，这些关系不仅在调查样本中存在，而且在人口总体中也存在。这种具有普遍性的经验概括可称为统计规律。

经验概括大多是关于事实的陈述，一般来说并不包含人们对事实的理性认识。但它在科学研究中是必不可少的，它能为新的理论提供事实根据，能够检验原有理论中的错误，而且能使研究者从预料不到的事实中或偶然发现中得到启发与"顿悟"，从而提出一些新的概念或想法，以此为线索来建立新的理论。

（二）从经验概括到理论

理论建构的第二个阶段是从经验概括到理论，即进一步从经验概括中抽象出某种具有内在逻辑结构的概念间关系，形成对这一现象及背景的更为一般性的命题。由经验概括到理论是运用创造性的想象和思维的抽象。它包括四个步骤，我们分别以涂尔干的研究为例来说明：

第一，建立解释项的抽象概念，这一抽象概念包含经验概括中的各种变量的共同属性或特征。涂尔干在经验概括中陈述了一些变量（如宗教信仰、居住地、社会阶层、性别）与自杀率的关系，这时他需要思考的是要以变量中的何种含义来解释自杀率的不同呢？他的创造性发现是：在每一个变量中，自杀率低的类别（如新教徒、农村居民）与其相对应的类别（如天主教徒、城市居民）相比较，都是内部比较团结、个人联系比较紧密、人际关系比较融洽……他认为，正是这些共同特征影响了自杀率。他从这些共同特征抽象出解释项的概念：社会整合程度。

第二，建立被解释项的抽象概念，在更加抽象、更普遍的层次上表明所研究的具体现象。涂尔干接着要探讨的问题是，自杀这一现象是表示何种更普遍的现象呢？经过主观思维的运作，他将自杀归为与犯罪、反叛、抗议等同一类的现象，它们都是不正常、反常规、反社会或偏离社会规范的现象，由此他建立了被解释项的概念：越轨行为。

第三，在原有的经验概括的基础上，建立解释项与被解释项相联系的命题。将解释项与被解释项联系起来就形成了一个理论命题：社会整合程度影响越轨行为。这里概念之间的关系是以经验中的变量关系为依据的；但统计概括只是发现和陈述经验资料中存在的相关关系，而理论命题则可根据因果判断将相关关系表述为因果关系。

第四，建立包含多个命题的命题体系，它包含着上述的解释项或被解释项，然后将这些命题组织在一个逻辑上相互联系的理论体系中。由理论可推导出新的可被检验的假设。社会整合程度是在社会关系的层次（群体层次）上描述社会凝聚力的大小，它的测量维度是：个人主义-集体主义。但人的行为是直接受人的动机、态度影响的，所以，对自杀行为有影响的因素还包括心理层次（个人层次）中的心理整合程度，它的测量维度是心理（精神）反常-心理（精神）正常。心理整合程度和社会整合程度有关，但又不完全相同。通过理论分析和对概念的精确定义，可以得到更多的理论命题，比如，越轨行为的比率与个人主义程度成正比；越轨行为的比率与集体主义程度成反比；越轨行为的比率与心理反常程度成正比；越轨行为的比率与心理正常程度成反比。将这些抽象命题概括起来，可以形成一个理论，它的基本形式是（见图 2 - 11）：

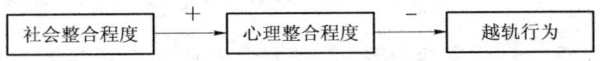

图 2 - 11　社会整合程度、心理整合程度与越轨行为的关系

这一理论可以解释许多具体现象，可以预测在已知某些变量的状态时将会发生何种现象，由这一理论还可推演出一些未被观察到的、但可以被检验的假设。

二、理论检验的过程

（一）竞争解释和理论检验的需要

在理论建构阶段我们所得到的理论或者理论解释是一种"扎根理论"，或者是一种"事后的解释"。

🔷 专栏 2 - 4　扎根理论（Grounded Theory）

由经验资料建立的理论称为扎根理论。它的建构程序是：（1）未经研究假设而直接从实际观察入手；（2）从观察资料中归纳出经验概括；（3）由经验概括上升到理论。扎根理论得到了可靠的经验证据的支持，但它的主要特点不在于它的经验性，而在于它从经验事实抽象出了新概念和新思想（见图 2 - 12：扎根理论）。

从图 2 - 12 中可以看出，"社会整合"与"越轨行为"这两个新概念并非从经验变量中逻辑地推导来的，而是通过创造性的想象或抽象由经验资料中"跳跃"上来的，这一"跳跃"是理论建构的关键一步，唯此才能对自杀现象（乃至更多现象）作出理论解释。

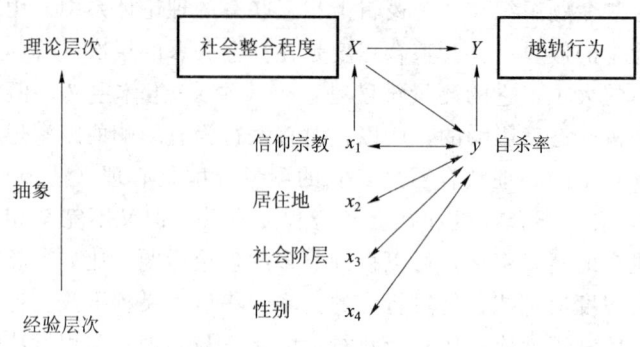

图 2 - 12　扎根理论

扎根理论属于一种"事后解释",即它是在收集到事实之后所作出的主观解释,尽管这种解释与观察到的事实相一致,但它不是唯一的,从同一事实或同一个经验概括中可以"跳跃"出不同的理论解释。

扎根理论还有一种缺陷,这种理论缺乏必然的可信性,因为它所依据的经验证据是由不完全归纳提供的。在科学中,由这种归纳不可能得出普遍的命题,这是由于,不管人们已经观察了多少案例,如果在今后的观察中发现了一则反例,那么全部理论都会被推翻。例如,人们只要发现一只黑天鹅,那么"所有的天鹅都是白色的"这一概括不成立,由这一概括建立的所有理论解释也都无意义了。

资料来源:袁方. 社会学研究方法教程〔M〕. 北京:北京大学出版社,1997.

扎根理论并不是我们解释的终点,因为在现实世界中所观察到的每一种现象,都可能得到很多种理论解释,它们从不同的角度来解释现象,在某种程度上与我们所观察到的事实相符。我们需要以某种方式来判定这些相互竞争的解释中,哪一种最好。

例如,在许多国家进行的调查研究都发现:"妇女比男人的宗教信仰程度要高。"对于这一来自观察的经验概括,不同的研究者发展出各种不同的理论解释来进行说明。这些理论解释都与观察的结果相符合。如:

(1)角色理论认为,由于妇女的主要职责是抚育子女,而教堂较注重家庭和道德教育,因此,母亲的角色加上教堂的作用,使得妇女更多地参加宗教活动。

(2)社会化理论认为,女孩在社会化过程中被教导要温柔、顺从、富于情感、被动和谦恭。由于宗教鼓励这些品质，因此妇女比男人更容易被宗教所吸引。

（3）社会剥夺理论认为，在社会中，妇女比男人受到更大程度的剥夺。由于宗教具有安慰作用，所以它对被剥夺者的吸引力更大。

（4）弗洛伊德的理论认为，人都有对异性的崇拜和恋父情结。由于上帝的化身是男性和父亲的形象，因此妇女更受宗教的吸引。这一理论还可解释下述事实，在天主教徒中，男人与妇女的信仰程度是相等的，这是由于天主教供奉的是圣父、圣子和圣母玛丽亚。

（5）罪感理论认为，妇女的罪感比男人要强。由于宗教具有减轻罪感的功能，因此妇女的信仰程度更高。

除了上述五种理论解释以外，我们还可能找到其他解释，但是哪一种解释更可信呢？这是这些通过对观察到的事实进行归纳所得到的理论无法回答的问题，仅靠理论建构研究是无法解答的。这说明，有必要对这些看起来都似乎有根据、且都与事实相符合的理论解释进行进一步的检验，以辨别它们的真伪。

（二）理论检验的步骤

一般来说，理论检验包括以下几个步骤：

（1）确定研究课题、选择理论解释，明确表述所要检验的理论。例如，"由于流动和熟练劳动力的需要，工业化是扩大家庭减少和核心家庭增加的主要原因"。

（2）运用逻辑推演从理论推导出一组理论命题（称为理论假设）。例如，由上述理论，可以逻辑地导出下列一组命题：第一，一个国家越工业化，其家庭结构就越倾向于核心家庭化；第二，在任何国家中，农村地区扩大式家庭结构的特征强于工业化的城市地区；第三，因工作而迁移的人，比那些没有迁移的人，与扩大家庭的联系减弱。

由一个理论推导出的可检验的理论命题越多，则理论的可检验性就越大。如果在研究中被证实的理论命题越多，则这一理论的真实程度和可信度就越高。

（3）运用经验推演将理论假设转述为具体的研究假设（也称为工作假设）。这一步称为操作化过程，是理论检验的关键所在。理论检验的这一步的作用是制定概念的抽象定义和操作化定义，并将理论概念具体化为可观测的变量和指标，然后用变量语言重新表述理论假设，并用具体的指标（或变量）建立研究假设。只有对具体的研究假设才能进行研究方案或调查方案的设计，才能明确调查对象、调查内容以及调查的时间、地点。例如，将"工业化"操作化为"汽车产量""每百户电话拥有量"等等。

（4）收集有关资料。根据设计方案直接收集与研究假设有关的案例资料和统计资料。

（5）整理与分析资料。将收集到的各种资料整理、归纳为一些经验概括，然后将它们与研究假设进行比较，并分析：① 资料对研究假设的支持或否定程度如何？② 资料、假设对理论命题的支持或否定程度如何？③ 资料、假设和命题对一般理论的支持或否定程度如何？资料分析不是通常所认为的只涉及统计分析和计算机运算，它还涉及逻辑推理、理论思索和创造性的想象。

（6）检验与评判理论。一项研究通常很少能完全支持或完全否定一般理论，理论在某些方面得到支持，而在另一些方面却没有得到支持。这就需要结合对研究结果的讨论来评价一般理论的适用范围和有效性。有些研究结果可能是出乎预料或难以解释的，它们能促使研究者思索改进和澄清理论解释。这种思索有助于提出新的理论假设，它可以是又一个理论检验研究的开端。

从社会研究的整个过程来看，理论建构是发展一种好的理论解释的第一阶段，而理论检验则是紧随其后并对前一阶段所得出的尝试性理论解释进行严格检验的阶段。在实际社会研究中，这两个过程是很难区分开的，通常包含着建构理论与检验理论这二者之间的不断相互作用。

第四节　社会调查研究的一般程序

社会调查研究是遵循认识规律和思维规律，运用科学的方法认识社会的过程，所以，调查研究程序的设计至关重要。社会调查研究只有遵循科学研究共同的规范、程序，研究才能被严格地检验、复测，才能被社会认可。同时，研究只有在按照相同程序的前提下才有可能相互比较，共同的程序提供了比较的准绳。

一、研究的一般程序

虽然社会研究各有不同的研究目的、研究类型、研究对象的选取方式、资料收集方法、资料处理方法，但是它们都遵循社会研究逻辑过程和基本程序。大致说来，社会研究的基本程序或步骤可以分为五个阶段：确定研究课题阶段、制订研究方案阶段、收集资料阶段、资料分析阶段、得出结果阶段（见图2-13）。

为了认识科学研究的基本过程和主要特点，我们举一个实例来说明。这项研究是奥地利医生泽梅魏斯于1844～1848年在维也纳一所医院中对产褥热的研究。这所医院当时有两个产科，每年在这里分娩的妇女有几千人，其中有几

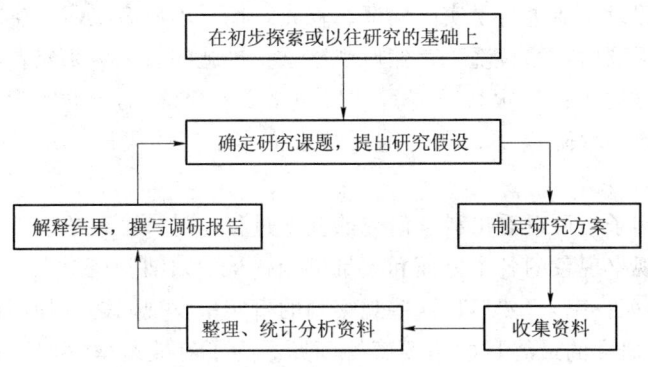

图 2 - 13　社会调查研究的一般程序

百人在医院中死于产褥热。泽梅魏斯发现，这两个产科的死亡率是不同的，从 1844～1846 年，第一产科的死亡率分别为 8.2%、6.8%、11.4%；而第二产科的死亡率分别为 2.3%、2.0%、2.7%。从这一现象，他产生了两个相互联系的疑问：（1）是什么原因使两个产科的死亡率不同？（2）是什么原因导致产妇染上产褥热？

为了解答这两个问题，他首先提出了一些假设性的解释，然后通过事实和实际调查来排除那些不符合实际的解释，例如，

假设 1：产褥热的起因是"大地疫气的影响"。

假设 2：产褥热的起因是"病房中人员过于拥挤"。

假设 3：产褥热的起因是实习医生缺乏护理经验。

但是，（1）"大地疫气"应当对两个产科有同样的影响，它无法说明两个产科死亡率的明显差异，因而否定了假设 1。（2）在调查中发现，第二产科比第一产科更拥挤，但它的死亡率反而低，这就否定了假设 2。（3）实习医生确实都是在第一产科工作的，但是通过观察发现，他们护理方式与第二产科的助产士的护理方式是完全一样的，因而否定了假设 3。

其他医生还提出了一些原因，如病房的喧闹声、分娩方式、病人的饮食等，但这些假设经过观察和实验也被否定了。

最后，在 1847 年，医院的一位医生在解剖时被手术刀划伤而染上了和产褥热症状相同的疾病导致死亡。由这一现象，泽梅魏斯联想到，实习医生都经常在解剖室中实习。因此，他提出了个假设：由于解剖室或手术刀上可能有导致产褥热的"感染物质"（当时的医学还没有发现病菌和病毒），实习医生将这种感染物质带入第一产科病房，因此使第一产科更多地染上产褥热，使第一产科的死亡率明显高于第二产科。

对这一假设，他进行了实际验证。首先，他要求所有实习医生在进入产科病房前必须用漂白粉溶液洗手，然后观察这一措施的后果。果然，在进行消毒以后，产褥热的死亡率很快下降。1848 年，第一产科的死亡率降至 1.27％，第二产科的死亡率降至 1.33％。这一结果证实了他的假设，并对研究课题作出了满意的回答。

从这一例子中可以看出科学研究的基本过程：对一个现象（如产褥热）的研究是通过观察现象的各个方面和大量事例，从中归纳、概括出一些基本事实（如产褥热的死亡率），然后从这些观察到的事实中发现问题（如不同产科的死亡率差异）。研究的最终目的是要解答问题。为了有效地解答问题，就要根据已有的一般性认识（如"潮湿、拥挤、吵闹等容易导致疾病"）推演出一些尝试性的假设，然后再通过观察、归纳来检验假设，直到得出满意的解释。

概括起来，第一，确定研究课题是说明一项调查研究所要解答的具体问题，是社会调查研究所要反映或解释的某一特定的社会现象或社会问题。有众多的因素决定和制约着研究问题的选择。这些因素包括研究者的理论素养、生活阅历、观察角度、研究兴趣，也包括他所处的社会环境、他所具备的客观条件等等。选题在整个社会调查研究中的过程中，有着十分重要的意义，它直接决定着调查研究的价值，制约着社会调查的全过程。因此，应当对选题给予高度重视。初步探索、文献综述是选题的基础。

第二，制订研究方案阶段，是要通过对一项研究的程序和实施过程中的各种问题进行详细、全面的考虑，制订出总体计划和切实可行的调查大纲。它包括该研究的意义、目的、国内外研究现状、指导研究的理论、研究假设、研究分析的理论构架、研究类型、研究方法、研究进程等内容。所以研究方案相当于一项工程的设计图和施工方案，如果事先有比较周密和精细的规划，考虑各种问题就比较全面，实施过程就会比较顺利。

第三，收集资料阶段也就是研究的具体实施过程，这一阶段的主要任务是具体贯彻研究设计中所确定的思路和策略，按照研究设计中所确定的方式、方法和技术设计调查问卷或访谈提纲，进行资料的收集工作。在这个阶段，研究者往往要深入实地，要接触被研究者，或者要设计出实验环境，实施实验刺激和测量，或者要收集大量的文献资料。这个阶段由于社会现象的复杂性，我们事先所考虑的研究设计往往会在某些方面与现实之间存在一定的距离或偏差，需要我们根据实际情况进行修正或弥补，发挥研究者的灵活性和主动性。

第四，资料分析阶段是对研究所收集到的原始资料进行系统的审核、整理、归类、统计和分析。就像从地里打下的粮食，要经过很多道加工的程序，才能最终成为香甜可口的食品一样，从现实生活中所得到的众多信息和资料，也要经过研究者的各种"加工"和"处理",才能最终变成研究的结果和结论。

第五,得出结果阶段的任务主要包括撰写研究报告、评估研究质量、交流研究成果等。研究报告是一种以文字和图表将整个研究工作所得到的结果系统地、集中地、规范地反映出来的形式。它是研究成果的集中体现,是对整个研究工作进行的全面总结。从研究的目的、方式,到资料的收集、分析方法,再到研究得出的结论、研究成果的质量,都要在报告中进行总结和反映。同时,还要将社会研究的成果以不同的形式应用到社会实践中去,真正发挥社会研究在认识社会现象、探索社会规律中的巨大作用。

二、统计调查和实地研究的程序

(一) 统计调查的程序 (问卷调查)

统计调查也称问卷调查,它的逻辑过程是:从理性认识出发,经由研究假设、经验观察、归纳概括或检验假设这几个阶段,再返回到新的理性认识。图2-14说明了统计调查的具体程序,是对问卷调查的一般过程和主要特征的概括。

统计调查是根据事先建立的研究构架进行设计的,需要事先明确调查指标和调查项目,一般不能在实际调查中更改调查内容,它需要精心、周密地设计研究方案和调查表格。在统计调查中,研究构架、调查表格、资料收集和资料分析这几个步骤是密切联系的。调查表格是依据研究构架设计的;资料收集以填写调查表为主;资料分析主要是对调查表中的数据进行汇总、统计;而统计结果又是对研究构架进行检验。

研究构架是将课题具体化,它可以是一种由理论假设组成的理论构架,也可以是由一些初步设想形成的框架图。图2-15是北京大学社会学所的研究人员在内蒙古地区研究"蒙汉通婚问题"的理论构架。这一研究的目的是要概括出民族通婚的一般模式。它在研究之前提出了一些理论假设,尝试性地说明"蒙汉通婚"主要受哪些因素的影响,这些因素之间具有何种关系。

图2-16是北京市政府的一次"农村社会保障调研"的研究构架。这一研究的目的是要全面了解北京市农村社会保障的基本状况。研究人员事先提出了一些初步设想,根据这些设想,他们把农村社会保障工作分解为五个方面,并初步提出了几个要加以分析的因素:经济条件、地理位置、贫困与发达程度。

根据研究构架就可以选择和制定调查指标,设计调查表格,制定调查方案。调查问卷或表格设计出来之后,一般先要对少数单位进行试调查,从中发现问卷设计中的问题,然后修改补充。统计调查的实施主要是发放和回收调查问卷,但也有必要结合座谈、访问等方法收集其他资料,特别是收集当地一些文献材料和统计资料。

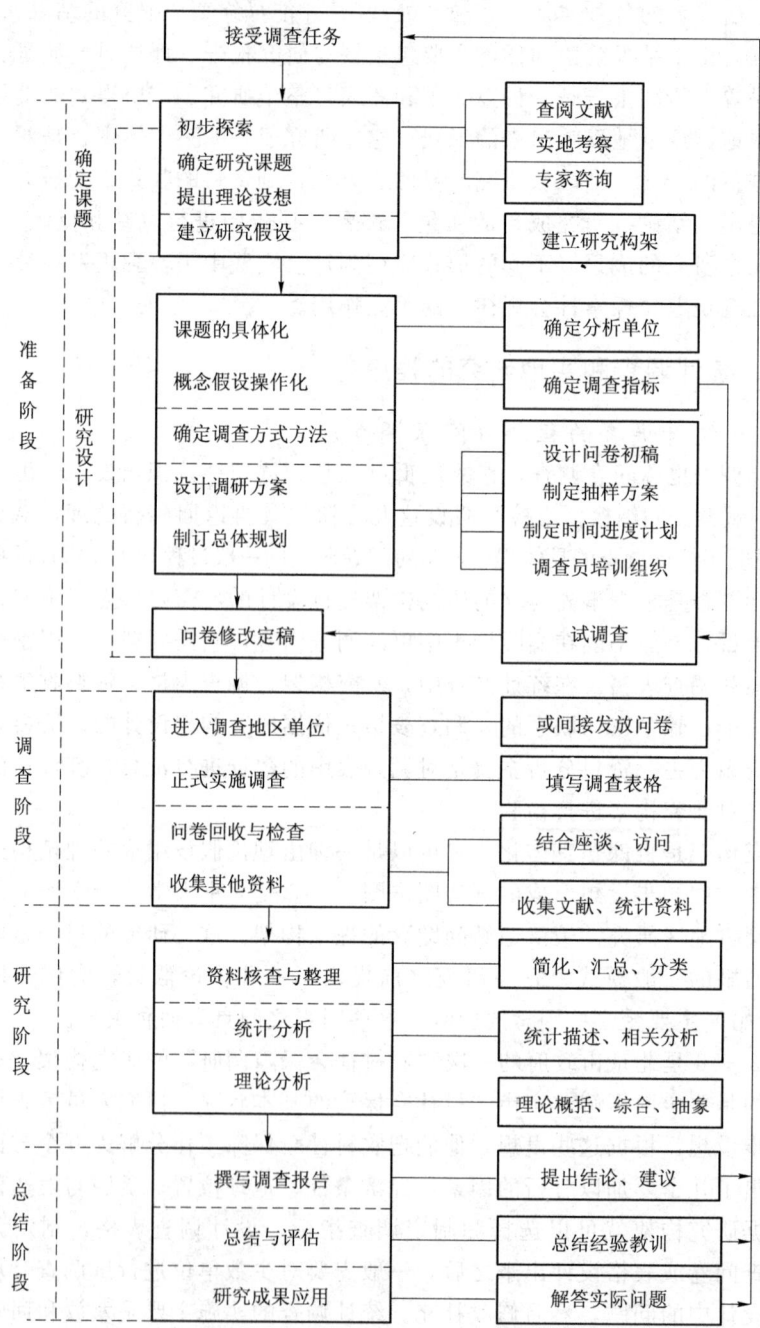

图 2-14 问卷调查的具体程序

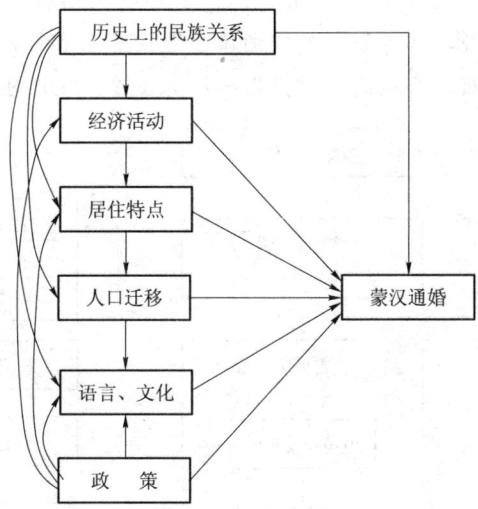

图 2-15 "蒙汉通婚"研究的理论构架

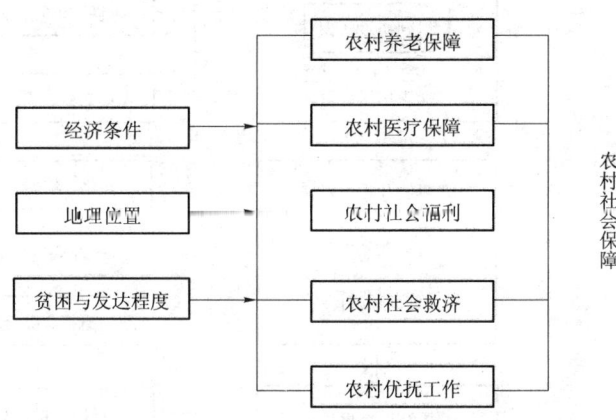

图 2-16 "农村社会保障"研究构架

资料的汇总统计是将各个调查指标所反映的总体状况描述出来，然后再作分类比较。分类是以研究构架中提出的各种影响因素作为分类标准的。研究构架对于资料分析有着非常重要的指导作用。如果没有研究构架，很可能会收集一堆无用资料。

总之，统计调查的成功在很大程度上取决于精心的准备与设计，如果准备工作不充分，就有可能导致失败。

（二）实地研究的程序

实地研究包括参与观察、个案研究、社区研究等类型。与统计调查相比，实地研究更注重到现场去观察、访问，它更具有经济性、洞察性或主观体验性。从很大程度上说，实地研究的成败不是取决于事先的严密设计，而是取决于现场调查是否有效。实地研究的具体程序如图2-17所示。

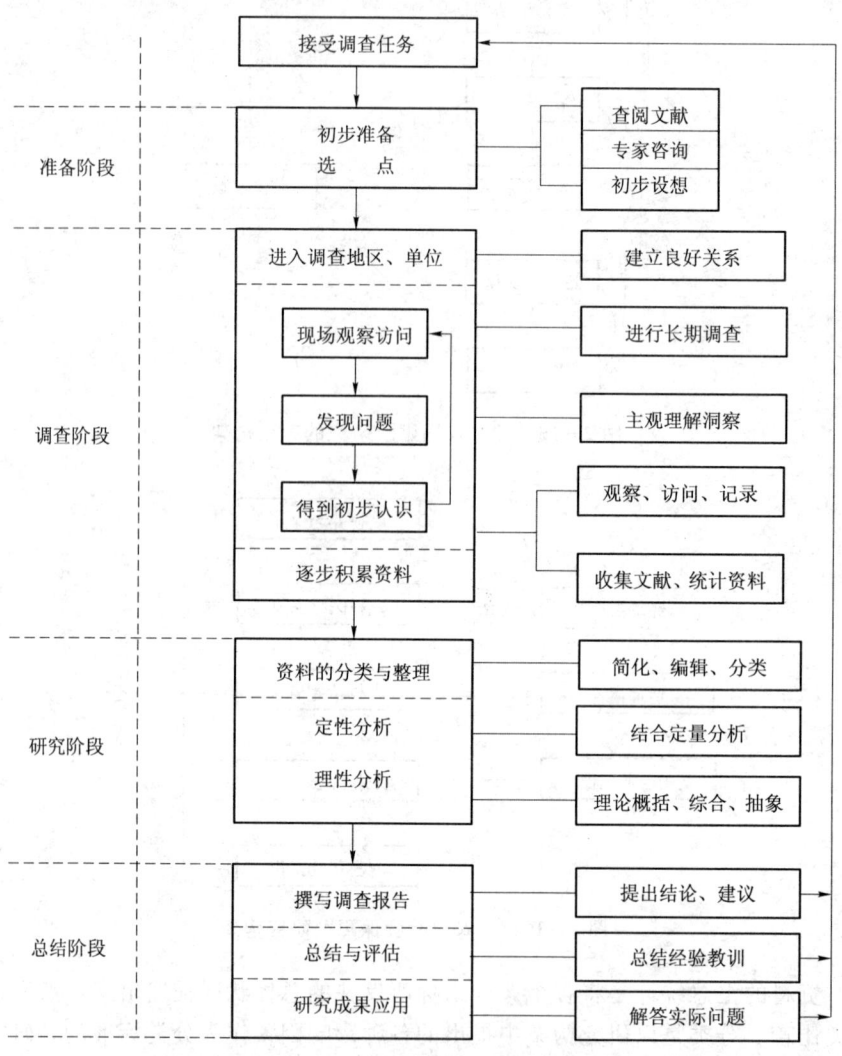

图2-17 实地研究的具体程序

实地研究主要采用归纳法，研究者一般不能带着假设直接进入现场，而是从现实社会生活和社会过程中发现问题，收集资料。实地研究具有以下几个特点：

（1）准备时间较短，调查阶段很长。准备阶段的主要任务是选择调查单

位，选择的单位必须具有特定意义。美国社会学家怀特在《街角社会》一书中
首先介绍了他为什么要选择一个贫民区作为调查对象，为什么要住进该社区，
采用在日常生活中观察、交往来了解情况的方式。他的目的是要了解违法青少
年团伙的实际生活，因此，这种选择具有方便性和可行性。

（2）在调查阶段中要经历一个由观察→发现→再观察→再发现……的过
程。实地研究是从观察开始，由最初的观察发现一些问题，得到一些初步的认
识。这种认识又指导研究者进一步观察，以获取新的材料，得出更成熟的认
识。实地调查获得的资料主要是一些无法统计汇总的定性资料，如观察、访问
记录、个人档案、单位的会议记录的文件等。除了一些定性资料外，研究人员
所获得的信息还包括他在日常观察中的主观体验和感性认识。这些感性认识往
往对于发现问题以及得出成熟结论也起着重要作用。

（3）调查阶段与研究阶段紧密结合。实地研究一般在调查阶段就已开始运
用主观理解和定性分析的方法，从观察、访问、个人文献、生活史料中抽象出
理性认识。例如，日本社会学家在对"家庭困难户"进行个案研究时，对一个
丧失了丈夫的母子家庭作了深入的调查，然后用图表来分析造成家庭生活困难
的各种原因（见图 2-18）。

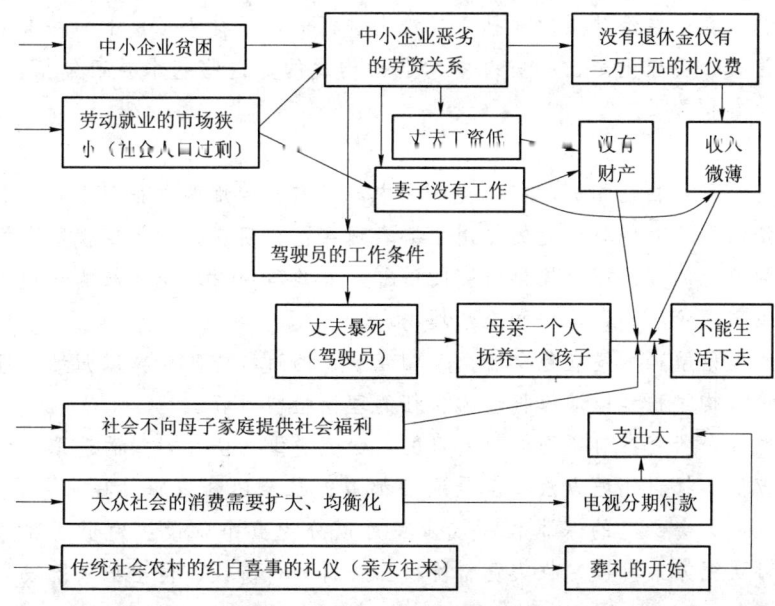

图 2-18　丧失丈夫的母子家庭生活困难因素联系图

实地研究是一个逐步深入的过程，在调查阶段也同样需要不断地思索、分

析、总结。在研究阶段，也主要是运用主观理解与经验洞察的方法从大量资料中抽象、概括。国外的方法论专家提出了一种适用于分析定性资料的"反复比较法"。这种方法是，在资料分析开始时，先结合现场调查的认识得出一些初步结论，然后，"通过反复梳理现场记录和其他资料来反复修正这些不明确的结论……简单地说，资料分析的过程是一个对结果逐渐提炼、逐渐修正，直到结论与资料完全一致的过程"❶。

本章小结

社会研究的目的在于增加人们对社会世界的认识和理解。这种认识和理解的基础是对现象的准确描述，而对现象发生原因的正确解释则是这种认识和理解的关键所在。为了理解，为了解释，我们需要理论。理论与社会研究发生了密不可分的联系。只有通过理论化的过程，我们才能提炼认识、积累知识，才能更好地理解我们所熟悉的世界。可以说，理论是社会调查研究的中心和最终目的。

社会研究是在经验层次和抽象层次上进行的，在抽象层次上的任务是建立科学理论。社会理论是由一些基本的要素构成的，这些基本要素包括：概念、变量、命题和假设。

社会学知识的积累和发展过程，包含两个相互依存的方面：理论与研究。二者缺一不可，相辅相成。在社会研究中，经常会使用两种推理方法：归纳法和演绎法。理论对经验研究的作用主要表现在：为研究提供特定视野和概念框架、指导研究的方向以及提供研究的解释。经验研究对理论所起的作用：激发理论、重塑理论、修正理论和澄清理论。

一种理论解释的发展包含着两个相互联系的过程或阶段：以归纳推理为标志的理论建构过程和以演绎推理为特征的理论检验过程。

虽然社会研究各有不同的研究目的、研究类型、研究对象的选取方式、资料收集方法、资料处理方法，但是它们都遵循社会研究逻辑过程和基本程序。大致说来，社会研究的基本程序或步骤可以分为五个阶段：确定研究课题阶段、制订研究方案阶段、收集资料阶段、资料分析阶段、得出结果阶段。

---

❶ ［英］罗斯. 当代社会学研究研究解析——社会学调查报告的系统分析［M］. 银川：宁夏人民出版社，1988：137.

思 考 题

1. 理论的主要功能是什么？

2. 变量之间的关系有哪些类型？

3. 给出一个你认为有必要提出并加以解决的社会问题。这一问题所涉及的变量有哪些？在确认这一问题得以解决时你将控制哪些变量？

4. 假设在研究中的作用有哪些？

5. 理论对经验研究的作用主要表现在哪些方面？

自 测 题

一、判断题

1. 社会研究是在经验层次和抽象层次上进行的，在抽象层次上的任务是建立科学理论。

2. 变量是由名词、抽象定义和经验内含组成的。

3. 定理处于理论的最高层次，它是高度抽象的陈述。

4. 虚无关系说明从某一变量的变化很难预计到另一个变量是以怎样的方式变化的。

5. 假设是在研究之前提出的待检验的命题，它在研究中起着相当重要的作用。

6. 一种理论解释的发展包含着两个相互联系的过程或阶段：以演绎推理为标志的理论建构过程和以归纳推理为特征的理论检验过程。

7. 社会科学涉及的概念都是实体概念。

8. 社会现象的两个主要特点是它的同质性和异质性。

9. 一个变量是作为自变量、因变量还是作为中介变量，在各种关系中是固定不变的。

10. 在理论建构阶段我们所得到的理论或者理论解释是一种"扎根理论"，或者是一种"事后的解释"，这种理论并不是我们解释的终点。

（答案：对、错、错、对、对、错、错、对、错、对）

二、不定项选择题

1. 社会理论的构成要素包括（　　）。

A. 概念　　　　　B. 变量　　　　　C. 命题　　　　　D. 假设

2.（　　）是对现象的一种抽象，它是一类事物的属性在人们主观上的反映。

A. 变量　　　　　　B. 概念　　　　　　C. 命题　　　　　　D. 假设

3.（　　）属于实体概念。

A. 青少年　　　　　B. 文化　　　　　　C. 社会关系　　　　D. 游行

4. 命题的类型主要有（　　）。

A. 公理　　　　　　B. 定理　　　　　　C. 经验概括　　　　D. 假设

5. "如果 x，则 y" 这种陈述形式属于（　　）。

A. 条件式陈述　　　B. 差异式陈述　　　C. 函数式陈述　　　D. 复合式陈述

6.（　　）不可以进行直接检验。

A. 经验概括　　　　B. 定理　　　　　　C. 公理　　　　　　D. 假设

7. "声望随着权力的变化而变化"，这里面的声望和权力之间的关系属于（　　）。

A. 复合关系　　　　B. 虚无关系　　　　C. 因果关系　　　　D. 相关关系

8. 案例资料的归纳方式包括（　　）。

A. 检验归纳　　　　B. 列举归纳　　　　C. 排除归纳　　　　D. 解释归纳

9. "高的受教育程度倾向于低的生育率" 这一关系中，"生育率" 是 "受教育程度" 的（　　）。

A. 自变量　　　　　B. 因变量　　　　　C. 中介变量　　　　D. 等价变量

10. 经验研究在推动理论发展上具有的功能包括（　　）。

A. 激发理论　　　　B. 重塑理论　　　　C. 修正理论　　　　D. 澄清理论

（答案：ABCD、B、AD、ABCD、A、C、D、BC、B、ABCD）

第三章 调查研究的类型

内容提要

本章包括探索性研究、描述性研究和解释性研究，普查、抽样调查和个案调查，典型调查和专家调查，横向研究和纵向研究，理论性研究和应用性研究共五节的内容。本章主要介绍了探索性研究、描述性研究和解释性研究的含义，重点区分了普查、抽样调查和个案调查之间的不同，介绍了典型调查和专家调查，介绍了横向研究以及纵向研究中的三种类型：趋势研究，同期群研究和追踪研究，最后对理论性研究与应用性研究进行了区分。

学习目标

1. 掌握探索性研究、描述性研究和解释性研究的含义。
2. 理解普查、抽样调查、个案调查、典型调查和专家调查的适用条件。
3. 了解横向研究和纵向研究的含义。

学习提示

1. 针对一项具体调查报告，从时间维度分析其为横向研究还是纵向研究。
2. 针对一项具体调查报告，从研究性质分析其为理论性研究还是应用性研究。

　　社会调查是应用科学的方法对特定的社会现象进行调查，探究现象的原因及其相互关系，从而提出解决对策的调查活动。对不同类型的社会现象的调查研究采用不同的调查方法，面对形形色色的社会现象，就决定了社会调查类型的多样性。每种调查研究的类型各具特点，也各有各的总体、程序和适用范围。并且，随着现代社会经济的发展，调查对象不断分化，调查类型也在不断增多。

　　总体来说，一项调查研究应当采取哪种调查类型应根据其对象、时间、目的等来确定，只有选择了适当的调查研究类型，才能有效地制订调查方案，确定调查方法和调查程序。

第一节　探索性研究、描述性研究和解释性研究

　　研究目的不同，所选择的研究方法也不同。根据调查的目的，社会调查研究可分为探索性研究、描述性研究和解释性研究。

一、探索性研究

　　探索性研究是指对社会现象或社会问题进行初步的考察和了解，获得初步认识，为以后深入研究提供基础和方向的一种调查研究方式。探索性研究可以作为一项独立的调查研究，通过对所研究的社会问题或社会现象进行考察，获得初步印象；探索性研究还可以作为一种先导性研究，通过探索性研究可以形成关于研究对象的初始命题和假设，探讨更进一步调查研究的可能性，为今后更周密、更深入的研究开辟道路、指示方向。

　　探索性研究通常用在下面三种情况下：

　　第一，在进行大规模调查之前，通常研究者要先进行探索性调查，对整个调查进行通盘考虑，明确研究的具体问题，确定调查的具体项目。例如，在汶川地震之后，一些学者想要对震后人们的心理变化进行研究，就需要先进行探索性的研究，需要先了解一些基本的情况，需要先对震后的灾民进行访谈，参与到他们的生活中，对其生活进行观察，并访谈相关的领导，同时收集相关的文献资料。

　　第二，研究者准备研究的问题或现象本身十分特殊、十分新鲜、已有成果较少时，往往需要进行探索性调查。例如，在20世纪80年代中后期对农民流动的调查以及目前对我国社会中的"吸毒问题""同性恋问题"所进行的探索性研究就属于这种情况。

　　第三，研究者本人对打算研究的问题或现象不太熟悉，对从未涉足过此领

域的研究者来说，就是一个生疏的课题，需要进行探索性研究。例如，关于城市社区发展状况的调查，对于城市的居民或许并不陌生，但对于来自农村的调查者来说，可能就是一个全新的领域，所以，在进行调查之前，他就需要对此进行一项探索性调查。

探索性研究的主要目的是对所研究的问题或现象有初步了解，同时为今后更深入、系统的研究开辟道路、指示方向和提供途径。因而，探索性研究对方法的要求不太严格，通常采用参与观察和无结构访问等方法收集资料，调查对象的范围比较小，从资料中得到的结果既不用来推论研究对象所取自的总体，也不用来检验理论假设，而主要用来"探测"某类现象或问题的基本范围、内容或特征，形成一个大致的轮廓或印象，为今后的研究方向和方法提供依据。

探索性调查研究在社会科学中是很有研究价值的，特别是对于新开发的研究领域，探索性研究常常帮助研究者获得新的观点和方法。但是探索性调查研究也存在不足，最主要的就是由于探索性调查研究的调查对象缺乏代表性，因此它难以对所研究的问题提出比较确切、系统和令人满意的答案，而只能作为更为系统、专门的研究的一种背景或起点。

二、描述性研究

许多社会科学研究的目的是描述情况及事件，这种描述是要发现所描述对象在某些特征上的分布状况。描述性研究是指收集资料，获得某些群体、组织或社会现象在某些特征上分布状况的信息的一种研究，是对社会现象的全面认识和系统反应。描述性研究所关注的焦点通常不在于为什么会存在这样的分布，而在于回答这种分布是怎样的，关键是描述的准确性和概括性。描述性研究的一个最好的例子就是，美国的人口普查，人口普查的目的是准确地描述全美、各州县人口的各种特征。其他描述性的例子，如人口统计学家描述的年龄、性别、以及各城市的犯罪率等。描述性调查研究通常调查样本大，需采用严格的随机抽样进行调查对象的选择，主要以问卷和结构式访谈作为资料收集的方法，采取统计分析的方法对获取的资料进行分析，从而得出量化的结果并推论到总体。

描述性研究的应用范围比较广泛，不仅适用于民意测验、市场调查、社会问题调查、政府部门的统计调查和各类普查等应用性研究课题，而且还适用于理论性的研究课题，如对社区的全貌、对近几十年来的社会变迁、对各种制度和组织的运行机制等进行描述。全面、准确地描述是解释社会现象的前提，但描述不仅是提供有关现实的资料，它还可以对社会现象的属性及其相关联系进行分析，通过描述还可以发现一些新的现象和问题。

描述性调查研究同探索性调查研究都可以没有明确的假设，都是直接从经验观察入手，收集资料、了解并说明调查对象的状况。但是，描述性调查研究与探索性调查研究也存在着较大的区别，主要表现在描述性调查研究具有不同于探索性调查研究的以下特点：

（1）描述性调查具有系统性和结构性的特点。描述性调查研究通常采取严格的概率抽样方法来选择样本，而且样本规模很大，从而保证样本最大限度地代表总体的结构、分布及特征。资料的收集主要采用自填式问卷法或结构式访问法，调查问卷的设计也以封闭式问题为主，从而使调查资料易于进行定量的统计分析，确保调查结果的科学性。

（2）描述性调查研究具有全面性和概括性的特点。描述性调查研究的目的是通过对样本的调查研究来了解总体的一般情况，因而其结果并不是描述个别的或部分的情况，而是反映总体及其各个组成部分的普遍状况，是一种对现象的全面了解和系统概括。

（3）描述性调查研究具有科学性和准确性的特点。描述性调查研究所得到的资料必须经过科学的统计处理，得出以数量形式为主的各种结果，并通过科学的推论，实现对总体的分布状况、基本特征等作出定量的和精确的描述和说明。

描述性调查研究尽管没有明确的假设，但在进入观察阶段之前必须有一些初步的设想，以避免观察的盲目性。这些设想包括以下几个方面：

（1）研究的时间性。要考虑是了解社会现象的当前状态，还是了解它的历史状况或发展过程。

（2）研究的空间范围。要考虑是了解几个地区或城市的状况还是了解整个国家的状况，是对现象作出整体描述还是将整体划分为一些类型（如不同城市、不同国家、不同群体）分别进行描述以相互比较。只有规定了研究的空间范围，才能确定观察的地点和对象。

（3）研究主题和内容。虽然研究课题已提出了所要研究的问题，但是需要具体化，以明确本次研究究竟是要描述什么，是要描述一个主题还是多个主题。

（4）研究层次和角度。要考虑是在经验层次上描述具体现象，还是在抽象层次上说明普遍意义。或者是在微观层次上描述具体过程，还是在宏观层次上说明一般特点。此外，还要考虑研究的角度，是从社会结构的角度还是从社会行为或社会观念的角度进行描述等。

（5）具体化和操作化。在确定了研究主题之后，要对所使用的概念作出具体定义。

（6）研究对象的选取。要考虑是对研究范围内的所有人都进行调查，还是只选取其中一部分人或某几个典型人物作调查？如果是后者，那么还要确定选取的方法和程序。

在调查研究过程中，以上这些设想并不一定很明确、很完善，它们可以在实际的调查研究中进一步完善，甚至改变原有设想。不过，如果预先考虑得比较周到，那么研究可以少走弯路，它的成功可能性也就越大。

三、解释性研究

解释性研究指的是那种探寻现象背后的原因，揭示现象发生或变化的内在规律，回答各种"为什么"的社会研究的类型。它的主要目的是说明社会现象发生的原因，预测事物的发展后果，探讨社会现象之间的因果联系。比如，在某个国家的竞选期间，报告选民的投票意向是描述性活动；但是说明为什么有些人准备投票给候选人 A，而另一些人准备投票给候选人 B，就是一种解释性活动了。再如，报告各城市的犯罪率是描述性研究，说明为什么某些城市犯罪率高就是解释性研究。

由于解释性研究的目的是探寻社会现象背后的原因，说明关系，理论色彩比探索性研究、描述性研究都要浓厚，通常要有理论假设，这也是解释性研究区别于描述性研究的关键之处。在调查方案的设计和调查程序上，解释性研究比描述性研究更为复杂、严谨，它像自然科学研究那样需要事先制定较周密的实施方案。由于解释性研究是在了解社会现象的一般状况和主要特征的基础上探求这一现象的原因和作用机制，因此它一般是从假设出发，即对现象的原因或现象间的因果关系作出尝试性或假设性的说明，然后再通过观察、调查来系统地检验假设。解释性研究的方案设计首先是要明确提出所需检验的假设，通常假设主要有以下三种方式：

（1）列出现象的原因或后果。例如，在调查中发现，随着社会的发展，离婚率也有明显的增长，这是一种普遍的、客观存在的事实。要探寻这一现象与其他现象的因果关系，研究人员可根据现有的理论，或依据日常经验找出各种可能的原因，然后从中挑选出几种主要的原因，建立多因一果的假设。如找出的主要原因有：妇女参加工作的比例增高；人们的婚姻观念发生了变化；传统的伦理道德观对人们的束缚减弱。

同样，研究人员也可用这种方式找出离婚率增长所造成的主要后果，如家庭对子女的教育作用减弱；青少年违法率增加；社会风气败坏。

（2）提出主要原因（或后果）和次要原因（或后果）的假设。对一个现象有影响的因素可能有许多个，它们对现象的影响有大有小，有的起主要作用，有的只起次要作用，科学的解释是要找出最主要的、影响最大的因素来说明现象为什么会产生，为什么会变化。但是，在调查研究之前，我们对主要因素和次要因素的区别只是假设性的，因此在调查时不能排除那些我们认为是次要的因素。例如，可以假设，对离婚率增长有影响的主要因素是传统道德的束缚减弱，同时人们的职业、文化程度和婚龄等因素也会有次要的影响（见图3-1）。研究人员可以根据这种假设收集资料，然后来看看究竟哪个因素是主要原因，哪些因素是次要原因，这些因素之间存在着什么关系。

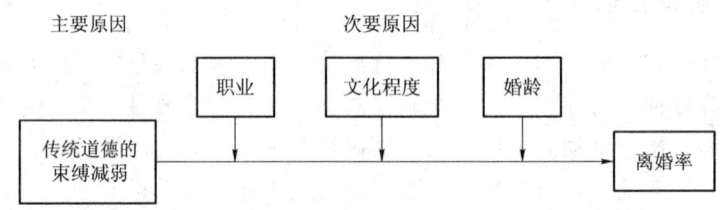

图 3-1　主要原因与次要原因

（3）建立因果模型。社会现象是错综复杂、相互影响、相互作用的。在两种现象之间即使存在着因果关系，这种影响也往往不是直接起作用的，而是通过一些中间机制（或因素）起作用的。因此，科学的解释也必须说明现象间的作用机制。例如，传统道德的束缚减弱并不会直接导致离婚率的增长，它对离婚现象的影响是通过两种机制起作用的（见图3-2）。一种是外部作用机制，即人们的婚姻观随社会的发展而发生的变化，使社会各界对离婚的舆论压力减轻了。

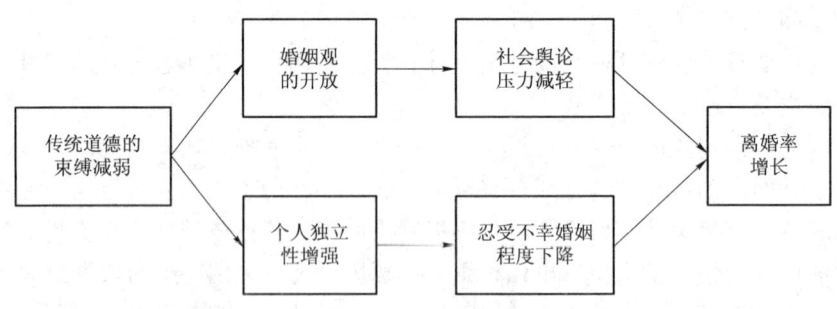

图 3-2　假设的因果

另一种是内部作用机制，即个人的独立意识逐渐增强，人们将婚姻与个人幸福直接联系起来，因此他们不再像过去那样能够忍受不幸福、不美满的婚姻生活。但以上仅仅是抽象的理论分析，是一种假设性的解释，它是否符合实际，还需要在实际调查中加以检验。

　　以上三种提出假设的方式也可以综合起来，形成一种更严密、更系统的理论假说。它不仅能对离婚现象作出解释，而且还能解释更广泛的现象。有了理论假设和具体的因果命题，就可以制订调查方案，详细考虑收集哪些资料、调查哪些内容、选取哪些调查对象、采用何种调查方法等。表 3-1 是对三种不同目的的研究类型的特征的总结。

表 3-1　三种不同目的的研究类型的特征

	探索性研究	描述性研究	解释性研究
对象规模	小样本	大样本	中样本
抽样方法	非随机选取	简单随机、按比例分层	不按比例分层
研究方式	观察、无结构访问	问卷调查、结构式访问	调查、实验等
分析方法	主观的、定性的	定量的描述统计	相关与因果分析
主要目的	形成概念和初步印象	描述总体状况和分布特征	变量关系和理论检验
基本特征	设计简单、形式自由	内容广泛、规模很大	设计复杂、理论性强

第二节　普查、抽样调查和个案调查

　　调查研究按调查对象所包括的范围不同，可以分为普查、抽样调查、个案调查。

一、普　查

　　普查又称全面调查，是对研究对象的全体所作的无一遗漏的逐个调查，以求全面、准确地了解客观情况的一种调查方式。普查是为了了解一定时点的社会现象而专门组织的一次性调查。普查是了解对象总体的基本情况的重要方法，可以为认识事物全貌与整体规划提供可靠的依据。例如，我国的人口普查，至 2010 年年末，新中国成立以后一共进行了六次人口普查。

　　普查具有以下几个特点：

　　（1）普查具有全面性的特点。普查的调查对象是总体中的每个个体，它所搜集的资料能够反映不同状况下的调查对象的各个方面、各个层次的基本情况，与其他类型的社会调查相比，普查是最全面的。

　　（2）普查具有准确性的特点。普查的各个项目和指标都是统一规定的，并且它对每个调查对象都是按照统一的要求进行逐个的调查，其结果直接体现所有调查对象的基本情况。因此，普查收集的资料标准化程度较高，准确性较强。

（3）普查具有普遍性的特点。普查是从总体中的所有个体那里收集资料，不同层次、不同状况的调查对象的有关情况在资料中都逐一得到反映。因而，通过对这些资料的汇总和归纳得出的结论，具有较高的概括性和普遍性。

（4）调查内容有限，缺乏深度。普查的调查对象多、分布范围广，因此需要的人力、物力和资金也很多。同时，一般个人和单位无法独立实施完成普查，并且不能频繁开展，调查的内容也比较少，缺乏深度。

（5）普查具有耗时、耗力的特点。由于要进行大面积的逐个调查，所以普查所需的时间、人力和经费都很多。

普查的方式一般有两种。一种是通过统计报表的方式，即由上级普查部门（通常是国家行政部门）制定普查表，由下级有关部门根据所掌握的资料进行填报。例如，国家行政局对全国工农总产值进行统计的数据资料，就是来自各城乡企业、单位统一填报的报表汇总来的。另一种是通过建立专门的普查机构，由专门的调查人员采用专门的调查表对每个调查对象进行直接的调查登记。例如，全国人口普查、全国残疾人普查等就是采用这种方式进行的。

普查需要把握几个原则：

（1）对象总体与调查单位总数相等。从理论上讲，对象总体与实际调查单位在数量上是完全相等的。但是，在实际调查中，遗漏的可能性较大。

（2）调查同一时点的社会现象。任何普查项目都统一规定调查登记的资料所属的标准时点，以避免时点不统一而发生的重复与遗漏。例如，我国1982年的全国人口普查统一规定以 7 月 1 日零时作为标准时点。在实际登记人口时，对于 7 月 1 日零时以后死亡的人必须登记上，而对于 7 月 1 日零时以后出生的人，则不予登记。即只登记 7 月 1 日零时的人口状态。

（3）调查指标简明。普查所涉及被调查者人数众多，应简单明了。同时，调查指标一经统一规定，不能随意改变或增减。

（4）各调查点须同时进行，并尽可能在短的时间内完成。普查在实际的组织过程中，各个调查点是在同一段时间内开始并完成的，即对象总体各单位几乎同时被调查，即使有先后之别，间隔时间也要尽可能短。

（5）尽可能按一定的周期进行。普查的花费比较大，周期性进行普查有利于普查资料的对比分析，提高普查资料的利用率与价值。例如，各国的人口普查，都是周期性进行的。

二、抽样调查

所谓抽样调查就是根据概率论原理，从调查总体中随机抽取一部分单位进行调查，并将其结论推及总体的调查方式。抽样调查是 20 世纪初随着抽样理论、统计方法、问卷技术以及计算机技术的完善和普及发展起来的一种调查方式。

抽样调查的主要特征是：

第一，作为调查对象的样本是总体的一部分单位，而不是全部单位，也不是个别或少数几个单位。

第二，调查样本是按照随机原则抽样出来的，而不是由调查者主观选定的。

第三，抽样调查的目的不是说明样本本身的情况，而是通过样本推断总体、反映总体情况。

抽样调查是以概率论的大数法则为理论基础的。大数法则是关于大量随机现象具有稳定性质的原理。大数法则证明，如果被研究的总体是由大量的相互独立的随机因素所构成，而且每个因素对总体的影响都相对很小，那么对这些大量因素加以综合平均，就会出现因素的个别影响相互抵消的结果，而显现出它们共同作用的倾向，使总体具有稳定的特征。这个法则揭示了抽样调查的样本与总体之间的内在联系，即随着抽样单位数量的增加，样本特征越来越接近总体特征。

在调查研究中，往往根据研究的目的和内容，决定是否采用抽样调查的方法，一般在以下几种情况下，常常采用抽样调查：

第一，对于要了解全面情况但又无法进行普遍调查的社会事物或现象，常使用抽样调查。例如，检验某批产品的质量，不可能逐一地进行测试，在这种情况下，就需要采用抽样调查。

第二，对于某些社会现象虽然可以进行普遍调查，但如果使用抽样调查也能取得同样的效果，就没有必要采用普遍调查而只采用抽样调查即可。例如，想要知道一杯溶液的成分，只需化验其中取出的一滴溶液的成分就能取得与化验整杯溶液一样的结果。对于具有较高同质性的社会事物或现象，也同样可以用抽样调查代替普遍调查。

第三，在对普遍调查进行质量检验或补充修正时，常采用抽样调查。例如，全国人口普查之后，一般都要抽取 5%～10% 的人口进行某些重要指标的详细复查，以检验或修正普查的资料。此外，如为制定决策收集有关信息，在实施决策后收集反馈信息，或者了解特定社会背景下的民情民意等，也常常使用抽样调查的方法。

抽样调查的基本步骤：

第一，确定研究总体和调查总体。首先要在理论上明确界定研究总体，然后根据调查的目的和要求，决定调查对象的内涵、外延及其数量，确定从中抽样的调查总体。

第二，进行抽样设计和实际抽取样本。进行抽样设计包括两项内容，一是根据研究目的、总体性质以及主客观条件，确定样本大小。二是根据调查目的及各方面的具体情况，选择抽样的具体方法。完成抽样设计后，进行实际抽样。

第三，评估样本和收集资料。抽样后要对样本进行评估，检查样本对总体的代表性，其方式是通过试验性调查，即到调查点考察个案或进行小范围的抽样调查，然后对调查结果进行评估，发现问题，修正调查计划，补充或减少样本。之后，就可以按照调查提纲进行正式调查，全面、完整地收集样本资料。

第四，分析统计资料和推论总体。收集到样本资料后，要对资料进行汇总和统计分析，得出样本的统计值，然后根据样本的统计值推论出总体的参数值，说明总体的情况。

较其他调查类型，抽样调查具有明显的优点：

第一，抽样调查非常节省调查人员的时间、精力、人力和财力；

第二，抽样调查可以迅速地获得数据，详细地收集信息；

第三，抽样调查的准确性较高；

第四，抽样调查可应用的范围较广。

但要注意的是，抽样调查一定要以足够数量的样本来说明总体，并需严格按照随机的原则抽取调查单位。

三、个案调查（个案研究）

个案调查是对某一个具体单位（如个人、家庭、社区、事件等）进行全面、深入调查的研究方式。个案一词，源于医学和心理学，系指个别病例和案例。医学的个案研究是指对个别病人进行详尽的临床检查，找出病因，提出治疗方案。心理学的个案研究则是广泛收集有关研究对象的家庭环境、社会环境、经历、性格、特征、生活习惯等多方面的历史资料，探究病人的心理特征及形成和发展过程，提出治疗方案。目前，个案调查已广泛应用于婚姻家庭研究、犯罪研究、民政工作、信访工作和思想政治工作等方面。

个案调查是一种深度调查，它能够全面地把握个案的全貌，不仅要了解调查对象的现状和历史，还要了解其周围的社会背景与各种社会联系，并在此基础上，得出关于社会结构和社会过程的一般理论。在 19 世纪和 20 世纪初期，这种方法被广泛地应用于社会研究中，研究者从工人、农民、乞丐、娼妓、原始部落、社区、企业等社会单位中选取具体对象作为个案，深入详细地了解每一调查对象的生活方式、社会活动、行为模式、文化规范、价值观念等。在个案研究中，还发展了诸如参与观察、深度访谈、生活史研究、个人文献分析、社区研究等社会调查的具体方法和手段。

个案调查具有以下几个特点：

第一，个案调查是在对总体没有全面了解的情况下确定调查单位。例如，要针对某一犯罪团伙作为个案进行调查，并不需要事先对全国各城市集团犯罪团伙做全面了解。

第二，个案调查的结果不能对总体进行推论。个案调查没有任何普遍的意义。个案调查的结果可以对调查者定性地认识更多的个案以至总体，具有启发意义。

第三，个案调查主要应用于社会反常个体、事件或新生事物的调查。例如，家庭个案（如离婚家庭）、青少年个案（如青少年犯罪）等等。

第三节　典型调查和专家调查

典型调查和专家调查是社会调查中比较常见的类型，尤其是政府工作中用的比较多。

一、典型调查

典型调查是在对调查对象进行初步全面了解的基础上，选取若干具有代表性的对象作典型，对其作深入系统的调查，借以认识事物和现象的总体情况。

典型调查一般有两种方式，一种是在调查对象及其所处环境具有很强同质性时，选取典型对象进行"解剖麻雀"式的调查，将资料收集与分析研究相结合，以典型来推及全局，如毛泽东同志所进行的大量调查就属此类；第二种是在调查总体具有很强异质性时，按照一些标准对总体进行分类，然后在各类中再选择一些典型进行调查。典型调查在社会调查传统方法中占有重要地位。

典型调查的意义：

（1）少数典型可以代表同类型的事物和现象。辩证唯物论认为特殊与一般、个性与共性是辩证统一的。个别事物或现象是与一般相联系的，不但表现着自己的特殊性质，也反映了事物的普遍性质，普遍性通过特殊性表现出来。因此对适当的典型加以解剖，弄清它的性质以及与周围事物的联系，就能认识同类事物的本质及规律。典型调查就是毛泽东同志所倡导的"解剖麻雀"，运用这种方法从典型收集来的材料，对于全局具有一定的代表性。

（2）典型调查方法灵活多样，资料深入、细致。在作典型调查时，要深入到典型中去观察，可以采取不同的形式，如进行座谈、谈心、个别访问等。典型调查往往对现象的内部机制和变化过程了解得比较清楚，资料比较全面、系统。

（3）典型调查节省人力、时间和经费。一般在全体调查对象中仅选择少数几个典型，就有可能集中人力在这少量典型上突破，调查范围小，可以节省时间、人力和物力，并且意见和建议能够迅速反馈，立即付诸实现。

正确选择典型，是保证典型调查科学性的关键，也是典型调查成败的关键。典型，就是同类中最有代表性的个体。因此，选择典型最基本的标准是有代表性。什么叫有代表性呢？就是被当作典型的个体所依存的环境、条件和其他同类个体大致相同，它内部性质和同类的其他个体基本相同，它的运行、机制和其他个体也基本相同。也就是说，典型不是同类中的特殊个体，而是普通个体。

根据代表性这个基本原则，在选择典型时需要注意以下几个问题：

第一，选择典型要本着实事求是的态度，不能带有主观偏好，要保证典型的客观性、真实性。在实际工作中，常常出现三种倾向：一是人造"典型"，即以领导人的意志为某单位提供特殊条件，让它创造出好的成绩，在总结时又只讲成绩，不讲客观原因，更不讲存在的问题和缺点；二是万能"典型"，一个单位某些方面先进，然后什么经验都由这个单位出，政治工作、企业管理、计划生育、环境卫生……要什么经验，有什么经验；三是终身"典型"，有些"典型"是终身制，一次当了"典型"，十年、二十年还是典型，事物是发展的，在新的情况下应当选择具有新的代表性的典型，这种终身"典型"有很多"人造"的成分。

第二，选择典型时胸中要有全局。在选择典型之前，要先在面上进行一段时间的调查，对同类问题的宏观情况有一个大体的了解。这样可以达到两个目的，一是在选择典型时既见树木，又见森林，通过相互比较知道所选的对象有没有代表性，避免选择的失误。二是使典型有针对性，即典型调查得出的认识是全局最需要的，典型调查得来的经验对全局的工作有推动作用，典型调查中发现的问题可以防止其他单位出偏差。典型调查表面上看是微观调查，实质上是微观和宏观的结合。在宏观指导下解剖微观，在解剖微观中加深对宏观的认识。

第三，选择典型要围绕调查研究的目的。一般说来，根据调查目的的不同，应有不同的选择。探求事物的基本状况和特征，应当选择能够在较多方面代表普遍情况的典型。研究新事物、提出新结论，应当选择新生事物做典型。研究事物的发展过程，应当选择有翔实历史资料的单位做典型。

典型调查具有以下两个特点：一是调查对象的选择上一定要具备代表性，

这也是典型调查最关键之所在；二是典型调查是一种节省时间、人力和财力的调查形式，其调查所获得的资料比较深入、全面，并且这种形式反映情况速度快，调查方式也比较灵活。

二、专家调查

专家调查又称特尔斐法，是通过邀请专家，向专家咨询的调查。即通过有控制的反馈使得收集的专家意见更可靠。特尔斐（Delphi）一词，来源于古希腊的传说，相传太阳神阿波罗在特尔斐杀死了派桑巨龙后，成为特尔斐的主人。阿波罗以对未来有预见能力而闻名，特尔斐因而成为预告未来的神谕之地。美国兰德公司 20 世纪 50 年代与格拉斯公司协作研究如何通过有控制的反馈使得收集的专家意见更可靠，便以特尔斐为代号命名这种研究方法，特尔斐法由此得名。

特尔斐法的具体做法是：

（1）预测机构将要预测的问题写成含义明确的调查提纲，分别送给经过选择的专家，请他们用书面形式作出回答。

（2）专家在背靠背、互不通气的情况下，各自独立作出自己的回答。然后将自己的预测意见，以无记名方式反馈给预测机构。

（3）预测机构汇总专家的意见，进行定量分析，然后将统计分析的结果反馈给专家。

（4）专家们根据反馈资料，重新考虑原先的预测意见，既可改变自己的看法，也可坚持原来的意见。然后，再以书面形式反馈给预测机构。这样，循环往复，经过 3 ~ 4 轮反馈，预测意见就逐渐趋向集中，最后形成集体的预测结论。

调查对象是对要调查的问题有专门研究的专家。因此，选择专家是调查成败的关键，也是取得材料的前提。选择方法主要有以下几种：

（1）从报纸杂志上选。即从有关课题的学术论文中选择专家。优点是速度快，质量有保证，不足是不易看出其全面水平。

（2）专家推荐专家。由选出的专家推荐他所熟悉和了解的专家，这种方法比较可靠，但由于学术观点不同，有可能使一些有真知灼见的人落选。

（3）组织推荐。这种方法可以照顾分布面，不受学术观点影响，在开展工作时，还可以得到所在单位的支持。

被选择的专家通常可为 10 ~ 50 人，可依靠预测课题的大小和涉及面宽窄的不同而定。以满足具有广泛的学科代表性和权威性，满足应答分析需求为准。

第四节　横向研究和纵向研究

按时间维度，社会研究可以划分为横向研究和纵向研究。

一、横向研究

横向研究是指在某一个时间对调查对象进行横断面的研究。典型的横向研究是人口普查。它可以把握不同类型的研究对象在某一时点上的分布状况和特征。比如，不同年龄、不同职业、不同地区、不同民族的人在某一时点对某一问题的看法和态度。

横向研究不等于静态研究，它也可以进行动态分析。例如，边燕杰为了研究当代中国都市的社会阶层，对天津的工人进行了一项调查。尽管他调查的时间是 1988 年，但他关注的却是一系列重大事件如"文化大革命"所产生的重要影响，涉及的时间从 1949 年一直到现在。此外，许多理论研究都采用横向研究来探寻因果规律。例如，要考察结婚和有子女是否会影响政治态度，就可以在同一时间调查未婚者、已婚没有子女者和已婚有子女者，然后通过比较来发现人在结婚前后和有子女前后政治态度的变化规律。

横向研究的优点是调查面广、多半采用统计调查的方式、资料的格式比较统一且来源于同一时间，因而可对各种类型的研究对象进行描述和比较。但资料的深度和广度较差。

一般来说，横向研究主要是了解社会现象或社会整体的横剖面的基本状况，因而它往往用来比较和分析社会现象或社会整体中的不同部分的特点及其相互关系。在描述性调查研究中常常采用横向研究的方式。

二、纵向研究

纵向研究是在不同时点或较长时间内观察和研究社会现象，描述现象的发展变化，解释现象前后的关系。这种研究类型至少要了解在该段时间内两个以上或多个时点的情况，它是从较长时间内来研究某一社会现象的发展变化及其规律性。纵向研究主要有以下几种形式：

（一）趋势研究

趋势研究是对研究对象随时间推移而发生的变化进行的研究。例如，比较我国历次人口普查就可以发现全国人口的增长趋势。卡品尼和基特（Michael Carpini & Scott Keeter，1991）要研究现在的美国人是否比他们的前辈更多地了解政治状况。为了获得结果，他们把 20 世纪 40 年代和 20 世纪 50 年代多次盖洛普的结果和 1989 年的调查结果进行比较，分析人们对调查中有关政治知识的答案。

趋势研究的目的是通过对一般总体在不同时期的态度、行为或状况进行比较，以揭示和发现社会现象的变化趋势和规律。实际上，我们可以说，对某一总体的趋势研究，就相当于利用对这一总体所进行的若干次横向研究的结果，来分析和探询其发展变化规律的研究。

值得注意的是，在进行趋势研究时，在不同时点上所进行的若干次横向研究必须是具有同样的研究内容，采用的是同样的测量方法。更具体地说，每次研究所问的问题都应该是一样的。如果问题不同，就无法进行比较。

（二）同期群研究

同期群研究是对同一时期同一类型的研究对象随时间推移而发生的变化进行的研究。在这种研究中，每次研究的样本并不相同，但他们必须都同属于这一特殊人群，这种特殊人群通常都与时间或年代相关。

例如，国外每 20 年一次对 20 世纪 30 年代初出生的、经历大萧条的人们的经济态度进行调查。比如，1950 年时样本的年龄在 20 岁到 25 岁之间，1970 年时样本的年龄在 40 岁到 45 岁之间，1990 年时样本的年龄则在 60 岁到 65 岁之间。尽管每一次的样本不一定是同一批人，但每一个样本都代表了 1930～1935 年出生的人们。

（三）追踪研究

追踪研究也叫做同组研究，是对同一批研究对象随时间推移而发生的变化进行的研究。追踪研究和同期群研究的区别在于，追踪研究每次研究时，所用的都是同一个样本，即第一次研究了这些人，以后每次再研究时，依旧还是要找到这些人做样本，无论这些人分散在哪里，都要一一找到他们进行研究。

如上，国外每 20 年一次对 20 世纪 30 年代初出生的、经历大萧条的人们的经济态度进行调查。如果研究者在 1950 年选择了 100 个研究 1930～1935 年出生的样本，那么在 1970 年，研究者还要选择这 100 个人进行追踪研究，在 1990 年时，研究者还要对这 100 个研究对象进行追踪研究。

由于追踪研究每次进行研究时都使用同一个样本，但被研究者随时间推移所发生的各种变化有时是难以预料的。有的被研究者可能会因搬迁而无法联系上，有的被研究者可能会死亡，有的被研究者可能会中途退出研究。因而，进行追踪研究最大的困难往往是在第二次、第三次……的研究中，无法找到或获得首次研究样本中的全部研究者。越是后面的研究，找全样本就越难。这样，就会使得不同时期的比较难以进行。

就提供随时间变化的信息而言，纵向研究比横向研究具有明显的优势。它能比较不同时期的变化，并且由于各种变量时间顺序清楚，比较容易作出逻辑上的因果判断。但是纵向研究的调查范围较小，难以进行不同类型的比较。

⇨ **专栏 3 - 1　研究的时间维度**

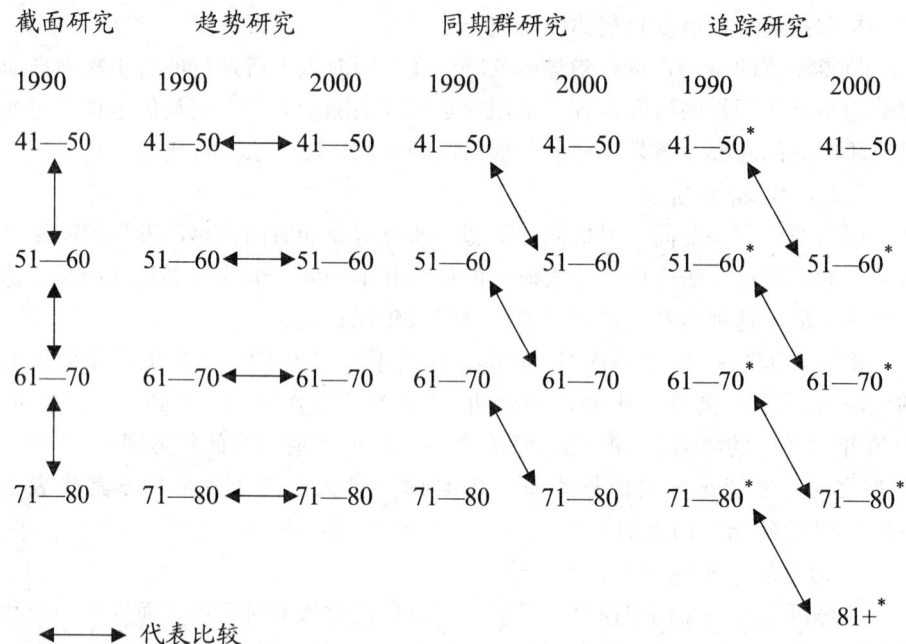

＊代表相同的人

资料来源：艾尔·巴比. 社会学研究方法基础 [M]. 邱泽奇，译. 北京：华夏出版社，2002.

纵向研究的优点在于它能对事物的变化过程进行描述，通过对社会现象的动态分析发现其间的相互关系，从而确定事物之间的因果关系，但缺点是费时、费力，且调查范围小，概括性不高。

第五节　理论性研究和应用性研究

社会研究从性质上可划分为理论性研究与应用性研究两大类，又分别称为基础研究与应用研究。

一、理论性研究

理论性研究指的是那些侧重于发展有关社会世界的基本知识，特别是侧重于建立或检验各种理论假设的经验研究。理论性研究比较注重分析社会现象的一般性和普遍性，是通过对社会现实问题的调查来发展和丰富社会理论，并提供有关社会发展一般规律的研究，它的研究范围不仅涉及社会结构、生活方式、人的现代化等领域，而且还涉及社会科学各学科——经济学、政治学、社会学、人类学、社会心理学、行政学、法学、教育学——的理论课题。理论性研究往往表现出十分明显的理论倾向，关注点主要在于探索现象之间的因果关系，在于增加对社会现象所具有的内在规律的认识。

由于许多人对理论性研究还存在着一定的偏见，认为理论性研究往往是浪费大量的人力、物力和时间去论证一些琐碎的、显而易见的和毫无用处的命题。事实上，这种不能在一段时间内直接应用于现实和帮助人们解决实际问题的社会研究，却是产生出许多被应用性社会研究的研究者所广泛利用的思想、理论和方法的丰富的源泉。比如，美国著名的政治学家阿尔蒙德等人曾对几国公民政治意识进行了调查，目的则在于考察公民的政治文化、公民参与程度、国家政治稳定三者之间是否具有联系，以及这些联系是否具有一定的规律性。调查结果如表3-2所述。

表3-2　不同国别之间的公民政治意识

调查项目	美国	英国	联邦德国	意大利	墨西哥
经常关注政治和政府事务的报道	27%	23%	34%	11%	15%
非常注意政治运动	43%	25%	34%	17%	15%
通过看报纸关注公共事务的报道	49%	43%	53%	16%	31%
被调查者总数	970人	963人	955人	995人	1007人

从此调查的结果阿尔蒙德等人得出结论：对于公民的政治意识，经济发展水平较低的国家（如意大利、墨西哥）较弱，而经济发展水平较高的国家（如美国、英国、联邦德国）之间也存在着差异。对于经济发展水平较高的国家之间公民政治意识存在差异的原因，阿尔蒙德等人通过各国不同特点来说明，从而发现其中规律性的东西。

理论性社会研究的研究者往往要在较长的一段时间中，不辞劳苦地寻求那些对人们的思想产生影响的问题的答案。

苏联学者将社会学的理论研究分为两类：（1）经验性理论研究。"这种研究是为了发展社会学科学而去收集和概括经验材料"，如社会流动、社会阶级与阶层、农村的现代化等问题的研究。（2）专门理论研究。"它的研究成果不是来自对社会现实的直接研究，它的基本方法是分析和揭示社会学中所积累的理论材料"，如对各学派的理论进行评述，探讨理论范畴和概念体系等。我们这里介绍的理论性研究属于经验性理论研究，而纯理论研究属于专门理论研究。理论性研究和纯理论研究是性质不同的两种研究类型，后者不在本书探讨的范围之内。

二、应用性研究

应用性研究指的是那些侧重于现实社会问题、有针对性地提出特定的社会政策的经验研究。其主要包括社会状况研究、社会问题研究、社会政策研究、社会影响评估等类型。应用性研究侧重解答各个实际工作部门、各个社会领域中的具体问题。它是通过社会调查来了解不断出现的新现象和新问题，并运用社会理论对这些问题作出科学的说明和解释、提出解决问题的方案或政策性建议。

应用性研究涉及的范围很广，如社会福利、社会保障、社会舆论、城乡关系、劳动就业、青少年问题、老年问题、妇女问题、城市问题、犯罪问题、环境污染问题等。从目前国内的情况看，社会学以及某些相关社会科学的研究者中，从事这类研究的比例大于从事理论性研究的比例。同时，各级政府机构和许多实际工作部门所作的研究也基本上是这种类型的研究。

理论性研究与应用性研究可以用来研究同一种社会现象。但是，对同一种社会现象的关注点是不同的。理论性研究更关注如何发展出某种一般性的社会认知；而应用性研究则更关注如何有效解决现实社会问题。从定义上看，理论性研究和应用性研究是可以分割开的；但在实践中，二者有时却难以严格区分。

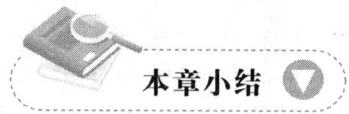

本章小结 ▼

社会调查研究由于研究目的、时序、调查对象的范围、性质等各种因素不同，可分为不同的类型。不同的研究类型具有不同的特点，只有根据不同的研究类型，才能有效地选择研究方法或研究途径。因此，认识和掌握调查研究的类型至关重要。从研究目的划分，调查研究划分为探索性研究、描述性研究和解释性研究。调查研究按调查对象所包括的范围不同，可以分为普查、抽样调查、个案调查。典型调查可以看做是个案调查中的一种类型，专家调查是对某一研究领域有经验的专家进行调查。按时间维度，社会研究可以划分为横向研究和纵向研究。按研究性质，社会研究可划分为理论性研究和应用性研究。

思 考 题

1. 探索性研究通常用在什么情况下？

2. 解释性研究的方案设计首先是要明确提出所需检验的假设，提出假设主要有哪些方式？

3. 普查需要把握的几个原则是什么？

4. 个案调查的特点是什么？

自 测 题

一、判断题

1. 描述性研究是指对社会现象或社会问题进行初步的考察和了解，获得初步认识，为以后深入研究提供基础和方向的一种调查研究方式。

2. 解释性研究通常具有理论假设，这也是解释性研究区别于描述性研究的关键之处。

3. 全面调查是一种一次性的调查，是为了了解一定时点的社会现象而专门组织的一次性调查。

4. 抽样调查的目的是说明样本本身的情况。

5. 个案调查是对某一个具体单位（如个人、家庭、社区、事件等）进行全面、深入调查的研究方式。

6. 横向研究就等于静态研究，它不可以进行动态分析。

7. 同期群研究是对同一时期不同类型的研究对象随时间推移而发生的变化进行的研究。

（答案：错、对、对、错、对、错、错）

二、不定项选择题

1. 当研究者准备研究的问题或现象本身十分特殊，并且已有成果很少时，从研究目的看，应进行（　　）。

A. 描述性研究　　B. 探索性研究　　C. 解释性研究　　D. 理论性研究

2. （　　）是指收集资料，获得某些群体、组织或社会现象在某些特征上分布状况的信息的一种研究。

    A. 描述性研究   B. 横向研究   C. 解释性研究   D. 应用性研究

    3. （   ）一般是从假设出发，即对现象的原因或现象间的因果关系作出尝试性或假设性的说明，然后再通过观察、调查来系统地检验假设。

    A. 纵向研究   B. 探索性研究   C. 解释性研究   D. 理论性研究

    4. 对象总体与调查单位总数相等的调查属于（   ）。

    A. 全面调查   B. 抽样调查   C. 个案调查   D. 重点调查

    5. 国外每 20 年一次对 20 世纪 30 年代初出生的、历经大萧条的人们的经济态度进行调查，这种调查属于（   ）。

    A. 横向研究   B. 趋势研究   C. 同期群研究   D. 追踪研究

    6. 纵向研究主要包括（   ）。

    A. 理论性研究   B. 趋势研究   C. 同期群研究   D. 追踪研究

（答案：B、A、C、A、C、BCD）

第四章 选题与文献综述

内容提要

本章分为四节。前三节从社会调查研究问题的提出，调查课题的类型及标准，研究问题的明确化三个方面介绍选择调查课题的有关内容。第四节介绍了文献综述的概念、意义、方法等。

学习目标

1. 理解并掌握调查课题的类型、选择调查课题的原则。
2. 理解文献综述的含义、方法。

学习提示

1. 根据一项具体的社会调查研究报告，理解并掌握选择课题的有关问题。、
2. 根据一项社会研究报告，掌握文献综述的写法。

第一节　研究问题及其来源

我们在进行社会研究的过程中，第一项工作就是选择研究问题，确定调查课题。著名科学家爱因斯坦曾经说过："提出一个问题往往比解决一个问题更重要，因为解决一个问题也许仅是一个数学上或实验上的技能而已。而提出新的问题、新的可能性，从新的角度去看旧的问题，都需要有创造性的想象力，而且标志着科学的真正进步。"爱因斯坦的这段话虽然主要是针对自然科学研究，但对社会研究也同样适用。在社会研究中，研究问题的提出同样重要。选题是一个研究进行的第一步，实际上也就是确定所进行的科学研究的方向。

一、概　念

研究问题指的是社会研究所要回答或解决的具体问题，它是一个可以通过研究来进行回答的问题。它与我们日常生活中所说的"现象"或者"问题"有点相似。只是社会研究的问题比日常社会生活中的某种社会现象或社会问题更具体、更集中，也更加明确。

与研究问题有关的另一个概念是"研究主题"。研究主题是社会研究所涉及的现象领域或者说问题领域。它比研究问题的范围要宽泛。一般来说，研究主题中可以包含有多个不同的研究问题。现实生活中的具体社会研究，都是针对某一社会生活领域的某种特定社会现象或社会问题的，不同的研究问题，所涉及的社会领域、针对的现象也是不同的。例如，"城市农民工问题研究"这一题目实际上并非研究问题，而是一个研究主题，它包含若干个子问题，如"城市青年农民工越轨行为研究""城市农民工社会融合研究""城市农民工子女受教育状况研究"等，而在每一个子问题中又包含若干小问题。而我们在选择研究问题时，往往是从研究主题开始的，逐步缩小到集中的研究问题。

研究问题的选择能够体现一个研究者的研究水平，主要原因是：在选择确定研究问题的过程中，需要用到研究者的专业理论知识、研究方法知识，并且需要研究者具有比较开阔的视野、敏锐的洞察力、较强的判断力，同时还要具有一定的社会经验。"社会学研究不只是按固定的程序进行一系列具体操作活动的过程，其灵魂和核心，是研究者的研究思路和研究艺术。那些具体的操作，则是这种研究思路、研究策略和研究艺术的外在表现形式。"❶ 所以，一个具体研究问题的选择、确定，正是上述几方面综合作用的结果。一个研究者

---

❶　风笑天．近五年来社会学方法研究述评［J］．社会学研究，1995（1）.

欠缺上述任何一个方面，都会在确定的社会研究问题上留下痕迹，从而会直接影响到所选研究问题的水平和质量。

二、意　义

选择研究问题、确定调查课题，对于整个社会调查工作具有重要意义。

（1）选择研究问题，确定调查课题，决定着社会调查的总方向、总水平。选择调查课题，不仅是社会调查目的的集中体现，而且是调查者的指导思想、社会见解和学识水平的具体反映。社会调查是十分具体、明确、有针对性的。不同的调查课题，涉及的领域不同，针对的也是不同的社会现象和问题。社会生活包括很多层面，构成不同的领域，每个领域都有许多值得研究的课题。对于每一项具体的社会调查来说，都只能在其中进行选择。我们可以说，调查课题就是目标，调查课题的选择就意味着调查目标的确立。目标定了，调查的方向也就确定了。

（2）选择研究问题，确定调查课题，决定着社会调查的方案设计，制约着社会调查的全部过程。选择的调查课题不同，调查的内容、方法、对象和范围就不相同，调查人员的选择与组织、调查工作的安排也不相同。这就是说，调查课题的选择，决定着调查方案的设计，也是安排调查工作进程的基础和前提。

（3）调查课题的选择决定着调查工作的效果。一个好的选题，不能保证社会调查一定会取得成功，但是，它却是社会调查取得成功的一个必要条件。许多优秀的社会学家成功的一个关键因素，就是抓住了调查研究的课题。如费孝通选择选择"农村经济"和"小城镇建设"为研究问题，对中国社会发展起到了促进作用。调查课题选择不适当会导致调查的失败。比如，"农民问题研究"题目具有重要的现实意义，但其内涵不够明确、焦点不够集中、关注点不够确切，所以比较缺乏可行性。

（4）调查课题的选择也体现着调查的水平和研究的质量。在现实社会生活中，除了调查课题本身层次较低，调查人员的素质、技能较差，或者调查工作较粗糙等原因有可能造成社会调查质量较差外，调查课题的选择是否恰当、可行，研究者自身的社会生活经验、理论修养如何和掌握各种操作技术、调查技巧的程度以及研究者是否有能力驾驭调查课题等，也是诸多影响因素之一。

由于研究者学术背景以及个人经历的不同，其关注点也存在差异，比如，同样是看到在城市中打工的保姆，有的研究者感兴趣的是外来务工人员的城市融合问题，有的研究者想到的是她们外出打工的动机问题，有的研究者则由此考虑到农村中的留守人口的问题。因此当面对具体的社会情境时，研究者的学术敏感性在很大程度上决定着其所选择的具体的研究问题。

三、来　源

尽管在现实生活中存在着大量的尚未解决的问题，但是从中选择一个有价值、有新意、可行的研究问题，并不是一件容易的事情。尤其是对于初次进行研究的研究者而言，要找到一个合适的问题比实际去操作这个问题还要困难。因为对于社会研究者而言，选择一个有价值、有创意的、可行的并且适合研究者本身学术旨趣的研究问题，并没有普遍适用的方法。

美国政治学者贝蒂·H.齐斯克说："依靠丰富的想象创立并发展一个可行的研究问题是研究工作中最为困难的一部分。"❶ 所有的研究都是从某种具体的思想开始的。这些思想有时来源于规范的假设，有时又是研究者个人的某些经历，有时则是偶然的思想的火花。

专栏 4 - 1　实例

美国心理学家特里普利特是个自行车迷。他发现集体项目的成绩比个人计时赛的成绩要好得多。因此他提出人的行为动力渊源问题——其他人的行为是一个刺激因素。

特里普利特从一个简单的观察开始，进而把其应用于实验研究，提出了社会心理学研究的核心问题：即其他人的活动怎样影响到行为的个体。

资料来源：杜加克斯．八十年代社会心理学［M］．北京：三联书店，1988.

社会研究问题有哪些主要来源，研究者可以通过哪些途径寻找到一个适合的研究问题，这是我们在这一部分要解决的问题。

（一）三种选择调查课题的途径

1. 从现有文献资料中寻找研究课题

对一个有经验的研究者来说，前人的和目前现有的社会调查研究成果，以及各种社会科学的报刊杂志、学术著作、学习笔记及谈话笔录等，都可以成为他寻找课题的来源。在阅读这些文献的过程中，研究者常常会迸发出许多想法、灵感和火花，很多有价值的研究问题都是在此基础上形成的。这些灵感、思想火花是从我们的大脑中来的，我们可以采用以下方法激发灵感，产生

---

❶ 贝蒂·H.齐斯克．政治学研究方法举隅［M］．北京：中国社会出版社，1985：34.

火花：

第一，我们一定要在阅读各种文献时做一个"有心人"，始终带着批判的眼光对待它们，不要盲目地接受文章中所说的一切。这样，我们在阅读文献时就会得到一些新的看法，产生一些新的灵感，迸发出一些新的思想火花。比如当看到一个农民几十年的账本时，从账本中各方面因素的变迁中，你能获得怎样的灵感？而这些灵感对于解释社会现实又具有怎样的意义？

第二，善于广泛的联想。我们可以从不同侧面、不同层次、不同角度，对阅读文献展开社会学的想象力。这样，有时也会有一些新的收获，并在此基础上提炼出新的有价值的研究课题来。当查阅"通婚圈"的相关研究时，研究者会发现不同的学者会产生不同的结论，有的学者认为通婚圈在改革开放之后在不断地缩小，但有另外一些学者认为通婚圈在不断扩大，这时候研究者就要思考为什么会产生不同的研究结论？是其参考的变量不同吗？还是不同地域的通婚圈由于影响因素的不同而呈现不同的态势？此时，研究者就可以初步将自己的研究问题确定为"通婚圈影响因素的研究"。

2. 从现实社会生活中寻找研究课题

千姿百态、形形色色的社会生活是各种社会研究问题提出的最主要的来源。德国学者阿特斯兰德曾经说过："可观察的人的行为，人所创造的东西以及语言为中介的意见和关于态度、价值判断、意愿等，都属于经验上可感知的社会事实。"● 各种社会现象、社会行为、社会问题、社会事件客观地存在于我们的日常生活中。我们要养成对各种社会现象、社会问题、社会行为和社会心理问"为什么"的习惯，要善于观察，勤于思考。这样，我们就可以从大量纷繁复杂的社会现象中，选择出有价值的调查课题来。

现实社会为我们认识社会、改造社会提供了无穷尽的调查研究课题。各种社会现象、社会问题、社会事件一直存在于我们的周围，等待我们去研究。可以用一句格言来概括：处处留心皆"问题"。

3. 从个人经历中寻找研究课题

个人经历是人们对社会生活、感受的积累和沉淀。经历形成了人们观察各种事物、理解各种现象的基本视角和出发点。因此，选择社会研究课题，同样不能离开个人经历和经验。

每一个人总是生活在各自不同的生活轨道上，不同的人对现实社会的认识肯定会有所不同，对社会生活的感受也会不同。每个人特定的人生经历为他观察现实世界、观察社会生活提供了特定的视角。从这些各不相同的视角里所看

● 阿特斯兰德. 经验性社会研究方法［M］. 北京：中央文献出版社，1995：87.

到的世界并不是完全一样的。一种现象在有些人看来是理所当然、司空见惯的，但是对于另外一些人却是调查研究灵感的来源。个人在社会生活中的各种经历、体验、观察和感受，常常是众多研究问题的最初来源。许多有价值的、有创造力的研究问题，正是从研究者个人的经历和经验中发现和发展起来的。同时，从研究者个人经历中选择的研究问题更可能是研究者的兴趣所在，而研究者的研究旨趣也是一个研究能够顺利进行的根本保障。

因此，从某种意义上说，从个人经历中寻找研究问题的方式，是一种简单、实用的方法。研究者的各种经历、各种体验、各种观察、各种感受，常常是众多合适的、新颖的研究问题的最初的来源。

以上分别从几个大的方面介绍了研究问题的主要来源和寻找的方法。然而，在实际的生活中，一项研究的确定往往是不同来源共同作用的结果。

（二）选择调查课题的方法

不同的调查者，选择调查课题的方法也会有不同。选择调查课题没有固定的方法。在这一部分，我们仅仅介绍一种选题的方法，作为参考。这种方法被称为"题目细胞法"。它是通过对调查课题进行某种界定，给予明确的陈述，以将最初比较含糊的想法，变成清楚明确的调查主题，将最初比较笼统、比较宽泛的研究范围或领域，变成特定领域中的特定现象或特定问题。

首先，选择一个大的研究者比较关注的、热点的、感兴趣的"领域"，把这个领域做一个总的标记，比如说"城市问题"。然后，根据你的知识在"城市问题"这个大领域内，标出更为具体的"细胞"问题：（1）城市经济；（2）城市交通；（3）城市住宅；（4）城市治安；（5）城市建设；（6）城市社会心理；（7）城市公用事业；（8）城市管理等。我们可以利用"题目细胞图"来表示（见图4-1）。

接着，根据对宏观的把握以及自己知识积累情况和兴趣，我们可以把"城市交通"作为调研题目。但是，"城市交通"也是一个比较大的领域，因此，我们可以继续利用"题目细胞"的思维方法，寻找"城市交通"问题的"细胞"：（1）道路问题；（2）公共交通问题；（3）自行车问题；（4）城市人流；（5）城市物流；（6）城市交通对经济的承受能力；（7）城市交通管理；（8）城市交通政策等。

假若你认为"城市自行车问题"很有中国特色，而且能够引起大多数人的注意，把这个问题作为调查研究的题目。那么，就开始进行第二步工作，进一步限定题目的范围：如城市自行车和城市公共交通的关系。这样，题目就算基本明确了。把这个题目拿出来和其他有关人员进行讨论，看这个题目是否有现实意义，是否有学术价值，调查研究的条件是否成熟等。

最后，我们还要对所选的题目进行可行性分析。比如，主客观条件是否允许。如人、财、物、时间、本人的知识结构、能力等。另外，还有资料收集难易、是否符合国家政策等。如果题目内容已经确定，又是可行的，就用新颖的文字把它表述出来。这样，我们的选择调查课题的工作就基本完成了。

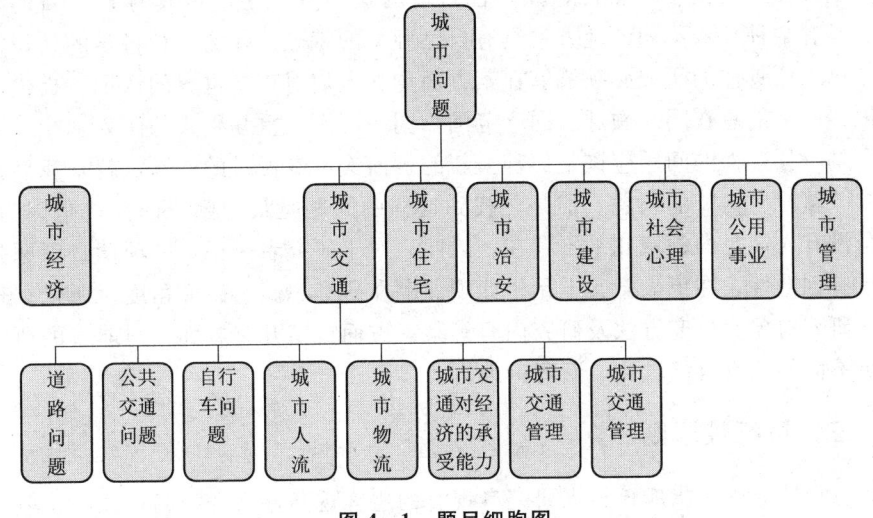

图 4 - 1　题目细胞图

第二节　选题的基本原则

前面讲过，调查课题的选择是社会研究进行下去的重要开端。那么，要想选择一个好的调查课题，就需要遵循以下四个基本原则。

一、重要性原则

重要性是指调查课题所具有的理论和实践意义，就是它所具有的社会价值。理论方面的意义，主要体现在调查课题对一门学科的发展，对某种理论的形成、检验，对社会规律的认识等所作的贡献上。实践方面的意义，则主要体现在调查课题对我们现实社会生活所提出的各种具体问题能否进行科学的回答，能否提供合理的解决方法上。

在多种可以选择的调查课题面前，评价一项社会调查课题是否具有重要性，其实就是对自己提出以下问题：这项研究问题有没有用处？如果有，是什么用处，有多大用处？不管是提高人们对社会现象、社会过程、社会规律的认识和理解，还是促进解决社会问题、改善社会管理、提出社会政策等方面，越是有用处的问题越是好问题；用处越多、越大的问题越是好问题，也就是越值得去做的问题。

二、创造性原则

创造性，也就是创新性、独特性，指的是调查课题应该具有某种新的东西，具有某种与众不同的地方，具有自己独特的特点。作为一种科学的认识活动，每一项具体的研究必须能够在某方面增加人们对现实世界的认识，提供新知识，而不能总在同一领域、同一范围、同一层次上重复别人的研究。

具有创造性的问题应该是那种全新的、前人没有做过的问题，就是我们常说的"填补空白"的问题。但是，找到这样的问题是最为困难的。这是因为，完全没有人涉足的领域几乎不存在。因此，对于研究者来说，一项调查课题是否具有创造性，在更大意义上是指此项课题在研究思路、研究角度、所依据理论、研究对象、研究方法及研究内容等某一方面或某几个方面，与前人的研究有所不同的，有自己独到、新颖的地方。

三、可行性原则

可行性原则是指应该根据研究者现有的主客观条件来选择调查课题，就是要研究者在他现有的主观、客观条件下去从事这项课题研究。在很多情况下，我们不是仅仅选择了一个有价值、富有新意的课题就能顺利进行研究并能够取得成果的，一项调查研究的完成要受到许多因素的限制和制约。

这种限制分为主观限制和客观限制。主观限制是指研究者自身所具有的条件方面的限制，包括研究者的知识结构、研究经验、组织能力、操作技术、生活阅历的限制，甚至还包括研究者的性别、年龄、语言、体力等生理因素方面的限制，这些都有可能对调查工作造成一定的影响。客观限制是指进行调查研究时受到的外在环境或条件的限制。比如，收集相关资料的难易程度，调查时间与经费是否充足，有关单位或部门能否给予必要的支持和合作，调查课题是否违反国家有关政策法令，是否违反社会伦理道德等都是导致一项研究课题无法进行的客观障碍。

因此，选择调查课题时，仅仅考虑前面两条原则是不行的，还必须把可行性原则放到非常重要的地位。一项不具有可行性的调查课题，最多只能是一种"空想"。

四、合适性原则

合适性是指所选择的调查课题最适合研究者的个人特点。主要包括研究者对该研究课题的兴趣，研究者对与研究问题相关的社会生活领域的熟悉程度，研究者与研究对象之间的相似性程度，以及研究者所具有的各种资源、条件与该课题的要求符合的程度等。

合适性原则与可行性原则是不同的，可行性是要解决研究的"可能性"问题，而合适性是要解决研究的"最佳性"问题。可行性是这项研究"能不能做"，而合适性是这项研究"是不是最好"。符合了可行性的调查课题很多，但对于一个研究者来说，最适合他的课题常常只有一个。

个人兴趣不应该是影响课题选择的决定因素，但是，可以说它是帮助和促使研究者选择好问题的一个重要因素。其他条件相同的情况下，研究者应该首先选择自己最感兴趣的课题。同样，研究者对该问题相关的社会生活领域的熟悉程度，也是影响研究课题能否顺利进行的重要因素。因此，研究者应该尽量选择与自己熟悉的社会生活领域有关的调查课题。至于研究者与研究对象的相似性问题，看法不一。但是，多数情况下，二者之间的相似程度越高，越有利于研究者对研究资料的理解和分析。

以上介绍了选择调查课题时通常采用的四条原则。这四条原则之间有层次上联系：重要性是最基本的原则，创造性是在它的基础上提出的新的原则，可行性在一定意义上可以说是问题选择中的决定性原则，合适性是在前三条原则基础上提出的更高的原则。这四条原则层层深入，从不同的侧面，提炼出一个理想的调查课题。

第三节　研究问题的明确化

在选择一个研究问题时，初学者或无经验的研究者最容易出现的情况，就是选择一个比较大的、宽泛的，或是说比较笼统的、模糊的研究领域，而不是明确的、具体的研究问题。前面讲过研究问题的几种来源中产生的思路和问题，往往不是我们所说的研究问题。我们要使这种最初的、粗糙的问题，转变为具体的、切实可行的研究问题，就必须进行研究问题的明确化工作。

一、含　义

研究问题的明确化，就是通过对研究问题进行某种界定，给予明确的陈述，以达到将最初头脑中比较含糊的想法，变成清楚明确的研究问题；将最初比较笼统、比较宽泛的研究范围或者领域，变成特定领域中的特定现象或特定问题的目的。这是选择研究问题过程中很重要的环节之一。通过这个环节，我们可以把兴趣和关注点集中到研究领域的某一个具体方面。比如，"我国城市中的家庭问题研究""青少年犯罪问题研究""农村青年问题"等都只是一个问题领域或者是研究主题，而不是研究问题，所以需要进一步明确化。

二、方　法

我们可以从两个不同的方面对研究问题进行明确化。

（一）缩小问题的内容范围

要使所研究的问题明确化，可以采取先将宽泛的问题转化为狭窄的问题、将一般性的问题转化为特定的问题的做法，通过不断缩小问题的内容范围来实现这一目标。比如，"民工潮问题"是一个很宽泛的问题领域，其内涵并不是某一具体的社会研究所能包含得下的。一项具体的社会研究，通常只能选择其中的一个方面进行研究。我们可以通过限制、缩小问题的内容范围，将其转化为"民工潮形成原因研究"、"民工潮产生社会问题"等类似问题。

（二）清楚、明确地陈述研究的问题

陈述研究问题也是使研究问题能够明确化的十分重要的一步。没有经验的研究者往往意识不到问题的陈述所具有的重要性。这种重要性主要体现在它划定了与研究相关的资料范围。它使研究者知道哪些资料必须考察，哪些资料可以放在一边。这种陈述还能在一定程度上帮助研究者选择和确定研究方法。

好的问题陈述应当具有下列特征：（1）陈述的问题必须是在研究者能力范围之内；（2）陈述的问题不能太宽泛，也不能太微不足道。我们应该考虑以下几点：

第一，陈述问题必须清楚明白，同时，在陈述和明确化的过程中，最好运用变量语言，采用提问的形式。

第二，除去单纯的描述研究外，问题陈述必须至少包括两个变量。

第三，问题陈述必须是可以检验的。可以检验是指所研究的问题必须能够产生不止一种回答。只有一种答案的问题陈述是不合格的问题。

综合以上内容，在清楚、明确定义研究问题之前，就急着收集资料的做法是不妥的。这样做的结果是：盲目收集到的资料中，往往很多是没有用的，很多是错误的，很多是残缺的。因此，社会研究人员在从事一项社会研究课题时，应该养成先将问题内涵明确化的好习惯。我们运用上述知识，选择到一个有价值、有新意、可行的、自己也感兴趣的研究问题，同时，这个研究问题又经过了明确化和清楚的表述，那么，这项研究的质量和水平从开始就有了基本的保证。

第四节 文 献 综 述

一、文献综述

（一）文献综述

文献综述，也称为文献考察或文献评论，是指对到目前为止的、与某一问题领域相关的各种文献进行系统查阅和分析，以了解该领域研究状况的过程。也可以说，就是一个系统地识别、寻找、考察和总结那些与自己的研究有关的文献的过程。

在社会研究报告中，也常常会有这样一部分内容。研究报告中的文献综述实际上是对选题阶段所做的大量查阅和分析工作所进行的总结。"综"即收集"百家"之言，综合分析整理；"述"即结合作者的观点和实践经验对文献的观点、结论进行叙述和评论。其目的并不是将可能找到的文章列出，而是要在辨别相关资料的基础上，根据自己的论文来综合与评估这些资料。[1] 对综合整理后的文献是进行比较专门的、全面的、深入的、系统的论述和相应的评价，而不仅仅是相关领域学术研究的"堆砌"。

现在撰写学位论文（本科、硕士、博士论文）时，很重要的一部分内容就是文献综述。在文献综述部分，要全面收集所研究领域的学术著作、学位论文与学术论文，然后系统研读相关的文献资料，对这些学者的观点进行系统总结，并作出相应的评论，作出评论之后可以看看别人在哪些方面关注得较少，从而找出自己的创新点。掌握文献综述最好的办法就是多看优秀的论文与著作，在阅读论文与著作的过程中学习。

⇨ 专栏 4-3 《礼物的流动》一书的文献综述

《礼物的流动》是阎云翔教授的博士论文，2000 年由上海人民出版社出版，该书堪称人类学的经典著作，其文献综述显示了作者深厚的学术功力。下面来考察一下《礼物的流动》一书文献综述的框架。

人类学话语中的礼物

作者回顾了莫斯的观点，莫斯提出了豪（hau）的概念，认为豪能够迫使收礼者作出回报。同时也介绍了马克思等学者的观点。

---

[1] 张丽华，等.撰写文献综述的技巧与方法［J］.学位与研究生教育，2004（1）.

回礼的动机：互惠规则

作者系统考察了持有这种观点的学者的著作，如马林诺夫斯基，雷蒙德·弗斯，列维·斯特劳斯以及萨林斯等人持有这种观点。他们的观点主要是对莫斯"整体呈现"观点的批评。还有其他一些学者的观点，在进行了系统考察之后，作者又将视角转向亚洲社会，考察了对亚洲社会中礼物的研究，如对日本、印度等地的研究。

礼物的不可让渡性（Inalienability）：一种新视角

这种观点兴起于20世纪80年代，作者介绍了达蒙、葛里高利等众多学者在这方面所持有的观点，礼物的不可让渡性这种观点与莫斯的观点近似，所以作者才会评论道："礼物之灵在一种崭新话语的名义下，又被重新引入我们学科的舞台中心。"

礼物与商品

作者考察了许多著名学者关于礼物与商品的论述，如莫斯、萨林斯、葛里高利等众多学者的看法。

中国社会中的礼物馈赠与人际关系

礼物交换在中国的重要性

在此部分，作者将视角转回到中国，介绍了学者关于中国礼物交换的研究，然后指出有许多中国学者在致力于建立一套基于中国本土概念（如人情、面子、回报等）的分析框架，随后考察了中国文化中礼物研究中有悖于人类学中送礼者享有优越地位的观点，在中国文化中，送礼者都是地位低下的人向地位高的人送礼，其后考察了礼物在政治与经济生活中的意义。最后作者指出："礼物交换尚未能成为全面的调查课题；考虑到它在中国文化中自始至终的重要性，这未免令人奇怪。"

作者的这段话至关重要，他通过文献考察，认为礼物交换在中国非常重要，而这方面的研究较少，所以他的研究不但非常重要，而且非常具有新意。

对中国的个人关系的特征描述

作者系统梳理了韦伯、帕森斯、梁漱溟、费孝通等学者的观点，一直到比较晚近的杨美惠、金耀基、黄光国等学者的观点。

在阅读阎云翔的著作的时候，有一点需要特别指出，即作者并非单纯堆砌相关学者的观点，而是在自己阅读的基础上，归纳总结这些学者的观点，而且归纳总结的过程中也进行相应的评论。通过文献综述，一项研究课题的重要性、创新性等方面都会体现出来。来看阎云翔（2000：19）下面一段话：

前面对有关中国社会的文献回顾揭示了几个令人关注的问题。首先，除了杨美惠的著作（1989，1994）之外，中国的礼物交换体系尚未被作为一个独立的主题来分析，也未与其他社会中的馈赠制度相比较。其次，大多数西方学者对中国社会中人际关系的研究，关注送礼的功利性与私人网络的培育，而忽视了这些社会互动的文化意义。最后，金耀基与黄光国的概念分析触及了人与其所有物之间的关系这一根本问题，但二者均在很大程度上渗透了儒家社会理论的影响，因而需要通过经验研究来检验。

上段话表达了三层意思：第一，关于中国礼物的研究很少，但是很重要，所以作者进行这方面的研究具有重要性，同时还有新意。第二，以往关于礼物的研究都是关注送礼的功利性与私人网络的培育，而忽视了这些社会互动的文化意义。其实作者据此告诉读者，他的这项研究更关注互动的文化意义。第三，金耀基和黄光国的研究很好，但是他们都是在理论上来分析，而这项研究是进行经验研究。这也说明了此项研究的重要性以及新意。

文献综述一方面是系统梳理别人的观点，另一方面通过文献综述，能够呈现出自己研究的重要性与新意，这是很重要的。

文献综述的参考文献要放在文末，参考文献虽然放在文末，但却是文献综述的重要组成部分。因为它不仅表示对被引用文献作者的尊重及引用文献的依据，而且为读者深入探讨有关问题提供了文献查找线索。因此，应认真对待。参考文献的编排应条目清楚，查找方便，内容准确无误。关于参考文献的使用方法，记录著作项目以及格式与研究论文相同，不再重复。

（二）文献综述的经验与注意事项

1. 文献综述的经验

通过阅读阎云翔的著作，可以简单归纳几点文献综述时的经验：

（1）文献综述不是观点或者材料的堆砌，文献综述要阅读学者的著作，并且自己归纳总结其观点，把观点类似的学者放在一起来述。

（2）进行文献综述的时候可以按照观点来写，可以归纳出几种有代表性的观点，在每一种观点下面可以按时间顺序来安排有代表性的学者的观点。当然按观点来写，多数时候也是按时间来介绍，因为观点都是不断发展的，都是晚近的观点取代之前的观点。

（3）文献综述要围绕研究的主题展开，文献综述的写作先是比较宽泛的介绍相关的观点，然后再进一步缩小范围，介绍所研究的内容，如阎云翔先是介绍人类学话语中的礼物，然后又介绍中国社会中的礼物馈赠与人际关系。

（4）文献综述要进行评论，通过适当的评论可以引出自己研究的重要性以及创新性，要注意文献综述是为自己的研究服务的，但文献综述一定要客观。

2. 文献综述的注意事项

由于文献综述本身的特点，使得它的写作既不同于"读书笔记""读书报告"，也不同于一般的科研论文。因此，在撰写文献综述时应注意以下几个问题：

（1）收集文献应尽量全。掌握全面、大量的文献资料是写好综述的前提，否则，随便搜集一点资料就动手撰写是不可能写出好的综述的，甚至写出的文章根本就不能成为综述。

（2）注意引用文献的代表性、可靠性和科学性。在搜集到的文献中可能会出现观点雷同，有的文献在可靠性及科学性方面存在着差异，因此在引用文献时应注意选用代表性、可靠性和科学性较好的文献。

（3）引用文献要忠实文献内容。由于文献综述有作者自己的评论分析，因此在撰写时应分清作者的观点和文献的内容，不能篡改文献的内容。

（4）参考文献不能省略。有的科研论文可以将参考文献省略，但文献综述绝对不能省略，而且应是文中引用过的，能反映主题全貌并且是作者直接阅读过的文献资料。

总之，一篇好的文献综述，应有较完整的文献资料，有评论分析，并能准确地反映主题内容。

文献综述是社会研究过程中前期重要的工作任务之一。一个成功的文献综述，能够以其系统的分析评价和有根据的趋势预测，为新课题的确立提供强有力的支持和论证。它对于研究的各个部分都将提供有益的信息，但是它与调查课题的选择关系更为密切，通常来说，文献综述与选题之间有如下关系：

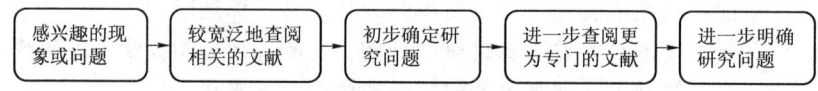

感兴趣的现象或问题 → 较宽泛地查阅相关的文献 → 初步确定研究问题 → 进一步查阅更为专门的文献 → 进一步明确研究问题

图 4 - 2　文献综述与明确选题的关系

二、文献综述的意义

熟悉同一研究领域的现状和主要研究成果，与调查课题的选择、调查问题的明确化密切相关，它是进行一项社会研究的基本前提之一。文献综述对于一项社会调查研究具有十分重要的作用，主要体现在以下三个方面。

（一）帮助研究者熟悉和了解该领域已有的研究成果

通过系统的文献综述，我们可以全面了解本领域的研究状况，特别是已经取得的研究成果。这种熟悉和了解可以帮助我们选择和确定自己的研究课题，同时确立自己的研究在该领域中的位置。以"农民工城市适应性研究"为例，研究者首先可以浏览关于农民工研究的相关资料，在浏览过程中找到自己的兴趣点，但是这并不是别人研究的简单重复，而是在别人研究基础上的延伸。

（二）为研究者提供一些可供参考的研究思路和研究方法

通过系统的文献综述，我们可以了解到以往的研究者在研究该问题领域时所采取的各种不同的研究角度，不同的研究策略，以及各种具体的研究方法。这些角度、策略和方法代表了以前的研究者所尝试过的探索道路，都为我们进行自己的研究提供了一种借鉴和参考的具体框架。除此以外，文献综述，还可以帮助研究者发现和利用现有研究中对某些关键变量的操作化方法和测量指标。

（三）为解释研究结果提供背景资料

这种背景资料是研究者选择研究问题时的参考框架，也是研究者对自己的研究成果和研究发现进行解释时所依据的一种参考框架。

总之，研究文献不仅可帮助研究者确认并明确自己的研究主题，也可找出对同一研究问题的不同见解和视角。发表过的研究报告和学术论文就是重要的文献来源，对文献的回顾会为研究者的研究奠定基础并提供宝贵的资料和研究可行性的范例。

三、文献综述的方法

我们知道，与一个研究课题相关的文献数目往往十分巨大，而研究者用于文献综述的时间又是很有限的，因此，文献综述工作应该有明确的计划。文献综述不仅仅是对一系列关系并不紧密的内容的概况，而且是对以前的相关研究的思路的综合，更是研究者本身思路的再次梳理。文献综述的过程大概包括以下三个方面。

（一）查找相关的文献

社会调查研究中主要文献来源通常包括：（1）相关的著作；（2）相关的论文；（3）相关统计资料和档案资料。

相关的著作可以为我们提供比较全面的研究背景和理论。这方面文献的主要来源是图书馆。相关的论文是文献查找中最主要的内容。英文论文可以从 Social Science Index（社会科学检索，简称 SSI）上查找。这一索引收录了全世界最重要的英文社会科学期刊上所发表的论文题目。除此之外，各个社会科学专业学科还有专门的索引或类似索引的专门的论文摘要期刊。随着计算机网络的快速发展，文献查阅工作更加方便，迅速。

中文的论文则可以通过以下三个途径进行查找。（1）《全国报刊资料索引》（哲学社会科学版），这个期刊每月一本，收录了全国几千种报刊杂志上所发表的各种文章的目录，并且是分类排列的。（2）中国人民大学书报资料中心的《复印报刊资料索引》，是与《全国报刊资料索引》类似的论文检索光盘。（3）中国学术期刊网也建立了学术期刊论文检索系统，研究者可以上网查找论文。

在电脑上进行文献查找时，首先，我们应该明确要查找的是哪方面的资料。查找的思路是从大的范围开始，逐步缩小范围。另外，应该注意的是，我们的研究课题可能会同时涉及几个不同的主题领域，因此，我们应该在几个相关的领域中进行查找。

其他的文献还包括各种统计资料、统计年鉴、档案资料等。特别是国家有关部门出版的统计资料和年鉴，是研究者研究某一问题的背景资料和宏观依据。相比而言，这一类文献在研究课题选择中起的是辅助作用，在文献综述工作中占的分量较轻。

需要特别指出，这里的文献，一般不包括各种大众传媒，如报纸、电视评论。尽管我们可能会从报纸等大众传媒中得到一些统计资料或有关的观点，但是，我们的研究是不能基于这些资料的。这是因为，记者的工作属于另一个领域，他们的资料收集方式，分析资料的方法，结论的得出，都与社会调查研究中的方式是大不相同的，因此这些资料只能作为我们的参考。

（二）如何选择需要阅读的文献

在第一步之后的工作，就是要从查找到的文献中选择哪些必须详细阅读，哪些大致浏览，哪些可以不阅读。如何进行选择，是这一部分要解决的问题。

（1）根据文献的相似性来选择。文献中所涉及的主要内容、研究变量、所依据的理论框架等与自己的研究相似，这样的文献就比较好，应该选择。

（2）根据发表的时间进行选择。选择近期研究的原则来源于科学的累积性质。其他方面情况差不多时，时间越近的研究越有用。因为优秀的、时间近的研究，都是在其他相关研究的基础上进行的。

（3）根据研究者在该领域中的学术影响以及权威进行选择。一些研究者具有一定的知名度，并且树立了一定的学术声望，这样的研究者的研究往往会比那些不太知名的研究者的研究显得重要。不过，这样做也并不完全合理，因为知名的学者都是从不知名中走过来的。

（4）根据期刊的学术影响力来选择。当前比较被认可的标准是北大中文核心期刊。北大中文核心期刊每四年更新一次。除此之外，南京大学的 CSSCI 中所列举的期刊也非常有影响力。CSSCI 期刊每两年更新一次。这样选择也不完全合理，不过相对来说可以节约研究者选择文献的时间。

（三）如何阅读文献

阅读文献是一项需要时间、耐心和细致的工作。阅读文献时我们应该注意以下几点：

（1）注意每一项研究的理论框架和研究背景。即了解各个不同的研究分别是从哪一点出发的，它们各自的目标是什么。

（2）注意研究方法，包括研究对象、研究方法、抽样设计、样本特点、资料分析方法等。

（3）研究的主要结果，包括讨论部分提出的观点，所做的推论等。

（4）自己对该研究的评价。这一点非常重要，评价中应该包括自己对该研究的特点和独到之处，以及自己认为该研究存在的主要不足，尤其是方法上、研究效度或信度上的不足。在对全部文献进行了系统的阅读后，我们需要对自己头脑中的认识进行梳理，对全部文献进行总结。

在查阅文献时，我们应该随手对某些重要内容画上记号，并作一些简要的评论，这样做有助于文献综述的整理和总结工作。时间允许还可以做一些摘录。每个研究者进行文献综述的风格不同，其采用的具体方式也不同。

本章小结

研究问题指的是社会研究所要回答或解决的具体问题。

选择研究问题，确定调查课题的途径有：（1）从现有文献资料中寻找；（2）从现实社会生活中寻找；（3）从个人经历中寻找。

选题的基本原则有：（1）重要性原则；（2）创造性原则；（3）可行性原则；（4）合适性原则。

调查课题明确化的含义：就是通过对研究问题进行某种界定，给予明确的陈述，以达到将最初头脑中比较含糊的想法，变成清楚明确的研究问题；将最初比较笼统、比较宽泛的研究范围或者领域，变成特定领域中的特定现象或特定问题的目的。调查课题明确化的方法有：（1）缩小问题的内容范围；（2）清楚、明确地陈述研究的问题。

文献综述的含义：也称为文献考察或文献评论，是指对到目前为止的、与某一问题领域相关的各种文献进行系统查阅和分析，以了解该领域研究状况的过程。也可以说，就是一个系统地识别、寻找、考察和总结那些与自己的研究有关的文献的过程。

文献综述的方法：（1）查找相关的文献；（2）选择需要阅读的文献；（3）阅读文献。

思 考 题 ▼

1. 如何选择研究问题，确定调查课题？

2. 选择调查课题应遵循哪些原则？你如何理解可行性原则，它与重要性、创新性之间有什么关系？

3. 什么是调查课题的明确化？我们为什么要进行明确化？

4. 对调查课题进行明确化的方法有哪些？

5. 什么是文献综述？文献综述的方法有哪些？

6. 根据本章所学知识，试着写一篇文献综述。

自 测 题 ▼

一、判断题

1. 研究问题就是研究主题，它们没有什么实质上的区别。

2. 只要研究者具备专业理论知识、研究方法知识、开阔的视野、较强的判断力和敏锐的洞察力，并且还有一定的社会经验，就能够选择一个合适的调查课题进行研究。

3. 调查课题的来源主要是文献资料。

4. 在选题的几项基本原则中，创新性原则是最重要的原则，因为它对一项研究的顺利进行具有决定性意义。

5. 在收集资料后，我们要进行研究课题的明确化工作，进一步确定哪些资料有用，哪些资料没有用，需要淘汰。

（答案：错、错、错、对、错）

二、单项选择题

1. 选择调查课题的最主要途径是（　　）。

A. 现有文献资料　　　　　　　　B. 现实社会生活

C. 个人经历　　　　　　　　　　D. 想象

2. 社会调查研究中，主要文献来源通常包括（　　）。

A. 相关的著作　　　　　　　　　B. 相关的论文

C. 相关统计资料和档案资料　　　D. 相关的报刊

3. 在选择研究课题通常采用的几个基本原则中，（　　）可以说具有决定性。

  A. 重要性原则   B. 创新性原则

  C. 可行性原则   D. 合适性原则

  （答案：B、A BC、C）

第五章 社会调查研究设计

内容提要

本章共涉及分析单位、概念的操作化和研究方案的设计三个小节。本章首先介绍了研究设计最基础的两个概念——分析单位、概念的操作化，重点关注与分析单位有关的两类错误，即区群谬误和简化论，理解操作化的概念。在此基础上，本章结合之前对调查研究和研究方法的介绍，介绍了研究方案的设计和写作。

学习目标

1. 掌握分析单位的概念。
2. 了解什么是操作化。
3. 掌握社会调查研究方案的写作流程和知识。

学习提示

1. 运用所学知识，针对某一概念进行操作化。
2. 针对某一问题，独立完成一项社会调查研究的方案设计。

第一节　分析单位

在进行研究设计之前，研究者必须明确研究的分析单位。分析单位是研究者所要描述和分析的对象，它是研究的基本单位。研究的最终目的就是将这些分析单位的特征汇集起来，以描述由它们组成的较大集合体或者解释某种社会现象。同一研究问题，采用不同的分析单位，所解读的内容和得到的结论是大相径庭的。

一、分析单位

根据研究选题不同，社会调查研究的分析单位不同，社会研究中的分析单位主要有以下五种类型。

（一）个　人

个人是社会研究中最常用的分析单位，大多数研究都是通过分析个人特征，来解释和说明由这些个人组成的各种群体、个人行为与态度构成的社会现象。社会研究分析的并不是人类共有的特征，而是不同社会环境、不同社会制度或不同文化下的个人的具体特征，并且社会研究也不会停留在个人层次，它的主要目的是描述和解释由个人或社会行为组成的社会现象。

比如，在某一项有关某城市就业问题的社会研究中，该城市中的每一个合格的劳动力（假设为年龄在 18～60 岁的居民）都是我们的分析单位。我们可以用在业、待业、失业等来描述他们中每一个人的状况，用年龄、性别、文化程度等来描述他们每个人的特征。然后，将这些对单个劳动力就业状况的描述聚合成"就业率"或"待业率""失业率"，去描述该市整个劳动力总体的就业状况，用待业者的平均年龄、男女比例、文化程度分布等，去分析和解释与这种就业状况相关的各种原因和结果。

作为分析单位，个人不是独立存在的，他（她）分属于多个不同属性的社会群体。男性、未婚、农村户口、蓝领……都可能是同一个人的不同属性。因此，一个人可以被描述为出身豪门或出身贫穷，或一个人可以被描述为是有（或没有）大学学历的母亲。在一项研究计划中，我们可以考察：有大学学历母亲的人是否比没有大学学历母亲的人更有可能上大学；或者，富裕家庭出身的高中毕业生是否比贫困家庭出身的高中毕业生更有可能上大学。在这两个例子中，分析单位都是"个体"而不是家庭。

（二）群 体

群体主要指具有某些共同特征的一群人。比如，由若干个有着血缘关系或姻缘关系的个人所组成的家庭、由若干个居住在一起的个人所组成的邻里、由若干名学生所组成的班级、由若干个长期从事盗窃犯罪的人所组成的团伙等，都可以成为社会研究中的分析单位。

群体特征不同于个人特征，例如，家庭的特征包括家庭规模、形式、高档消费品的拥有量等。但有些群体特征可由个人特征汇集或抽取而来，如家庭的经济状况是由每个家庭成员的收入决定的，家庭的社会地位取决于家长的职业和声望。值得注意的是，当我们以社会群体作为分析单位时，我们的研究和分析就不能下滑到群体层次之下，因此，我们可以用家长的年龄、种族、受教育程度等来描述一个家庭。这样，在描述性研究中，我们就可以发现家长受过高等教育的家庭在所有家庭中的比例。而在解释性研究中，我们就可以说明，平均而言，家长受过高等教育的家庭与家长没有受过高等教育的家庭相比，其子女数量的差异。在这两个例子中，分析单位都是家庭。

（三）组 织

一般情况下，组织可以分为非正式组织和正式组织。在很多情况下，一个非正式组织有可能是某一群体，它们虽然没有明确的规章制度，但具备组织的属性，如街头帮派。当把这种非正式组织作为分析单位时，它可以被视为群体也可以被视为一种组织。另一方面，正式的社会组织也是社会科学研究的分析单位。比如，企业、大专院校、军队、工厂等。组织特征包括组织规模、组织方式、管理方式、组织行为、组织规范等方面。社会研究一般要分析某一组织在社会系统中的位置和功能，它与其他部门的联系以及组织内部的结构与人际关系等。

把组织作为分析单位时，我们可以通过组织成员来获得整个组织的特性，这一点与把群体作为分析单位的情况类似。

（四）社 区

作为一定地域中人们的生活共同体，社区也可以作为研究中的分析单位。如乡村、小城镇、街区、城市等，我们可以用社区的人口规模、社区异质性程度、社区习俗特点、社区的空间范围等特征对它们进行描述。也可以通过分析不同特征之间的关系，来解释和说明某些社会现象。比如，我们可以探讨社区规模与社区流动人口之间的关系。如同以个人为分析单位的社会研究中的个人那样，从每一个具体的社区中所收集的资料，既用来描述和反映这一社区自身的具体特征，又作为若干个具体社区的集合中的一个个案，参与到描述整个社区的集合的特征以及解释某些特定的社区现象中去。社区研究可进一步扩展到对整个社会的研究，从而上升到宏观层次。

（五）社会人为事实

分析单位还可以是社会人为事实，即人类行为或人类行为的产物。其中一类包括具体的对象，如书本、诗集、绘画作品、汽车、建筑物、歌曲、陶器、笑话、服装以及一些科学发明等。所有的书或某种类型的书，都可以用于描述或解释分析。社会互动形成了社会科学研究的另一类社会事实。比如，婚礼、殡葬仪式、考试、课堂教学、家庭制度、文化传统等。我们可以考察不同时期校园歌曲的歌词内容，来描述和解释校园歌曲内涵的变化过程。同样的，我们也可以依据规模的大小、程序的繁简、内涵的传统性或现代性等来对殡葬仪式进行区分。

可以说，分析单位是研究者所要了解的一些个案，它在很大程度上决定了调查方案和抽样方案的制订。在选择分析单位时，应注意：（1）一项研究课题可以采用多种分析单位，如研究职工下岗问题，可以以个人、下岗职工群体或企业组织为单位。研究者应根据社会现象的复杂程度和研究目的来选择分析单位。对于复杂的现象，只有从不同角度、不同层次去收集资料才有可能得到更完整、更真实的信息。（2）在研究中，如果以某一分析单位进行调查所收集的资料不能圆满地解答研究课题的话，就应该增加或改变分析单位。例如，要解释"学生考试作弊"的问题，最初应以个人为单位，但当资料不能满足需要时，就应考虑以学校或城市为分析单位。

二、与分析单位有关的两种错误

在实际社会研究中经常会发生由于分析单位不明确、分析层次混乱等造成的错误，主要有区位谬误和简化论两种。

（一）区位谬误

区位谬误又称层次谬误或体系错误，它指的是在社会研究中，研究者用一种集群的分析单位做研究，而用非集群的分析单位做结论的现象。或者说，研究者用一个集群的分析单位收集资料，而用一个非集群的分析单位下结论的现象。

例如，当研究发现农民工多的社区犯罪率高时，我们并不能因此得出农民工的犯罪率高于城市人的结论。因为社区犯罪率高，是以社区为单位的结论，而不是以社区内农民工作为调查对象得出的结论。如果要论证农民工犯罪率高于城市人，那应该分别以农民工和城市人作为分析单位，对比农民工群体和城市人群体各自的犯罪率。

（二）简化论

简化论又称简约论，它指的是研究者用个体层次的资料来解释宏观层次的现象。从形式上看，简化论的错误正好与区位谬误相反。研究者往往用非集群的分析单位来进行测量，而作出的是有关集群的分析单位是如何运行的结论时，就犯了简化论的错误。例如，在解释地区之间的经济差异时，只注意到各地区在自然资源方面的差异，忽略了已有经济基础、教育与技术、国家政策等因素。

各种简化论常因不同学科而偏重于某一层次。如在解释人的社会行为时，心理学家只注意动机、性格等心理特征，经济学家只注意经济地位、经济利益等经济特征，社会学家只注意角色、规范等社会特征。

导致简化论发生的一个基本原因，是由于社会研究很容易获得有关个人的具体资料，而宏观层次的单位的运行则往往比较抽象和模糊。要避免犯简化论以及区位谬误这两种错误，关键的一点是要保证你作出结论时所使用的分析单位，就是你运用证据时所使用的分析单位。

第二节　概念的操作化

在社会研究中，对社会现象的测量是从抽象概念具体化开始的。因为在研究中所要测量的变量有许多是十分抽象的，如"生活方式""社会规范""地位""权力""声望""资源"等。社会研究如果不对这些概念作出定义和具体化，也就无法对现象进行观察和度量，研究也就没有办法开展。

一、概念、变量与指标

我们在第二章已经对概念和变量进行过介绍，概念是对现象的抽象，它是一类事物的属性在人们主观上的反映。概念是在日常生活中通过感性认识和互相交流形成的，它是人们思维的产物，它是抽象的，无法直接观察和描述的。变量是指具有一个以上取值的概念。只有一个固定不变的值的概念，叫做常量。

我们把表示一个概念或变量含义的一组可观察到的事物，称为这一概念或变量的一组指标。相对于概念而言，指标是具体的。概念是人们的主观印象，而指标是客观存在的事物。因此，概念只能想象，而指标可以观察和辨认。比如，"中学生的学习负担"是一个抽象概念，通过操作化，我们可以用一组指标来测量它，包括"上课时间、作业量、选做作业量"等。指标的取值即一个指标所包含的子类别。比如，学历作为测量的一个指标，它包含文盲、小学、初中、高中、大专及以上等不同的取值。

概念、变量和指标之间既相互联系、又有所不同，它们之间的关系可以用下面的图 5-1 来表示：

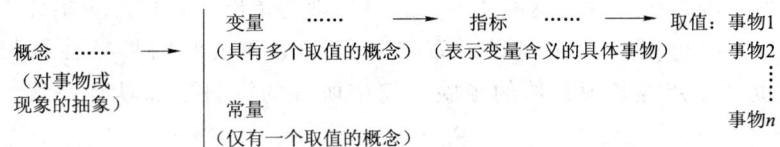

图 5-1　概念、变量、指标及取值关系图

二、操作化的含义与作用

变量通常是由抽象定义界定的，但作为对变量的测量是出现在经验层次的，要进行测量，就需要进行操作化。所谓操作化，就是将抽象的概念转化为可观察的具体指标的过程。它是对那些抽象层次较高的概念进行具体测量所采用的程序、步骤、方法、手段的详细说明。例如，将抽象概念"学生贫困度"转化为"每月生活费""家庭年收入""家庭所在地月最低消费"等，就是操作化的一个例子。

操作化在社会研究中的作用非常重要。一方面，操作化的过程使得那些存在于研究者头脑中用以构建其理论大厦的各种概念、变量被普通人所感知，在现实社会中显现出来。另一方面，操作化是具有定量取向的社会研究的关键一环。特别是在解释性研究中，只有通过操作化的过程，将思辨色彩很浓的理论转变"翻译成"经验世界中的具体事实时，假设检验才成为可能。

可以说，操作化过程是社会研究中沟通抽象的理论概念与具体的经验事实的一座桥梁，为我们在实际研究中测量抽象概念提供了关键手段。例如，我们在前边提到的"学生的贫困度"的概念，它在现实生活中并不存在。但是，当我们将它操作化为"每月生活费""家庭年收入""家庭所在地月最低消费"时，我们就比较容易测量了。

三、操作化的过程

概念的操作化的过程包括以下两个方面。

（一）概念的界定

概念的界定是用抽象定义将概念所指的现象与其他现象区分开来。起初比较粗糙地定义的概念常常潜在的包含着大量不同的成分，而以这种概念为名组织起来的资料往往具有某些实质性的差异，因此，在研究中需要对概念进行界定。界定概念的必要性在于，如果不同的人用同一个概念来表达不同的含义，那么，这样的概念也就没有用了。除非人们用同样的词语来表达同样的事物，否则交流就是不可能的。通过精确地指出一个概念包括什么、不包括什么，就可以为我们提供对资料进行分析和组织的指导性框架。同时，它也可以使得各项具体的经验研究中所含的资料更加具有一致性和可比性。

在具体操作上，首先，要弄清概念定义的范围。在采用或给出某个具体的定义之前，可以先看看其他的研究者对这一概念所下的定义是怎样的。而对于那些并未对该概念下正式的定义的研究者来说，我们就需要从其对概念的运用中来确定他对这一概念的界定。当我们通过收集和查询，了解到有关这一概念的各种不同的定义，从而对这一定义的大致范围有所理解以后，便可以对这些定义进行分类。

其次，决定一个抽象定义。列出了有关这一概念的各种类型的定义，或者总结出各种定义中最具共同性的元素后，我们就应该决定采用哪一种定义了。我们面临各种不同的选择：可以采用一个现成的定义（即从现有的定义中选择一个自认为比较科学、比较确切的定义），也可以在现有定义的基础上自己创造一个新的定义。

为了进一步开展定量研究，还必须对所运用的概念建立定量测量的方法。犹如自然科学中仅仅知道了温度的定义和公式还不够，还必须有人发明温度计来测量温度一样，社会学研究中所涉及的概念，也必须用一串可以观察、可以测量的指标来模拟它。这称作概念的操作化定义。表 5-1 是一组概念的抽象定义和操作化定义的比较。

表 5-1　概念、抽象定义与操作化定义

概念	抽象定义	操作化定义
都市化	现代都市的生活形态	妇女就业人数；子女数；交通；通讯手段等
个人现代化	一个人由于经济、工业等现代工业因素的影响所产生的内部变化	对时间、效率、家庭、亲属、消费、自信等具体问题的看法
子代偏重	经济上、感情上和生活上对子代过分的偏重	子代抚育费与家庭平均消费的比较；子代过生日与长辈是否过生日的比较；花在子代闲暇时间的多少等

（二）选择测量指标

对于有些概念来说，选择一个测量指标是简单的。比如，人们的"性别""文化程度""婚姻状况"这样的概念就很容易选择测量指标；但是，对于其他一些比较复杂、比较抽象的概念来说，发展和选择测量指标就不是一件容易的事。通常我们可以采取两种方式来发展概念的指标。

第一种方式是利用别人已有的指标。对于一些测量人格、态度方面的量表，往往需要经过多次的运用和修改，才可以成为我们可用的指标。这种做法比每个研究者都发展一套自己特定的指标的做法，更有利于社会知识的积累和形成。

第二种方式是研究者先进行一段时间的探索性研究。先期的实地观察和无结构式的访问，可以帮助研究者从被研究者的角度、用被研究者的眼光来看待事物，为研究者发展测量指标提供很大帮助。

四、操作化举例

（一）人的现代性

美国社会学家英克尔斯及其合作者在研究"现代人"时，需要对"人的现代性"这一概念进行测量。他们将人的现代性操作化为具有 24 个维度的个人现代性综合量表，并在此基础上形成了一份总共包括 438 个具体问题（即指标）的访问问卷。这 24 个维度是：

(1) 积极参与公共事务　　(2) 年老者的角色

(3) 教育期望与职业期望　(4) 可依赖性

(5) 对变革的认识与评价　(6) 公民权

(7) 消费态度　　　　　　(8) 对尊严的评价

(9) 效能　　　　　　　　(10) 家庭的大小

(11) 意见的增多　　　　　(12) 与国家的认同

(13) 信息　　　　　　　　(14) 大众传播媒介

(15) 亲属义务　　　　　　(16) 社会阶级分层

(17) 新经验　　　　　　　(18) 妇女权力

(19) 宗教　　　　　　　　(20) 专门技能

(21) 对时间的评价　　　　(22) 计划

(23) 工作信念　　　　　　(24) 了解生产

每一个维度下面，分解成若干指标。如第一个维度"积极参与公共事务"下面分成六个指标：(1) "是否属于某一个经济组织"；(2) "所参加的组织的数目"；(3) "哪一个组织在政治上持有自己的观点"；(4) "是否用谈话或书信方式向政府官员表明自己的观点";（5）"参加投票的次数";（6）"是否曾高度关心某件公共事务"。

（二）"剥夺"这一概念的具体化和操作化过程（见图 5 - 2）

"剥夺"是一个很抽象的概念，它包括各个方面。研究者通过分解，选取"社会剥夺"这一方面来研究。"社会剥夺"也可以分解为各个方面，如"社会歧视"等，它们也是抽象概念。通过这些方面的内容和类型的界定，就把"社会剥夺"的概念转换为变量形式。这个变量可以从不同的方面选取指标来测量。

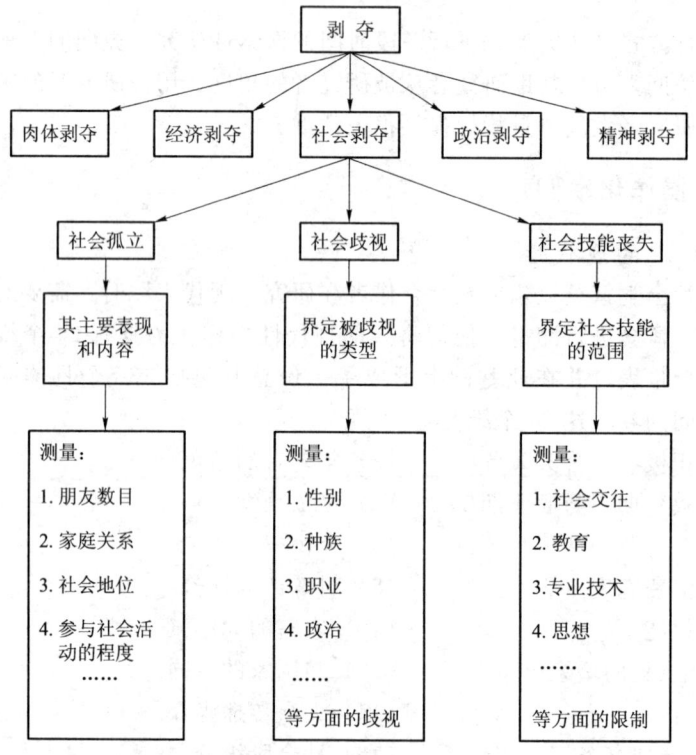

图 5 - 2　概念的具体化过程

（三）"居住环境"概念的操作化

居住环境是影响居民生活的重要指标。由于这一概念的抽象性，我们很难直接测量居民对于居住环境的满意度。因此，第一步是将居住环境分为硬件环境与软件环境两个维度；第二步是分别确定每一个维度所包含的具体内容，比如，硬件环境包括卫生设施、水电设施、交通等，软件环境包括噪音、治安、邻里关系等。

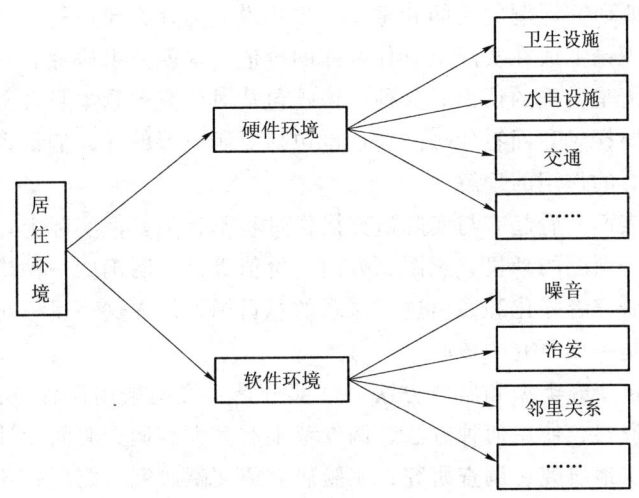

图 5 - 3　"居住环境"概念的操作化

第三节　研究方案的设计

研究方案是关系调查研究成败的第一步。因为社会调查研究是一项有目的的、有计划的、系统的认识活动。完备、可行的调查研究方案能够把调查研究的每一步详细地罗列出来，能够事先指出相应可能发生的各种问题和困难，更应该能够让另一个研究者根据此方案重复该项研究，从而得到差异不大的观察和研究。

同时，研究方案还有沟通的作用。对于研究生来说，毕业论文研究实施之前要向相关学者进行开题报告；对于课题组来说，所做课题在进入实质阶段前要向课题资助方递交项目建议书。这二者都是研究方案的不同表现，其最大的作用就是与他人进行沟通，让别人了解自己的研究思路：通过开题报告，专家学者能够确认你的研究是否有研究价值，是否具备可行性；通过项目建议书，项目资助方能够了解你的研究目的，确认是否可以资助你资金。

一、研究方案的内容

研究方案的具体内容涉及从研究题目确定开始，直到资料收集、分析、报告撰写为止的整个过程。我们在设计具体方案时应注意与研究过程中的各个阶段、各个方面联系起来，要使各个阶段相互衔接，同时，也必须使各方面内容紧紧围绕研究的总目标。一般来说，研究方案的内容主要有以下七个方面。

（1）阐明研究课题的目的和意义。主要说明为什么要进行这项研究，从事这项研究在理论上或在实践上有什么样的价值。这就要求研究者对自己的研究必须有一个清楚明确的认识。这种认识既包括对研究课题本身含义的理解，即该研究究竟要探讨和回答什么问题，也包括对研究课题在人们认识社会、改造社会中所具有的作用的理解。

这部分表面上看起来与实际研究操作过程不相关，但实际上，它既是对研究者选择这一课题的动机、意图、方向、价值等是否明确的一种检验；同时也进一步帮助研究者强化和突出这一课题的总目标，加强这一目标对整个研究过程的影响，是一项研究的核心。

（2）确定研究类型和研究方法。这部分是要说明采用何种方式进行研究，即收集何种资料、使用何种方法、调查范围有多大、调查时间设计等。在确定研究方法（实地研究、调查研究、实验研究或文献研究）之后，还要考虑具体的调查方法（观察、问卷、访问、内容分析等）及资料分析方法（定量分析或定性分析）。

（3）确定分析单位和研究内容。在对研究概念界定的基础上，指明研究课题的分析单位，可以使研究者有针对性地收集研究所需的资料，同时也可以使研究者避免犯区位谬误或简化论的错误。研究内容是对研究目的的具体分解和细化。在研究设计中，详细说明研究内容是落实目标的十分重要的一环。研究课题的确定指明了我们所研究现象的基本方向，至于在这个题目下，究竟应该研究哪些具体现象，则是在研究设计中所要解决的问题和所应完成的任务。

（4）制订抽样方案。抽样常常涉及研究对象的选取问题，是社会研究中一项非常重要的工作。在具体的抽样方案中，我们需要说明：① 研究的总体是什么，即对研究对象所取自的总体进行界定；② 采用什么样的抽样方法和程序进行抽样；③ 样本规模的大小以及样本准确性程度的要求等。如果采用实地研究的方式，则要具体说明参与观察与无结构访谈的对象。

（5）制订问卷、观察表格或访问提纲。即对研究内容具体化和操作化。如果选用定量分析，要根据研究假设和研究的理论构架进一步操作化，设计出调查问卷。即将所要调查的项目系统地编排在调查提纲或问卷中。如果选用定性分析，则要预先编制访问提纲。关键问题是如何说明调查对象的属性和特征、如何制定调查指标。

（6）确定调查的时间计划。调查时间是完成调查任务必要的时间保证，也是调查任务本身的要求。从根本上说，调查的内容与时间要求是统一的。调查时间的确定，一般根据以下情况：调查目的、调查内容、调查范围、完成调查任务的主客观条件，以及调查任务的紧迫程度等。但是，也有特殊的情况，就是调查的时间性很强，错过一定的时间，就会降低调查的价值。在这种情况下，时间本身就是调查任务的要求。遇到这种情况，调查内容就要考虑到时间的要求，甚至服从时间的要求。

调查的时间确定之后，应根据调查研究全过程中各个环节的不同要求，制订出调查研究的进度表，控制调查计划的均衡完成。

（7）研究经费和物质手段的计划、安排。研究经费主要包括调研人员的旅差费、协作人员的劳务费、课题资料费、问卷表格的印刷费、资料处理费等。研究经费是影响研究方案设计的重要因素，它直接限制了研究范围和调查方法的选择。

物质手段主要指调查工具、技术手段以及资料整理与分析的手段，如录音、实验仪器、计算机等。这里主要是仪器与软件的使用与规划问题，对此，需要结合调查内容作出安排。

二、研究方案示例

现在我们以具体例子来说明研究方案的各项内容。

案例一

1. 课题：跨国人口流动对其子女影响问题研究——对吉林省延吉市朝鲜族跨国打工者子女的实证研究

研究目的：通过对延边朝鲜地区的朝鲜族的跨国人口流动行为的实证研究，探讨当地重要的社会问题之一——父母的跨国务工行为对其子女成长的影响问题。

研究意义：理论意义而言，由于本研究是把跨国人口流动与子女成长问题联系起来，探讨跨国人口流动行为的积极的和消极的影响，对学术界研究跨国人口流动的效应问题，提供有益参考。同时，通过对延边地区跨国务工行为对其子女成长带来的正负效应问题的分析和探讨，可以使当地政府对跨国务工行为有一个全面的认识，进而有助于完善有关跨国务工行为的各种政策措施。

研究假设：（1）父母的跨国务工行为影响其子女正常的学习和生活。（2）父母的跨国务工行为影响其子女的消费水平和消费观念。（3）父母的跨国务工行为影响其子女的身心健康。（4）父母的跨国务工行为影响其子女的学习状况。（5）父母的跨国务工行为影响其子女失范行为的发生。

2. 研究设计类型：调查研究的方式

研究方法：本研究属实证研究，主要采用调查研究的方式，采取定性与定量相结合的方法。

3．分析单位：小学、中学、高中学生

研究内容：通过学生与父母居住及联系情况、学生的日常生活、学生的学习情况、学生的情感世界等来调查父母外出务工对其子女的影响。

4．抽样方案：研究总体是延吉市朝鲜族小学、中学、高中学生

抽样方法：首先，根据学校规模、父母在国外务工的学生比例、学校在当地的影响原则，选取了在当地具有代表性的延吉市新兴小学、延吉市第三中学、延边第一高级中学作为研究对象；其次，按照父母均在本地、父母中有一方在外务工和父母双方均在外务工等比例原则，每个学校各随机发放了 166 份问卷。从回收的问卷中，随机抽取 450 份问卷，进行了数据分析。其分布为按照小学、初中和高中等比例分布，各 150 份。每个学校的 150 名学生按照父母均在本地、父母中有一方在外务工和父母双方均在外务工等比例分布。这种抽样方法有利于在人力、物力有限的情况下，更好地了解被调查对象的总体状况，不至于出现某一类型的被调查者被遗漏的情况。同时，还较好地避免了由于被调查对象因年龄分布的不均而可能会导致在统计分析时出现偏差的问题。

5．设计调查问卷及访谈提纲：问卷的背景资料是调查学生的基本情况，包括性别、年级、父母的婚姻状况，其他四个部分分别是父母居住及联系情况、学生的日常生活、学生的学习情况、学生的情感世界。此外，有针对老师、监护人、校长等教育界管理人员的访谈提纲

6．调查时间：正式调查是在 2003 年 3 月

7．研究经费：研究生培养经费

物质手段：计算机处理资料，采用 SPSS 软件分析。

案例二

1．调查题目：美国城市中吸食大麻者的研究

调查目的：通过对吸毒者的调查建立一种"如何成为吸毒者"的理论。这一研究对了解吸毒者的情况，并制订政策和措施解决这一社会问题有现实意义，对于认识越轨行为的产生过程有普遍的理论意义。

理论设想：心理学家常以个人心理特征来解释越轨行为。但本研究的设想是，越轨行为的产生是人的一系列社会经历连续作用的结果。人们在这些社会经历中逐渐形成了一定的观念、认知和情景判断，它们导致了特定的行为动机和行为倾向。因此，应当以个人的社会经历来解释越轨行为。

2．研究类型：个案研究、理论性研究

调查方式：实地（个案）研究。

调查方法：无结构访问法、长期观察。

资料分析方法：定性分析、主观理解法。

3. 调查范围：美国某一城市

分析单位：个人。

抽样单位：个人。

4. 抽样方案："滚雪球"抽样

以所认识的几个吸毒者为首批调查对象，然后由这些吸毒者介绍他们所认识的吸毒者，再调查第二批、第三批等，共调查 50 人（这种抽样方法为非概率抽样中的"滚雪球"抽样）。

5. 调查内容：询问吸毒者的吸毒经历

如何开始，中间经历哪些过程，现在是什么状况，吸食量开始是多少，中间是多少，现在是多少，都有什么感受，是否想过戒毒，都受哪些因素影响才开始吸毒的，等等。

调查提纲：根据以上内容自由交谈，无调查表格。事后根据录音或回想作详细的访谈记录。

6. 调查场所：由被调查者选择他们认为合适的场所和时间接受访问

时间计划：在第一次访问之后间隔几个月或半年后再访问一次，共访问两次或三次，调查时间大约一年半。

7. 调查经费和物质手段（略）

8. 调查员：课题组有 3 人，每个人负责自己的调查对象

贝克尔在调查研究报告中对 50 个个案的共同特征进行了归纳，概括出成为吸毒者必经的三个阶段：

（1）学习吸食大麻的方法。

（2）学会体验吸食大麻的效果。

（3）享受吸食效果。

他由此抽象出三个相互联系的理论概念：接触——体验——享受这三个概念可描述许多越轨行为的产生过程，并且可以建立一种"社会习得"理论。

案例三

1. 研究课题：底层精英研究——对农民工社会地位的实证研究

2. 理论假设

（1）"精英循环"的理论模型。按照这种理论，一个正常运作的社会，应具备使处于社会下层的优秀分子流入上层和上层的庸才被淘汰出局的机制。意大利社会学家莫斯卡（Gaetano Mosca）和帕累托（Vilfredo Pareto）最早阐述了该理论。莫斯卡主张实现社会的开放体系，主张建立社会下层阶级向上流动的渠道。帕累托则提出，如果统治者精英不设法去吸收平民阶层中的卓越人才，如果精英循环停止，统治阶级就开始走向毁灭，就会出现国家和社会的

失衡，就会使社会秩序混乱。

（2）二元劳动力市场。这一理论认为，在现代工业社会中存在着两种劳动力市场。一种是收入高、劳动环境好、待遇好、福利优越的劳动力市场，亦称"首属劳动力市场"。凡是能进入此种市场的人自然成为社会上的富有者，成为地位较高的阶层。另一种是收入低、工作环境差、待遇差、福利低劣的劳动力市场，亦称"次属劳动力市场"。凡是此种市场上的就业者，自然成为地位较低的低收入阶层。

3. 研究的途径

（1）实地问卷调查；

（2）个案调查；

（3）文献文件，分析了政府等管理部门关于城市农民工的一些文件；

（4）其他研究人员已发表的成果。

4. 研究假设

（1）农民工是农村中的精英群体。虽然在城市中，农民工居于社会下层，但是，在农民工所流出的社区中，与未流出的农民相比，他们却是典型的精英。他们在个人素质上具有明显的优势，例如，他们都具有年龄和教育优势。外出的农民工，一般都处在活力最强的年龄段，尤其是具有很强的经济活动能力。

（2）农民工在城市处于下层地位。按照帕累托的精英理论，如果精英群体长期居于社会底层，那就会引发社会的失衡、造成秩序混乱。城市农民工在农村社区中，基本上还属于中上层，与其地位还是协调的，没有地位差距问题。然而，当农民工流入城市后，却一下子落入了城市社区的底层。

（3）这种被排斥会引发社会问题。相当多的城市农民工没有被纳入城市的就业管理体系，这些农民工的就业或经济活动常常是违规的，甚至是严重违法的。如 1999 年，北京市丰台区外来人口约 32 万人，务工的估计有 16.7 万人，其中办了合法的就业手续（领到就业证）的仅有 3 万人。也就是说，82％的丰台区农民工是非正规或违规就业者。根据以往的研究，这部分人容易心理失衡，甚至导致犯罪。

5. 结论与对策

在任何情况下，社会底层存在一个高活力群体，对于主体社会都会是一种极大的威胁。历史上，无数的事件已经证明，社会底层的精英是不会"安分守己"的，如果正当的渠道不允许他们上升，他们就会寻找不正当的、违规的、甚至违法的渠道，寻求地位的上升。

为了缓解底层精英对于社会的威胁，按照帕累托的理论模型，就是要建立起允许底层精英上升的渠道。

本章小结

分析单位作为研究的基本单位，包括个人、群体、组织、社区以及社会人为事实。在实际社会研究中经常由于分析单位不明确、分析层次混乱，造成区位谬误和简化论两种错误。

操作化，就是将抽象的概念转化为可观察的具体指标的过程。它是对那些抽象层次较高的概念进行具体测量所采用的程序、步骤、方法、手段的详细说明。

研究设计，是指科学研究的计划，也就是设计一个探索特定社会现象或事物的具体策略，确定研究的最佳途径，选择恰当的研究方法。正如自然科学研究可以设计各种不同的实验方案一样，社会研究的设计也是在各种途径和方案中进行选择。

要使社会调查研究顺利进行，就必须事先有周密的计划和安排，所以要进行研究方案的设计。

思 考 题

1. 分析单位包括哪些类型？
2. 什么叫区位谬误？
3. 什么叫简约论？
4. 如何设计一份研究设计，需要做哪些准备？

 自测题 ▼

一、判断题

1. 社会人为事实，即人类行为或人类行为的产物也可以作为分析单位。

2. 当研究发现黑人多的城市比黑人少的城市犯罪率高时，我们可以作出黑人的犯罪率高的结论。

3. 导致简化论发生的一个基本原因，是社会研究很容易获得有关个人的具体资料，而宏观层次的单位的运行则往往比较抽象和模糊。

（答案：对、错、对）

二、不定项选择题

1. 我们在考察有大学学历母亲的人是否比没有大学学历母亲的人更有可能上大学时，分析单位是（　　）。

A. 社会认为事实　　　　　　　B. 群体

C. 组织　　　　　　　　　　　D. 个人

2. 当采用集群的分析单位做研究，而采用非集群的分析单位做结论时，是犯了（　　）的错误。

A. 区位谬误　　　B. 简化论　　　C. 系统谬误　　　D. 简约论

（答案：D、AC）

第六章　社会测量

内容提要

　　本章包括社会测量的概念与层次、指数与量表和社会测量的质量评估共三节内容。本章介绍了测量的概念、要素、特点、层次，详细介绍了指数与量表、李克特量表、鲍格达斯社会距离量表、语义差异量表，最后介绍了评估测量的两个标准：信度和效度。

学习目标

1. 掌握社会测量的定义，理解社会测量的要素及特点。
2. 理解并能运用社会测量的层次。
3. 掌握指数与量表的概念。
4. 了解李克特量表、鲍格达斯社会距离量表、语义差异量表的制作。
5. 掌握信度与效度的定义，理解信度与效度的关系。

学习提示

1. 运用所学知识制作李克特量表。
2. 阅读《江村经济》，分析其信度与效度。

第一节　社会测量的概念与层次

一、社会测量的概念

任何有机体为了生存下去，都需要不断了解周围的环境并对它作出反应，这种认识和区分程度的活动就是最广义的测量。例如，人无论冬夏、昼夜，都是一架永不停歇的测量仪：皮肤在测定周围的温度，耳朵在捕捉和辨别音响，眼睛在度量客观物体的空间位置等。甚至人为什么要长两只眼睛、一对耳朵，也都是为了满足测量的要求：独眼不能准确分辨物体的远近和近物的细致差别；而一只耳朵则分不出声音来自何方。但是，人的感官往往是靠不住的，大家都有过类似的经验：如果你的手从热水中抽出再伸进温水中，会觉得它是冷的，而如果从冷水中抽出伸进同一盆温水中，又会感到它是热的。因此，要真正实现测量，必须要有客观的标准。

尽管系统的观察方法早已成形，但是由于没有统计方法的运用，人类测量科学的发展一直受到制约。现代测量学的出现，一是得益于 19 世纪下半叶统计方法的开始运用，二是源自心理物理学的不断发展。统计学的作用不言而喻，它使得科学家能够量化变量间相互作用的程度。而心理物理学的发展把物理学的研究程序用于研究感觉，激发了测量的进一步发展。❶

人们在科学研究中发明了许多的测量仪器，规定了各种测量的特定程序，创造了许多规范的测量方法。人们用温度计来精确测量大气的温度、水的温度和人体的温度，发明了望远镜来测量宇宙不同行星之间的距离等。在社会研究中，人们也进行着另外一些形式的测量，比如，用人口登记的方法来测量一个国家的人口数量和人口结构等。

所谓社会测量，就是依据一定的规则，将研究对象所具有的属性和特征用一组符号或数字表示出来的一种方法。

社会测量在社会学研究中的意义在于：它能使调查研究的操作成为可能；它可以为调查研究中的定量分析提供必要的条件；它有助于提高社会调查研究的客观性和精确性。所以，社会测量也可以视为对社会现象进行精确的、有意识的观察，其作用在于准确地描述事物的类型、性质、状态，并对事物之间的差异进行精确的度量与比较。

---

❶ 罗伯特·F. 德威利斯 . 量表编制理论与应用［M］. 重庆：重庆大学出版社，2006：6.

二、社会测量的要素

社会测量包括必不可少的要素：

（1）测量客体。即测量的对象，它是现实中所存在的事物或现象，测量的客体可以是人，也可以是家庭、组织等社会群体。

（2）测量内容。即测量客体的某种属性或特征。如果我们测量的主要对象是私营企业主，那么测量的内容常常是其年龄、性别、态度、职业、收入、社会地位、对目前国家政策的满意程度、价值观、文化素质、管理能力等特征和属性。

（3）测量法则。即对具体的测量内容和测量行为进行规范的操作规则。例如，"该年的平均人口数是年初人口数加年末人口数乘以 1/2"，这句话就是测量平均人口数的规则。

测量人们对某一事物的态度的规则，常常是用某些数字符号来代表不同的态度。如用 1 代表"非常满意"；用 2 代表"比较满意"；用 3 代表"无所谓"；用 4 代表"不太满意"；用 5 代表"非常不满意"等。这些测量规则的制定与运用必须正确，即所使用的符号或数字应该正确地代表要反映的事物，事物本身与符号、数字之间的关系越是一致，所得结果就越符合期望。

（4）数字和符号。即用来表示测量结果的工具，是由反映测量客体的属性和特征的各种符号和数字所构成的测量指标。如性别可以分为"男""女"两类，还可以用 1 来代表男性，用 2 来代表女性；同样文化程度可以分为小学、初中、高中、大专、本科等类别，也可以用数字 1，2，3，4，5 来代表小学、初中、高中、大专、本科等。需要注意的是，这些数字仅是一种抽象的代表符号，并无实际的数学意义。有些测量结果是用数字来表示的，如月工资收入，可以直接用数字来表示，如一个人的月均收入为 800 元，我们就可以 800 来表示，如果月均收入为 900，则用 900 表示……由于社会现象的复杂性，对社会现象的测量单靠某个测量指标是远远不够的，还需要有一系列相关的指标，需要借助于测量表来科学地安排这些指标，调查表、问卷、量表等都是这种测量表的具体形式。

三、社会测量的特点

最早研究测量问题并广泛应用于实验研究的是自然科学。现在测量在自然科学中的应用和发展已经达到专门化、精确化的程度。随着科学的发展，测量逐步被引入社会科学领域并得到了广泛的应用。但由于社会现象的特殊性，社会测量有其自身的特点：

第一，社会测量的特殊性表现为其标准化和精确化的程度较低。由于对许多社会现象尚缺乏统一的测量法则，因而对同一现象，不同的人会得出不同的测量结果。由于社会生活纷繁复杂，人的行为表现各种各样，并且处于一种不断的变化之中，要测定社会现象、人类行为远不如测定体重、身高那么容易。事实上，社会现象之间的关系，大多不是简单的因果关系，而是表示为相关关系。社会规律也不是确定性的规律，而只是一种自然性或倾向性的规律。因此，社会测量既不可能找到像自然科学那样的基本规律，也不可能形成彼此相互联系的、相互支持的测量系统。

第二，社会测量受人为因素的影响较大。在社会测量中，人一方面作为测量的客体或对象，而另一方面又作为测量过程的主体，因而给社会现象的测量带来了无法回避的主客观矛盾。无论是作为测量主体的人，还是作为测量客体的人，都具有主观意识、思想感情、思维能力和价值观念，都会对测量的过程和方式作出种种反应；人与人之间还存在着各种各样、错综复杂的社会关系；这些都使得社会现象的测量在很大程度上受到人们的认识水平和价值取向的影响，带有明显的主观色彩。

第三，尽管社会测量也是用数字或符号来表示客体的属性和特征，但这种测量不完全是数量化的，它可以是类别化的，如是否入党、是否受过处分等；可以用数字表示、通过回答类别而反映的观察客体本身的差异性，可能是定量的，也可能是定性的，定量的如收入水平、教育程度等，对事物的测量要用到下面所讲的社会测量层次。

四、社会测量的层次

对社会现象的测量不是一个主观任意的过程，它必须依据某种能够客观地反映测量客体的特征和属性的标准才能进行。由于社会研究中所涉及的现象具有各种不同的性质和特征，因而对它们的测量就具有不同的层次和标准。史蒂文斯 1951 年创立了被广泛采用的测量层次分类法，他将测量层次分为四种，即定类测量、定序测量、定距测量和定比测量。

（一）定类测量

定类测量也称为类别测量或定名测量，是对测量对象属性或特征的类别加以鉴别的一种方法。它是测量层次中最低的一种，实质上是一种分类体系。定类测量的数学特征主要是等于、不等于（或者属于、不属于）。在社会研究中，对诸如人们的性别、职业、婚姻状况、宗教信仰等特征的测量，都是常见的定类层次的测量。

在对研究对象进行定类测量时要遵循以下原则：

第一，由于定类测量实际上是分类系统，所以它必须有两个以上的变量值。

第二，被测变量必须满足互斥性，也就是说，被测变量的取值要互相排斥，每个研究对象只能归入一类，如对性别进行分类，被测定者非男即女，不能同属两类。

第三，被测变量的取值必须满足完备性，即所有被测变量均有归属，不可遗漏。

定类测量具有两种属性：对称性和传递性。对称性，是指甲对乙的关系也就是乙对甲的关系。如果甲与乙同类，则乙也一定与甲同类。反之，如果甲与乙不同类，则乙也一定不会与甲同类。传递性，是指如果甲与乙同类，而乙与丙同类，那么，甲一定与丙同类。

定类测量是测量层次中最低的，其他测量层次都无一例外地包含着定类测量。分类在社会测量中，是最基本和最经常性的操作。因此，运用好定类测量，发挥其应有的作用，是研究者的一项重要任务。

（二）定序测量

定序测量又称为等级测量或顺序测量，是指对测量对象的属性和特征的类别进行鉴别并能比较类别的大小的一种测量方法。这种方法能把对象的特征和属性按高低、强弱、大小、多少的程度排列。这种排列不是按人们的主观愿望随心所欲的，而是因测定对象本身固有的特征所决定的。比如，测量人们的文化程度，可以将他们分为文盲、半文盲、小学、初中、高中、大专、本科及以上等，这是一种由低到高的等级排列；测量城市的规模，可以将它们分为特大城市、大城市、中等城市、小城市等，这是一种由大到小的排列。

定序测量不仅能区分事物的类别，而且能反映社会现象的高低、大小、先后、强弱等顺序上的差别，它的数学特征比定类测量高一个层次，它的数学特征是大于或小于（>或者<）。定序测量所得到的信息比定类测量所得到的更多。同时，定序测量除了具备定类测量的对称性（区分同类与不同类）以外，还具备不对称性。这种不对称性指的是甲对乙有某种关系时，并不等于乙对甲也具有这种关系。比如，大于的关系就是不对称的，甲>乙，就不会有乙>甲。但是传递性依然成立，如果甲>乙，并且乙>丙，则有甲>丙。

值得注意的是，研究者为了统计分析的需要，总是将这种有高低、大小、强弱不同的序列转化成大小不等的数字。比如，将"文盲与半文盲""小学毕业""初中毕业""高中毕业或中专毕业""大专毕业及以上"等类别，分别用数字"1""2""3""4""5"等来表示。但是，这些数字并非真正意义上的"数字"，这些数字不能进行数学运算，只是单纯表示"大""小"的符号。

（三）定距测量

定距测量也称为等距测量或区间测量，它不仅将社会现象或事物区分为不同的类别、不同的等级，而且可以确定它们相互之间不同等级的间隔和数量差别。对自然界中温度的测量就是典型的定距测量的例子。定距测量的数学特征是能够进行加减运算的，我们不仅可以说明哪一类别的等级较高，而且还能说明这一等级比那一等级高出多少单位。定距测量的每一个间隔是相等的，如米尺和磅秤的刻度都是等距的，由于有了相等的量度单位，就引入了数量变化的概念，如甲的智商为 130，乙的智商为 110，于是可以说甲的智商比乙的高 20；华氏或摄氏温度计的零并不意味着没有温度，所以我们不能说明 40 度比 20 度的天气热一倍，而只能说 40 度比 20 度高 20 度。因而只有定距测量才真正显示了事物在数量方面的差异。

在定距测量中，我们不仅可以说明谁的测量等级较高（如像定序测量那样），而且也可以说明它的等级高多少单位。从这个意义上，我们便可以进一步理解定距测量就是以等距的测量单位（相等的量）来衡量不同的类别或等级间的距离。因此，这类测量不仅能反映社会现象的分类和顺序，而且能反映社会现象的具体数量，计算出它们之间的距离。适用于定距测量的统计方法有算术平均值、方差、参数检验等。

（四）定比测量

定比测量也称为等比测量或比例测量，是一种能够测定事物间比例、倍数关系的方法。在实际测量中，真正的定距变量并不多，如温度与智商，大部分符合定距测量基本要求的变量，也都符合定比测量的要求。

定比测量要求有一个绝对的、固定的而非任意规定的零点。有没有这个零点的存在，是定比测量与定距测量的唯一区别。如以下几组变量：年龄 0 岁—5 岁—20 岁—60 岁；距离 0 米—100 米—200 米—400 米。这里的年龄和距离都有绝对的零点。这里的"零"都表示真实的"无"，因而可以对其进行乘除的计算。如 60 岁是 20 岁的三倍；400 米是 200 米的二倍。

这种测量方法除了具有前面三种测量方法的特征外，还能对变量值进行乘除法的运算，因而是四种测量类型中层次最高的一种类型。如对人们的收入、年龄、出生率、性别比、离婚率、城市的人口密度等所进行的测量就是定比测量。

上述四种测量是社会测量中最常见的四种类型。它们之间存在不可分割的联系：第一，从定类测量、定序测量、定距测量到定比测量，它们的层次由低到高，逐渐上升；第二，高层次的测量具有低层次测量的所有功能，即它既可以测量低层次测量可以测量的内容，也可以测量低层次所无法测量的内容，同时，高层次的测量还可以作为低层次测量处理。比如，定距测量具有定类测量的分类功能，且可以作为定类测量使用，但反过来不行。

在实际测量过程中，如在设计调查问卷的时候，如果一个问题能够收集较高层次的资料（如定比层次），通常要收集较高层次的资料，而不收集较低层次的资料（如定类层次），因为较高层次的资料可以转化为较低层次的资料，而较低层次的资料却无法转化为较高层次的资料。如要测量人们的收入，如果收集的是具体的数字（定比变量），那么可以按照一定的标准将其分类，分成高收入与低收入（定类变量），如果收集的是高收入与低收入（定类变量），那么就无法将其转化为具体的数字（定比变量）。

这四种测量类型的差别以及数学特性如表 6 - 1 所示。

表 6 - 1　四种测量层次的数学特征总结

	定类测量	定序测量	定距测量	定比测量
类别区分（＝、≠）	有	有	有	有
次序区分（＞、＜）		有	有	有
距离区分（＋、－）			有	有
比例区分（×、÷）				有

第二节　指数与量表

在社会研究中，为了测量一些抽象层次较高的概念以及人们的态度、看法、性格等主观性较强的内容，在调查问卷中常常要用到以指数形式或量表形式出现的复合测量。抽象概念和诸如人们态度等主观性的内容往往具有感情色彩和潜在性，是个人复杂的心理感受，它存在于人们的内心活动，因而很难直接观测到，有时即使是本人也很难明确讲清他自己所持的态度、观念和信仰是否是稳定持久的态度，它涉及人们对于人生观、世界观、价值观的基本判断。但态度作为人们的行为倾向，往往表现在人们的各种语言、行为和对外界的反应中，因此，通过编制一定的指数或量表就可以对一些主观性的东西进行间接的测定，获得比较真实、准确的信息。

一、指数与量表的概念

对概念的复合测量可以有两种主要的方式：指数和量表。

指数是由多个不同的回答所构成的一个简单累加的分数。它是由一组有关事物的态度或看法的陈述构成，回答者分别对这些陈述发表同意或不同意的意见，然后按某种标准将回答者在全部陈述上的得分加起来，就得到了该回答者对这一事物态度的量化结果。表6-2就是一个指数的例子。

表6-2 对企业主态度调查表

提问项目	是	否
1. 你认为是否应允许私营企业主加入中国共产党	1	0
2. 你认为是否应允许私营企业主被选为人民代表	1	0
3. 你认为是否应允许私营企业主担任县级领导职务	1	0
4. 你是否选择当私营企业主	1	0

该指数测量的是人们对私营企业主所持的态度。对表中的问题，如果被调查者回答是"是"就记1分，回答"否"则记0分，然后将4个问题的回答分数相加，得出一个总分，便能精确地度量出他们对私营企业主的态度，即得4分者最无偏见，得0分者最歧视私营企业主。这样的一个指数存在一个潜在的假设或前提：每一个提问项目都具有同等的效果，即它们在反映人们的态度方面是"等值的"，不同的项目之间不存在项目的差别（分值一样）。只有在这样一个前提下，我们才能说得分相同的回答者对于同一件事具有同样程度的态度。

量表是一种具有结构强度顺序的复合测量，即全部陈述或项目都是按一定的结构顺序来安排，以反映出所测量的概念或态度具有的各种不同的程度。表6-3是测量普通美国人的"政治参与程度"，5个项目具有同等的"分量"，但是几个项目相互之间存在着一种趋强的顺序：正是因为这种顺序，使得该表成为量表，而不是指数。

表6-3 政治参与程度量表

	是	不是的
1. 你进行过选民登记吗	☐	☐
2. 你参加过投票吗	☐	☐
3. 你为政治运动捐过款吗	☐	☐
4. 你为政治运动工作过吗	☐	☐
5. 你自己参加过竞选议员吗	☐	☐

二、李克特量表

李克特量表可以说是前述指数的一种特定形式，它是由美国社会心理学家李克特（R. A. Likert）于 1932 年在原有的指数形式的基础上改进而成的。李克特量表也称总加量表，它是由一组问题组成，每一题目按照态度不同的等级给予不同的分数，然后将被调查者对个体的回答分数加起来得出一个总分，再根据总分多少判断其态度强弱的程度，最后将每个人的态度总分进行汇总，从而了解集体的一般态度。对所陈述项目的回答不是简单地分成"同意"和"不同意"两类，而是分成"非常同意、同意、不知道、不同意、非常不同意"，或者"赞成、比较赞成、无所谓、比较反对、反对"这样多种类型。由于答案类型的增多，人们在态度上的差别就能更清楚地反映出来。李克特量表是社会研究中用的较多的一种量表形式。表 6 - 4 的"人际关系量表"就是李克特量表。

表 6 - 4　人际关系量表

提问项目	选择回答（只限选一项）				
	非常同意	同意	不一定	不同意	很不同意
＋1. 我在我们班有许多好朋友	5	4	3	2	1
＋2. 只要我需要，我相信我们班大部分同学都会助我一臂之力	5	4	3	2	1
－3. 对周围的同学我很少关心	1	2	3	4	5
－4. 我很难与我们班的人交朋友	1	2	3	4	5
＋5. 我经常向我们班的人请教	5	4	3	2	1
－6. 只有少数同学是开朗的，多数认识有偏见	1	2	3	4	5
＋7. 大部分同学会为了集体利益牺牲个人利益	5	4	3	2	1
－8. 如果这样做可以使他晋升，我相信大部分同学会在背后中伤我	1	2	3	4	5
－9. 我很少关心别人说什么，我只关心自己	1	2	3	4	5
－10. 我们大部分人思想保守，他们怎么也不肯改变	1	2	3	4	5
＋11. 我与所有的同学都是朋友	5	4	3	2	1
－12. 我在我们班没有一个好朋友	1	2	3	4	5

　　量表回答栏目中的数字是每道题的每种回答的记分，它是根据量表测量的

维度确定的。这一维度说明，所测量的是什么内容，即测量范围是什么，测量范围的两端是什么。这个量表的维度为（见图 6-1）：

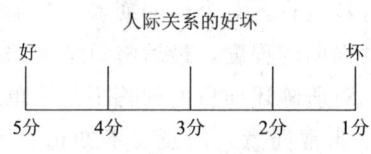

图 6-1 人际关系测量图

根据维度来确定每道题的回答是否与维度方向一致。如果一致就记"＋"号，若"非常同意"这一道题，就表示"人际关系好"，可记为 5 分；如果维度方向相反就记为"－"号，若"非常同意"就表示"人际关系坏"，可记为 1 分；根据"＋"与"－"表示的方向，就可以按顺序确定每道题的回答是按 5～1 分还是按 1～5 分顺序记分。12 道题的总分是 12～60 分，分数越高就说明人际关系越好。

李克特量表的制作程序是：

第一，确定量表内容。根据所要测量的内容和变量，如人际关系、学习态度、职业意愿等，收集大量与这一问题有关的内容。然后，筛选出一组问题，一般以 20～30 个问题为宜，组成一个初步量表，提问分正向提问和反向提问。正向提问用"＋"表示，反向提问用"－"表示。一般情况下，在一个量表中，正向提问与反向提问各占一半。

第二，规定记分标准。每组问题按肯定或否定的强弱程度一般分为五个等级，如非常同意、同意、无所谓、不同意、很不同意，通常用 1～5 分记分，正向提问与反向提问的记分顺序应相反。

第三，试调查。在所要测量的总体中，选择一部分对象（一般不少于 20 人）进行试测，并给他们进行打分，然后将分数累加起来，以便发现量表中有何种问题。

第四，评估量表内容。量表中问题设置的好坏，取决于能否分辨出不同的态度，及分辨力如何。分辨力是反映一个题目能否分辨出人们的不同态度和态度的不同程度。如果一道问题填答的结果是全部同意，那么这个题目就没有分辨力。评估量表就是要删除分辨力较低的题目，即那些无法区分人们的不同态度的题目，保留分辨力较高的题目来组成正式的量表。

分辨力的计算方法是：先根据受测对象全体的总分排序；然后取出总分最高的 25% 的人和总分最低的 25% 的人，并计算这两部分人在每一个问题上的平均分；将这两个平均分相减，所得出的就是这一个问题的分辨力系数。

举例来说，表6-4的"人际关系量表"是一个量表草案，在正式调查前，先对学校中的20名学生进行试调查，调查结果如表6-5所示，按总分高低由上到下排列。然后列出得分最高的25％的人（20人×25％＝5人）和得分最低的25％的人（也是5人），分别计算这两类人在每一道题上的平均分。例如，总分高的5人在第（1）题的平均分为 $\frac{4+5+5+4+5}{5}=4.6$；总分低的5人在第（1）题的平均分为 $\frac{2+2+1+1+1}{5}=1.4$，两者相减（4.6－1.4＝3.2）即为第（1）题的分辨力系数。用公式表示：

每题的分辨力系数＝得分最高的25％的人在这一题上的平均分－得分最低的25％的人在这一题上的平均分。

该系数越大，说明这一问题的分辨力越高。分辨力系数越小，则说明这一问题的分辨力越低，应该删除分辨力系数较小的问题，如第（11）题，第（12）题的分辨力系数分别为：－0.2和0.2，它们是12道题中最小的，即分辨力最低的，因此删除这两题，保留第（1）～（10）题，组成正式的"人际关系量表"。

李克特量表的最明显的优点首先是容易设计。其次，李克特量表的适用范围比其他量表要广，它可以用来测量其他一些量表所不能测量的某些多维度的复杂概念或态度。再次，通常情况下，李克特量表比同样长度的量表具有更高的信度。最后，李克特量表的五种答案形式使回答者能够很方便地标出自己的位置。

李克特量表的主要缺点是，相同的态度得分具有十分不同的态度形态。因为李克特量表是以各项目总加得分代表一个人的赞成程度，它可大致上区分个体间谁的态度高，谁的低，但无法进一步描述他们的态度结构差异。

表6-5　分辨力的计算

被调查者	题目	(1)	(2)	(3)	(4)	(5)	(6)	(7)	(8)	(9)	(10)	(11)	(12)	个人总分
总分高的25％人	工人1	4	5	5	4	3	5	4	4	3	5	2	5	49
	工人2	3	4	4	5	5	4	3	2	5	4	1	4	46
	工人3	5	4	3	3	4	5	4	3	4	4	2	4	45
	工人4	4	4	4	4	5	3	4	4	4	3	1	5	45
	工人5	5	5	3	2	4	4	3	4	5	2	2	4	43

续表

题目 被调查者	(1)	(2)	(3)	(4)	(5)	(6)	(7)	(8)	(9)	(10)	(11)	(12)	个人总分
工人6	4	3	2	5	4	5	4	4	2	3	1	5	42
工人7	4	4	4	2	2	3	3	4	4	3	2	4	41
工人8	3	3	4	4	2	3	5	4	2	3	2	5	40
……													
工人14													
工人15	2	4	2	3	2	2	3	4	4	3	1	4	34
总分低的 25% 人 工人16	2	2	2	2	2	2	2	1	4	3	2	4	32
工人17	2	2	2	3	2	2	1	1	3	3	2	4	32
工人18	1	3	2	4	1	3	3	2	1	2	2	5	29
工人19	1	1	2	2	2	3	2	3	4	1	1	4	26
工人20	1	1	1	2	1	2	1	2	3	2	2	3	21
总分高的 25% 人的平均分	$\frac{23}{5}=4.6$	4.4	3.8	3.6	4.2	4.2	3.4	3.2	4.2	4.0	1.6	4.4	
总分低的 25% 人的平均分	$\frac{7}{5}=1.4$	1.8	2.2	2.6	2.2	2.6	2.4	1.8	3.0	2.0	1.8	4.2	
分辨力系数	3.2	2.6	1.6	1.0	2.0	1.6	1.0	1.4	1.2	2.0	-0.2	0.2	

三、鲍格达斯社会距离量表

鲍格达斯社会距离量表，可以定量测量人们相互间交往的程度、相互关系的程度或者对某一群体所持的态度及所保持的距离。这种量表是由在内容上具有某种趋强的逻辑结构的一系列陈述所构成的。不同的陈述代表了人们在态度上的不同程度。例如，下面测量人们对黑人的态度的量表就属于鲍格达斯社会距离量表。

表6-6 人们对黑人的态度量表

愿意	不愿意	
☐	☐	1. 你愿意让黑人生活在你的国家吗
☐	☐	2. 你愿意让黑人生活在你所在的城市吗
☐	☐	3. 你愿意让黑人住在你们那条街吗
☐	☐	4. 你愿意让黑人做你的邻居吗
☐	☐	5. 你愿意与黑人交朋友吗
☐	☐	6. 你愿意让你的子女和黑人结婚吗

在表6-6中，我们可以看到不同的问题所表示的人们相互之间的距离不同，越往后距离越近。能接受后面陈述的人也一定能接受前面的陈述，同样，

不能接受前面陈述的也一定接受不了后面的陈述。比如，一个愿意让他的子女与黑人结婚的人，绝不会反对前面五项内容。同样的，一个连让黑人生活在他的国家都不愿意的人，也肯定不会愿意后面的五项内容。用这种具有逻辑结构的量表，可以测得不同的人或不同的群体对某一群体的态度。

四、语义差异量表

语义差异量表也称语义分化量表，它主要用来研究概念对于不同的人所具有的不同含义。主要用于文化的比较研究、个人及群体间差异的研究以及人们对周围环境或事物的态度、看法的研究等。和李克特量表一样，语义差异量表同样要求受访者在两个极端之间进行选择。比如，我们要评估新开设的音乐欣赏课的效果。作为研究工作的一部分，我们必须演奏一些音乐片段，让受访者回答其对于该音乐的感受。而获知受访者感觉的最佳途径，就是运用语义差异量表。开始时，我们必须确定每一个判断的维度供受访者判断，然后界定两个语义相反的术语代表每一维度的两极。表6－7就是语义差异量表。

表6－7 语义差异量表：对于音乐的感受

	十分	有些	两者皆非	有些	十分	
愉悦的	□	□	□	□	□	不悦的
简单的	□	□	□	□	□	复杂的
不和谐的	□	□	□	□	□	和谐的
传统的	□	□	□	□	□	现代的

记分表的每一行都可以让受访者记载他们对每一段音乐的感受。比如，在让人感到愉悦的或不悦的一行就包括了"有些""十分"等不同程度。而为了防止偏差，最好是将彼此有关系的项目位置加以变化。比如，"不和谐的"和"传统的"就在记分表的左侧，而"和谐的"和"现代的"就在记分表的右侧。

语义差异量表的格式具有比其他问卷格式更严格的结构。美国心理学家C.奥斯古德认为，这种方法具有很高的再测信度和表面信度。

第三节 社会测量的质量评估

在社会测量中，评估测量的标准主要有两个技术性指标：信度和效度。

一、信 度

(一) 信度的定义
信度即可靠性，指测量结果的一致性或稳定性，或者说，使用相同研究技术重复测量同一个对象时，得到相同研究结果的可能性。比如，想知道一个人的体重，采取估计的办法，一个人估计 75 公斤，一个人估计 50 公斤，那么我们就可以认为估计体重并不是非常可信的办法，即信度低。如果采用另一种方法，使用磅秤，如果两次都显示相同的结果，这种测量方法比叫人估计更为可信，信度更高。

大部分信度都是以相关系数 r 表示的，即用同一样本所得到的两组资料的相关系数作为测量一致性的指标，称为信度系数。信度系数可以解释为在所测对象实得分数的差异中有多大比例是由测量对象本身的差别决定的。信度系数越高表明测量的一致性程度越高，测量误差越小。若 $r=0$，表示所有的差异均反映了测量的误差。若 $r=1.00$，表示无测量误差。若 $r=0.8$，表示 80% 的差异来自测量对象本身的差异，只有 20% 来自测量误差。一般来说，r 大于 0.8，即可认为该测量达到了足够的信度。

（二）信度的类型

在研究中，人们一般是从不同方面来检查和评估调查资料的信度，信度可分为以下三种类型。

1. 再测信度

它指的是对同一对象在不同的时间点采用同一种测量工具先后测量两次，根据测量的结果计算出相关系数，这一相关系数叫再测信度。这是一种比较常用的信度检查方法。比如，调查某一社区居民参加养老保险的意愿，结果愿意参加的人占 56.2%，隔一月进行第二次测量，结果愿意参加的人占 56.8%，两次调查的结果相差 0.6%，就可以说该社区愿意参加养老保险人数的再测信度高。调查结果越接近，说明调查结果比较稳定，所采用的方法越可信，调查的信度就越高。再测信度的缺点是容易受到时间因素的影响，即在前后两次测量之间的某些事件会导致后一次结果客观上发生改变，使得相关系数不能很好地反映两次测量的实际情况。

2. 复本信度

它指的是将同一套测量工具设计成两个或两个以上等价的复本，用这些复本同时对同一研究对象进行测量，然后计算所得结果之间的相关系数，这一相关系数即为复本信度。学校考试时出的 A、B 卷就是一个近似的例子。复本信度可以避免再测信度的缺点，但是它要求所使用复本必须是真正的复本，即二者在形式、内容等方面都应该完全一致，在实际研究中真正达到这样的要求又是非常困难的。

3. 折半信度

它指的是将研究对象在一次测量中的结果，按测量题目的单双号分为两组，计算这两组分数之间的相关系数，这一相关系数叫折半信度。再测信度和复本信度要经过两次或两次以上调查，而折半信度只要进行一次调查。通常研究者为了用折半信度来检验测量的一致性，需要在他的测量中，增加一倍的测量题目。这些题目与前半部分的题目在内容上是重复的，只是表面形式不同。研究者在前后两部分项目上的得分之间相关程度越高，该次测量的可信度就越高。

二、效　度

（一）效度的定义

效度是指测量工具能够准确测出所要测量的变量的程度，它也称做测量的有效度或准确度。我们使用效度是要反映我们所采用的测量工具反映某一个概念的真实含义的程度。比如，老师要测验学生某一科目的学习情况，测验试题太难或太容易都不能真实反映学生的现实水平，那么这种测验就是无效的。

（二）效度的类型

测量效度有三种不同的类型，即内容效度、准则效度和构造效度。它们分别从不同方面反映测量的准确程度。

1. 内容效度

内容效度指的是测量内容或测量指标与测量目标之间的适合性和逻辑相符性。也就是说，测量所选择的题目是否符合测量目的和要求。例如，卡米尼斯和泽勒（1979）指出，数学能力测试不能只限于加法，还应该包括减法、乘法、除法等。如果我们要测量的是一般偏见，那么，我们的测量是否能够反映种族偏见、宗教偏见、对女性和老人的偏见以及许多其他的偏见。

2. 准则效度

准则是衡量有效性的参照标准。准则效度指的是用几种不同的测量方式或不同指标对同一变量进行测量时，将最开始使用的一种方式或指标作为准则进行比较。如果新的方式或指标与原有的作为准则的测量方式或指标具有相同的效果，那么就说新的测量方式具有准则效度。比如，在计算机等级考试中，先进行笔试，再进行的上机考试，笔试成绩就是上机考试成绩的效度的标准。

3. 构造效度

构造是指研究者根据需要而建构的一种概念。构造效度是通过对某些理论概念或特质的测量结果的考察，来验证该测量对理论构造的衡量程度。例如，一个负相关命题"社会经济地位越高，生育子女数越少"，我们给"社会经济地位"设立两个指标：收入水平 X，受教育程度 Y，我们假设该命题已经通过 X 这个指标对社会经济地位进行的测定，并证实了收入水平越高，社会经济地位越高，生育的子女数越少。那么，建构效度就是以指标 Y 取代 X 并复测整个理论。如果含有 Y 的命题得到了我们使用 X 测量社会经济地位时的同样结果，即受教育程度越高，社会经济地位越高，生育子女数越少，则我们可以说这个新的测量（指标 Y）具有构造效度。

影响社会调查的效度的因素主要有两个。

第一，调查内容不能准确地反映调查的目的。即与调查目的关系不是很大甚至无关的内容较多，而与调查目的紧密相关的内容考虑得不周全。

第二，调查问题提得太笼统，调查中使用的概念不清楚，甚至超出了被调查人的经验范围，在这些情况下往往会收集到无效的资料。

三、信度与效度的关系

测量的信度与效度之间存在着既相互联系又相互制约的关系。一方面，信度以效度为基础，有效的测量必须是可信的测量，不可信的测量必定是无效的。没有信度，也就谈不上测量结果是否有效用的问题。假设我们采用同一份问卷进行调查，每一次的测量结果都不一样，测量无法保持一致性，那么，这份调查问卷的结果就是不可信的。另一方面，信度高只是效度高的必要条件，并不是充分条件，具有很高信度的测量并不意味着同时也是高效度的测量，它或许是有效度的，也可能是无效度的。信度只是解释资料的真实可靠性，并不能解释这一资料与研究对象是否相关以及相关程度如何。

> **专栏 6-1　以图解的方式呈现信度与效度的差别**
>
> 如果你们想象测量如同靶心，你们就会发现信度就是一种密集的点状形态，不管它是否射在靶心上，因为信度是一致性的函数；另一方面，效度则是射在靶心周围的点的函数……请注意，缺乏信度或效度的测量都是没有用的。

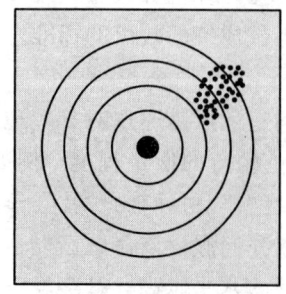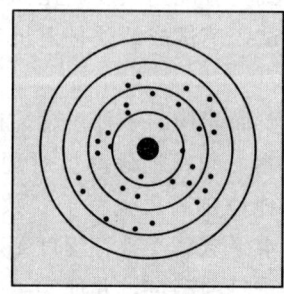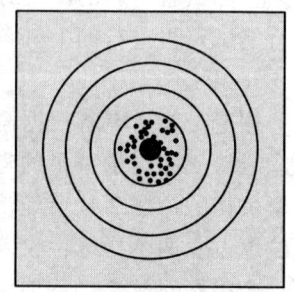

有信度但没有效度　　　　有效度但没有信度　　　　有效度也有信度

资料来源：艾尔·巴比. 社会研究方法［M］. 邱泽奇，译. 北京：华夏出版社，2009.

最后，我们可以这样概括信度与效度的关系：

（1）信度低，效度不可能高。因为如果测量的数据不准确，也并不能有效地说明所研究的对象。

（2）信度高，效度未必高。例如，如果我们能够准确地测量出某人的经济收入，却未必能够说明他的消费水平。

（3）效度低，信度很可能高。例如，即使一项研究未能说明社会流动的原因，但它很有可能很精确、很可靠地调查了各个时期、各种类型的人的流动数量。

（4）效度高，信度也必然高。如果有效地说明了某种现象，那么它的资料和结论都必然是而且必须是可信的。

因此，一个优良的测量指标必须是同时具备信度与效度，是信度和效度的有机统一，只有这样，才能保证调查得来的资料是可靠的和有用的。

本章小结

测量就是按照一定的规则来给事物安排数字。测量的三个要素包括测量主体、测量客体和测量法则。社会测量自有其不同于自然科学测量的特征。

测量分为定类测量、定序测量、定距测量和定比测量四个层次。在社会研究中，为了测量一些抽象层次较高的概念和一些主观性较强的内容，常常要用到以指数形式或量表形式出现的复合测量。我们介绍了李克特量表、鲍格达斯社会距离量表与语意差异量表。对社会测量的评估要用到信度和效度。信度包括三种类型：再测信度、折半信度和再测信度。效度也包括三种类型：内容效度、准则效度和构造效度。

思考题

1. 社会测量包括哪几个要素？
2. 社会测量具有哪些特点？
3. 信度和效度之间具有什么样的关系？

自 测 题

一、判断题

1. 测量是人们对某一事物的态度的规则，常常是用某些数字符号来代表不同的态度。

2. 表示测量结果的数字具有实际的数学意义。

3. 一个问题的分辨力系数越大，说明这一问题的分辨力越高。

4. 社会测量几乎不受人为因素影响。

5. 定序测量、定类测量、定距测量和定比测量中定序测量的层次最低。

6. 高层次的测量不可以作为低层次测量处理。

7. 有没有零点的存在，是定比测量与定距测量的唯一区别。

8. 量表是一种具有结构强度顺序的复合测量，即全部陈述或项目都是按一定的结构顺序来安排，以反映出所测量的概念或态度具有的各种不同的程度。

9. 在实际测量中，具有较高的信度就一定具有较高的效度。

10. 鲍格达斯社会距离量表主要用来研究概念对于不同的人所具有的不同含义。

（答案：对、错、对、错、错、错、对、对、错、错）

二、不定项选择题

1. 定类测量的数学特征是（   ）。

A. 等于不等于

B. 大于或小于

C. 可以对变量值进行加减运算

D. 可以对变量值进行乘除法的运算

2. 下列测量层次最高的是（   ）。

A. 定类测量　　　　B. 定序测量　　　　C. 定距测量　　　　D. 定比测量

3. （   ）可以定量测量人们相互间交往的程度、相互关系的程度或者对某一群体所持的态度及所保持的距离。

A. 李克特量表　　　　　　　　　B. 鲍格达斯社会距离量表

C. 语义差异量表　　　　　　　　D. 格特曼量表

4. 一般来说，在测量信度时候，相关系数 r 大于（   ）即可认为该测量达到了足够的信度。

A. 0.5　　　　　B. 0.6　　　　　C. 0.7　　　　　D. 0.8

5. 对同一对象在不同的时间点采用同一种测量工具先后测量两次，根据测量的结果计算出相关系数，这一相关系数叫（　　）。

A. 再测信度　　　B. 复本信度　　　C. 折半信度　　　D. 对分信度

（答案：A、D、B、D、A）

第七章 抽 样

内容提要

本章包括抽样的意义与作用、概率抽样的原理与程序、概率抽样方法、PPS抽样、非概率抽样方法、影响样本容量确定的因素共六节内容。本章主要介绍了概率抽样与非概率抽样两大类抽样方式及其所包含的内容，阐明了抽样的基本程序，说明了抽样设计的基本原则，同时说明了影响样本容量的因素。

学习目标

1. 了解一些抽样所涉及的基本概念。
2. 了解抽样的基本类型。
3. 看相关方面的参考书，理解随意抽样与随机抽样的区别。
4. 看相关方面的参考书，理解整群抽样与分层抽样的区别。
5. 了解抽样设计的一般程序。
6. 理解抽样设计的原则。
7. 理解概率抽样的概念，掌握它的几种主要类型。
8. 理解影响样本容量的几个因素。

学习提示

1. 对照文中所举的相应的抽样的例子自己思考一些实例。
2. 课外寻找实例了解各种不同类型的抽样的优缺点及其各自适用的情况。

第一节 抽样的意义与作用

抽样是一种选择调查对象的程序和方法。一般来说，对于由千差万别的个体所组成的总体，如果能对总体作全面的、普遍的调查，即将研究对象的整体无一例外地全部作为调查对象，其所得结果应该说是最具普遍意义、最能反映总体特征的。但是，在很多情况下，实施这种整体调查非常困难，因此常常代之以抽样调查。所谓抽样调查，就是从研究对象的整体中选出一部分代表加以调查研究，然后用所得结果推论和说明总体的特征。这种从总体中选出一部分的过程就是抽样，所选出的这部分代表称为样本。

一、基本概念

1. 总 体

总体就是所要调查研究的事物或现象的整体。总体与它的元素共同定义：总体是元素的集合，而元素则是构成总体的最基本单位。在调研实践中，元素常常是个人、家庭户等较小单位；也可以是工厂、商店等企业单位及村委会、居委会等基层组织。以什么单位作为元素，要依据调研课题的具体需要而定。

2. 样 本

样本就是从总体中按一定方式抽取出的一部分元素的集合。或者说，一个样本就是总体的一个子集。比如，从 3000 名工人所构成的总体中，按一定方式抽取出 200 名工人进行调查，这 200 名工人就构成该总体的一个样本（当然，从一个总体中可以抽出若干个不同的样本）。

3. 抽 样

抽样就是选择调查对象的程序和方法。是从总体中按一定方式选择或抽取样本的过程。比如，从 1000 户家庭构成的总体中，按一定方式抽取一个由 100 户家庭构成的样本的过程，就叫做抽样。

4. 抽样单位

抽样单位就是一次直接的抽样所使用的基本单位。比如，从一个城市中选取几个人口普查的街区作为样本，然后从这几个选出的街区中选择一些家庭作为样本，最后从这些家庭中选出一些成年人作为样本，这三个阶段的抽样单位分别为街区、家庭、成年人。

5. 抽样框

抽样框是对抽样单位进行编号排列形成的一套清单，每个抽样单位有一个号码作为其代表，以便能够从总体中识别和抽取若干抽样单位作为样本。根据所采用的抽样方法，抽样框中的单位排列完全可以是随机的，也可以是按一定顺序有规律地排列的。

6. 参数值

参数值也称为总体值，它是关于总体中某一变量的综合描述。例如，全国妇女平均受教育年限，就是一个参数值。参数值只有通过对总体中的每一个元素都进行调查或测量才能得到。

7. 统计值

统计值也称为样本值，它是相应的总体值估计量。例如，样本平均值是总体平均值的估计量。样本值是通过对总体元素的一部分即 n 个样本元素进行调查而获得的。如果用完全相同的方法从某个总体的所有 N 个元素中重复进行多次抽样，每次都是抽取 n 个样本元素作为样本，就会发现每次抽样所得到的样本值都不相同，因此，样本值是一个随机波动的量，称为随机变量。抽样设计的目标，就是尽可能使所抽取的样本的估计量接近总体的参数值。

8. 抽样误差

在进行抽样调查时，总误差中包括两类误差，即抽样误差和非抽样误差。抽样误差是由于样本本身的随机性引起的误差。因此，只要使用抽样的方法，抽样的随机误差就是不可避免的。但另一方面，抽样误差的大小是可以在样本设计中事先进行控制的。

非抽样误差则主要取决于调查过程中各环节的工作质量，与样本设计关系不大，这类误差通常是因误抄、计算错误等人为过失而造成的。所以，在样本设计中主要关心的是抽样误差。

9. 置信水平与置信区间

置信水平又称为置信度，是指总体参数值落在样本统计值某一区间的概率，或者说，总体参数值落在样本统计值某一区间中的把握性程度。它反映的是抽样的可靠性程度。

置信区间是指在一定置信度下，样本值与总体值之间的误差范围。它所反映的主要是抽样的精确性程度。范围越大，精确性程度越低；范围越小，精确性程度越高。详细内容请参考相应的统计教科书。

二、抽样的作用

抽样作为一种从局部认识整体的观察方法，从古至今一直在被人们自觉或不自觉地使用着，比如说，厨师在炒菜时通过尝一口菜就可知道整锅菜的咸淡，医生只要抽取病人全身血液中的一小部分就可化验出全部血液的情况等。

但抽样作为一种科学的调查方法却只有很短的历史，它主要是在 20 世纪初发展起来的。目前，抽样方法已广泛应用在人口、社会心理、民意测验、工农业产量、消费市场、家庭的收入与支出、住房、就业、教育、居民健康状况、资源与环境等许多方面。实践证明，抽样调查与全面调查相比，具有许多明显的优点。

三、抽样的类型

根据抽取样本时是否遵守随机原则，抽样可以区分为概率抽样和非概率抽样。从广义上来讲，凡是基于对局部的观察来推知整体情况的方法都属于抽样的方法，但在社会调查中讲到抽样时，大多是在狭义上讲的概率抽样。概率抽样与非概率抽样又可进一步划分为不同的具体方法，如图 7 - 1 所示。

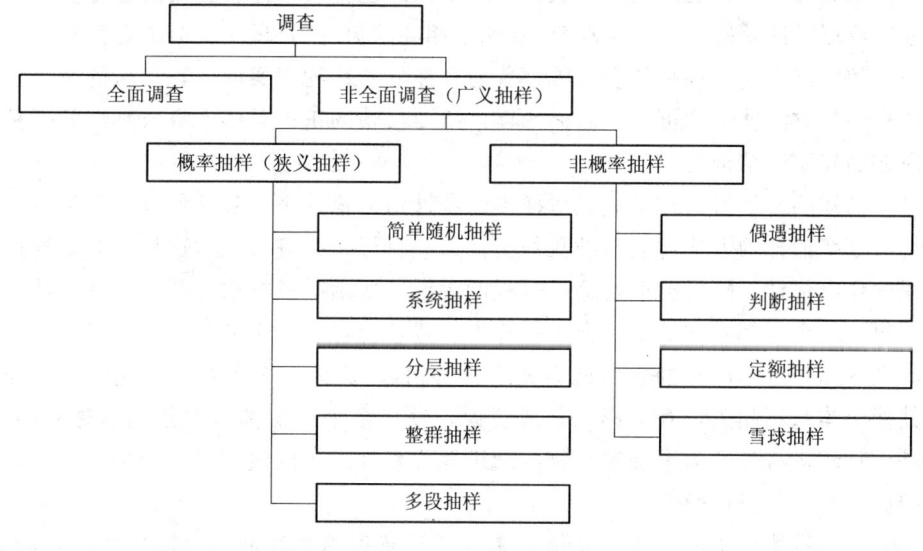

图 7 - 1 抽样的类型

概率抽样是建立在近代统计学发展特别是概率论的基础上的，它成为现代统计学的一个重要分支。所谓概率抽样，就是在抽取样本时，严格遵守随机化原则，通过某种随机化过程使得总体中的每一个单位都有机会中选，而且中选的机会是可知的。在概率抽样中，一般又都采用等概率抽样。

非概率抽样就没有概率抽样那么严格了，主要是依据研究者的主观意愿、判断或是否方便等因素来抽取对象。常用的非概率抽样主要有随意抽样、判断抽样、定额抽样、雪球抽样几种。

第二节 概率抽样的原理与程序

一、概率抽样的基本原理

为了理解概率抽样的原理和逻辑，我们需要对社会群体的同质性与异质性作一点探讨。社会中由不同的个人所组成的各种各样的群体、组织、阶层等，经常构成社会研究中的总体。如果某个总体中的每一个成员在所有方面都相同，那么，我们说这个总体具有百分之百的同质性，在这种情况下，抽样也就没有必要了。因为只要了解一个个体，就可以了解到整体的情况。当然这只是一种非常极端的例子。现实社会研究中的绝大多数群体并不具备这种特征，相反，他们都存在程度不同的异质性，即他们所包含的个体相互之间总是存在着这样或那样的差别。"世上没有两片完全相同的树叶"，现实社会中更没有两个完全相同的人。在各种社会总体都普遍存在异质性的现实面前，严格的概率抽样程序与方法就必不可少。而概率样本所要反映的正是总体本身所具有的那种内在的异质性结构。

抽样的最终目的在于通过对样本的统计值的描述来准确地勾画出总体的面貌。概率抽样的方法可以帮助我们实现这一目标，并且可以对这种勾画的准确程度作出估计。随机抽取是这一过程的关键。所谓随机抽取，就是保证总体中的每一个个体都有同等的机会入选样本。或者说，总体中的每一个成员被抽中的概率相等（也即被抽中的机会相等）。而且，任何一个个体的入选与否，与其他个体毫不相关，互不影响。或者说，每一个个体的抽取都是相互独立的，是一种随机事件。为了理解事物的随机性与事件发生的概率之间的关系，最好的例子也许是投掷硬币。

对于投掷硬币的结果（总体）来说，只有正面和反面（个体）两种可能。每次投掷硬币相当于一次抽样过程（从两种可能性中抽取一种）；这种抽样是随机的（两种可能性都可能出现，且出现的机会均等）；尽管一次具体的随机抽样（一次投掷）只会有一种结果，或者说出现某一种情况（正面或反面）的概率为 100%；但是若干次不同的抽样结果，却总是趋向于两种情况出现的次数各为 50%——即趋向于两种不同结果本身所具有的概率，或者说总体内在结构中所蕴含的随机事件的概率，正是这种概率决定着随机事件的发展变化规律。概率抽样之所以能够保证样本对总体的代表性，其原理就在于它能够很好地按总体内在结构中所蕴含的各种随机事件的概率来构成样本，使样本成为总体的缩影。

二、抽样的一般程序

（一）界定研究总体和调查总体

对研究总体的界定过程也就是对它的基本构成单位，所包含的内容，以及空间与时间的范围等作出规定的过程，同时它也是确定调查对象，即它的内涵、外延及数量的过程。这种界定要与研究目标及要求相符合，并且要具有理论依据。在一些情况下，研究总体就是实施调查的总体，这时研究总体与调查总体一致，但在另外一些情况下，研究总体不等于调查总体，后者只是它的一部分。

（二）编制抽样框

即将总体按抽样单位划分为各个部分，这些部分必须互不重叠且能合成总体，然后毫无遗漏地编号排列成表，每个抽样单位唯一的与表上的一个号码相对应。对于不同类型的总体，抽样框的形式也有多种。在学校，企业，机关等正规社会组织中进行抽样时，可以利用现成的人员花名册；而在某一地理区域抽样时，常可使用人口普查资料编制抽样框。

（三）设计和抽取样本

设计包括两部分，一是确定样本所含个体的数目，二是选择抽样的具体方法。样本所含个体数目的多少与抽样方法对样本代表性有重大影响。对于具有不同研究目的、不同范围、不同对象和不同客观条件的社会研究来说，所使用的抽样方法也是不一样的。这就需要我们在具体实施抽样之前，依据研究的目的要求，依据各种抽样方法的特点以及其他有关因素来决定具体采用那种抽样方法。除了抽样方法的确定以外，还要根据要求确定样本规模以及主要目标量的精确程度。

（四）评估样本同时对总体进行估计

所谓样本评估就是对样本的质量、代表性、偏差等进行初步的检验和衡量，其目的是防止由于样本的偏差过大而导致的失误。

三、抽样设计的原则

（一）高效率

在抽样方案设计中，费用与精度是一对基本矛盾，这类似经济学中的"投入"与"产出"的关系，我们希望抽样所耗费的费用尽可能少，而取得的数据精度尽可能高，即设计出高效率的样本。在抽样方案设计中，高效率有两种情况：(1) 在规定的费用之内达到尽可能高的精确度。(2) 以尽可能少的费用达到规定的精确度。这两种表述的本质是一样的，都是要获得尽可能高的精度费用比。

（二） 目的性

抽样方案设计，作为整个调研设计的一个组成部分，是服务于调研课题目标的，是为了达到调研目标的手段。如果从纯粹抽样设计本身来说，精度费用比很高的样本就是一个好样本，但假如这个样本不能满足调研目标的要求，那么还算不上完美的样本。因此抽样设计中必须认准调研目标，服从调研课题要求，如总体定义范围是否符合调研设计中对调研对象的规定，抽样单位的确定是否适当，某种抽样程序所产生的样本能否满足所有主要变量上对总体的推断等。

（三） 可度量性

所谓可度量性，是指能够从样本自身计算出随机抽样误差。只有具有可度量性的样本，才能对总体进行统计推断。前面曾提到，非概率抽样无法计算出抽样误差，因而不具备可度量性。只有概率抽样，才可能计算出抽样误差。比如，在分层抽样中，每个层里至少应抽选两个抽样单位，如果只选一个就无法计算抽样误差。

（四） 可行性

在抽样方案的设计中必须考虑该方案在实地实施抽样时是否易于贯彻，为此，方案设计者应尽可能多地了解所要实施抽样调查的地区当时当地的具体条件，另外，为了防止抽样方案在贯彻中走样，还应该用简明易懂的语言编制一套实地工作文件，使不懂抽样理论的调查人员也能明确知道在实地抽样过程中应该干什么和怎么干，以尽量减少实地抽样作业中的错误。

在这四条标准之中，各个标准之间可能会有冲突，其中目的性原则和可行性原则是首要的。抽样设计要服务于研究的目标，这是设计的出发点和基本目的。而可行性原则是设计方案得以实现的前提和保证。

第三节　概率抽样方法

一、简单随机抽样

简单随机抽样是最基本的概率抽样，最直观地体现了抽样的基本原理，它是其他抽样方法的基础，其他概率抽样都可以看成是由它派生而来的。简单随机抽样是一种特殊的等概率抽样方法，总体中每一个体均有同等被选机会，而且样本中每一个体是被单独地选出的，它是一种元素抽样。

简单随机抽样分为重复抽样和不重复抽样两类。在重复抽样中，已被选中的个体仍放回总体中，因此在同一样本中，某一个体就有可能不止一次的出现。在不重复抽样中，被选中为样本的个体不再放回总体，因此，在同一样本中，每一个体只能出现一次。根据抽样理论，重复抽样比较完善。不过，当总体足够大时，不重复抽样结果与重复抽样相差很小。所以在大规模社会调查中，通常使用不重复抽样。

简单随机抽样对总体中所有个体按完全符合随机原则的特定方法抽取样本，即抽样时不进行任何分组、排列，使总体中任何个体都同样有被抽取的平等机会，即对总体中任何分子一视同仁。由此可见，为了保证总体中每一个体进入样本的机会均等，关键环节是编制抽样框。

常用的抛硬币、抽签等方法都是简单随机抽样。但总体量很大时，抽样框的编制就会非常困难。另外，抽签也很难将纸条摇匀。故社会调查中的简单随机抽样通常是使用随机数字表进行。

二、系统抽样

中学数学老师为了检查学生的课外作业又苦于没有时间批改，他会在教室里宣布："学号是 5 的倍数的同学请交本子"或者"学号尾数是 3 的同学请交作业。"他其实是在做一次作业抽查，用的是系统抽样的方法。

系统抽样又称为等距抽样、机械抽样，它是把总体的单位进行编号排序后，再计算出某种间隔，然后按这一固定的间隔抽取个体的号码来组成样本的方法。它和简单随机抽样一样，需要有完整的抽样框，样本的抽取也是直接从总体中抽取个体，而无其他中间环节。其步骤如下所述。

（1）排列总体单位顺序。等距抽样的排列标准，一般按照与研究对象的性质特征无关或关系不大的任意一个中立标志进行编排，如可按姓氏笔画，时间先后等排序。即制定抽样框。

（2）计算出抽样间距，计算方法是用总体的规模除以样本的规模。假设总体规模为 N，样本规模为 n，那么抽样间距 K 就由下列公式求得：

$$K(抽样间距) = \frac{N(总体规模)}{n(样本规模)}$$

（3）在第一个抽样间距（K）内随机抽取一个单位作为第一个样本单位。等距抽样的随机性主要表现在第一个样本单位的抽取原则完全是随机的，即在第一个抽样间隔中采取抽签或查随机数表等简单随机抽样方法，获取第一个样本单位。记下这个样本单位的编号（假设所抽取的这个个体的编号为 A），它称作随机的起点。

（4）以第一个样本单位为选择的起点，每隔间距 K 做等距抽样，直到抽取最后一个样本为止。即所抽取样本的编号分别为 A，A+K，A+2K……A+$(n-1)K$。

（5）将这 n 个样本合起来，就构成了该总体的一个样本。

例如，从某校 1000 名学生中抽出 50 人进行调查，首先可以利用学生花名册进行排列，编上 1～1000 序号；抽样间隔是 $\frac{1000}{50} = 20$ 人；先在第一个抽样间距 1～20 号内，随机抽取一人作为第一个样本，假定这个人的编号是 5；然后，依照抽样间距每隔 20 人抽出一个样本，即 25、45、65……直到第 50 个样本单位为止。

系统抽样的主要优点是，由于可以使抽取的样本比较均匀的分布于总体内，所以抽样误差小于简单随机抽样，样本的代表性也比它高。

系统抽样是以总体的随机排列为前提的，如果总体的排列出现有规律的分布时，就会使系统抽样产生很大误差，降低样本的代表性。特别要注意下列两种情况。

一是总体名单中，个体的排列上有与抽样间距相对应的周期性分布的情况。例如，部队的名单一般是以班为单位排列的，十人一班，第一名是班长，最后一名是副班长。若抽样间距也是 10 时，则样本或均由正班长组成，或均由副班长组成，或均由战士组成，失去了代表性。

二是总体名单中，个体的排列具有某种次序上的先后、等级上的高低的情况。例如，我们要抽取若干家庭的样本进行消费状况调查，而家庭户的名单是按每个家庭总收入的多少由高到低顺序排列的。这样，如果两个研究者都采用系统抽样的方法从这个总体中进行抽样，一个抽到抽样间距中靠前的号码，如 3；而另一个抽到的是抽样间距中靠后的号码，如间距为 40 时抽到 38。那么从前一个研究者所抽样本中算出的家庭平均收入，一定大大高于后者所抽样本中算出的家庭收入。因为第一个样本中的每一个家庭要比第二个样本中的每一个家庭在收入等级中靠前 35 个位置。即第 3 户的家庭的收入高于第 38 户家庭的收入，同样，第 43 户家庭的收入高于第 78 户家庭的收入……

因此，在使用系统抽样时一定要认真考察总体的排列情形和抽样距离。如原有的排列次序有可能导致抽样失败的话，就应当打乱原排列次序或改用其他抽样方法。

三、分层抽样

分层抽样是将总体依照一种或几种特征划分成若干个子总体（类、群），并从各个子总体中按照简单随机抽样或系统抽样的方法分别选取样本的抽样方法，被划分成的子总体称为层。由于社会研究对象的复杂性和异质性程度较高，有必要将它们按不同特征分为不同类型（或层），因此，分层抽样在社会研究中获得广泛的应用。分层抽样的做法可简单表述为：分层＋层内简单随机抽样或系统抽样。

（一）分层抽样的优点

（1）当一个总体其内部分层明显时，分层抽样能够克服简单随机抽样的缺点，提高样本的代表性。由于它是按群体的特征分布从不同层获得尽可能均衡的样本数，使样本与总体更相似，从而改善了样本的代表性。例如，某中学的所有学生中，男生占 60％，女生占 40％。按照这两个类别进行分层抽样，使样本中男生和女生的比例分别为 60％和 40％。这时样本似乎成了总体的一个"缩影"。

（2）分层抽样可以提高总体参数估计值的精确度。由于它可以将一个内部差异很大的总体分成一些内部比较相似的子总体，从每一个子总体内抽出一个小样本就能较好地代表总体，因此，在样本数相同的情况下，分层抽样比简单随机抽样的精确度高，因为它能更好地代表总体。如果层间异质性强，层内同质性强，则样本具有较好的代表性。这是划分"层"时一个很重要的标准。

（3）有时我们需要对构成总体的各个部分加以单独研究，或者在这些部分之间进行比较。例如，在一项全国调查中，大的经济区或者行政区域如省往往也是需要单独研究的对象，这时，就需要在样本设计时有意识地将这些总体构成部分事先进行划分，以便就各个部分进行分别的计算。

（二）分层抽样的类型

根据抽样的比例不同，分层抽样被划分为等比例分层和不等比例分层两种类型。

等比例分层抽样是指样本所有元素在各层分配时，各层的子样本在总体的样本中所占比例与本层在总体中所占比例相同。这种抽样方法使总体各层次按大小成比例的在样本中得到代表，样本成为总体的一个"缩影"。

当子总体（类、层）占总体比例较小时，如果采用等比例分层抽样，则那些规模较小的层所抽取的样本小于 30 个，形成的是小样本，这样不能满足起码的精度要求，因此，这时候需要在那些规模较小的层中抽取较多的样本。

例如，我们想了解某高校本科生、硕士研究生与博士研究生对职业的选择趋向，全校共有学生 1000 人，三者所占比例为 6∶3∶1，按等比例分层抽样抽选一个 100 人的样本，则博士生仅占 10 人，用 10 个博士生代表 100 个博士生的职业趋向，其代表性较低，如果采用不等比例抽样，抽取一个 120 人的样本，抽样的比例为 6∶3∶3，将有 30 名博士生被抽中，被抽中博士生占样本的比例为 25％，将远高于博士生所占总体的比例（博士生占总体的比例为 10％）。

假设某工厂有工人 600 人，其中女工 200 人，男工 400 人，现在按等比例分层抽样的方式抽取一个 60 人的样本，则女工的数量为 20 人，男工的数量为 40 人，很显然，20 人的女工所组成的样本不能满足大样本的分析要求。

这时候需要进行不等比例分层抽样，可以抽取 40 名女工，40 名男工，组成一个 80 人的样本，则男女工的样本数量都能满足统计分析的要求。在这种抽样方式下，女工占样本的比例为 50％，在总体中，女工所占的比例为 33.33％，很显然是不等比例分层抽样。

（三）分层变量的选择

（1）选择与调查变量相关程度高的变量。因此，当有多个变量可供选择时，选择分层变量的一个基本原则是尽可能选择与调查变量相关程度高的变量。例如，对居民收入水平的调查中，可按职业将居民分层，因为职业对居民收入有很大的影响。

（2）选择具有实用性的变量。即利用这个变量可以很方便地将总体所有元素划入不同的层中，较普遍的分层标准有性别、年龄、教育、职业等。

（3）选择保证各层内部同质性强，各层之间异质性强，突出总体内在结构的变量作为分层变量。比如，调查高校教师时，可以按年龄段分为老、中、青三类，这样各类之间差异性大，而层内差异小。

四、整群抽样

总体中在空间上或时间上相邻近的一组元素称为群。例如，居住在一个村庄里的全体人口、学校中的某一个班的全体学生、工厂中某一天内生产的全部产品等。整群抽样是将总体划分为若干个群，以群作为抽样单位，从中抽选出一部分群，然后对群内全部元素进行调查的抽样方法。整群抽样的做法可简单表述为：各群之间随机抽样＋层内全面调查。

（一）整群抽样的特点

（1）整群抽样可以节约调查费用和时间，提高收集实地资料的工作效率，使得调查更为经济。比如，在一个城市里按居委会作为抽样单位，可以按地域或发展水平把居委会分类（群），对抽取的群进行全面调查。

（2）整群抽样比较容易获得抽样框。当以元素为抽样单位时，往往难于获得抽样框。比如，我们要从一个由几百万人口的城市里进行简单随机元素抽样（以个人为抽样单位），就需要有一张将全市这几百万人口排列出来的清单，这在实际上是很难做到的。而使用整群抽样时，获得抽样框就容易得多，比如，在城市里，可以以居委会作为抽样单位，要得到一张全市所有居委会排列的清单显然比几百万人口的清单更为现实和容易。

（3）群间异质性小，群内异质性大，则代表性较好。在进行整群抽样时要注意划分群的标准与分层抽样划分层的标准不同，整群抽样要求群间异质性小，群内异质性大，这样选出的样本就会有较好的代表性。

整群抽样虽然具备以上两个方面的优点，但也存在着缺点。它的样本分布面不广，样本对总体的代表性相对较差。由于整群抽样所抽取的样本中的个体相对集中，而涉及的面相对缩小，故在许多情况下会导致样本的代表性不足，使得结果的偏差较大。

（二）整群抽样与分层抽样的区别

整群抽样与分层抽样有相似之处，即它们的第一步都是根据某种标准将总体分成一些小群，但两者的抽样方式不同。

由于抽样方式的不同，导致两者间划分子群的原则也不同。在分层抽样中，层的划分依据的是层之间异质性高、层内则尽可能同质的原则。整群抽样的原则则与分层抽样不同，它是使得群间异质性低，群内异质性高。下面我们用图示的方式来表示分层抽样与整群抽样的区别。

从图 7-2 可知，分层抽样的步骤如下：

① 按照一定特征把总体中的元素分成不同的层。

② 按各层在总体中的比例，在各层内随机抽取一定的元素组成样本。

③ 根据对样本的调查来推断总体。

④ 如图 7-2 所示，各层之间异质性强（分别为☺ △ ♡），层内同质性强，则样本的代表性较好（总体中的每一种情况在样本中都有代表）。

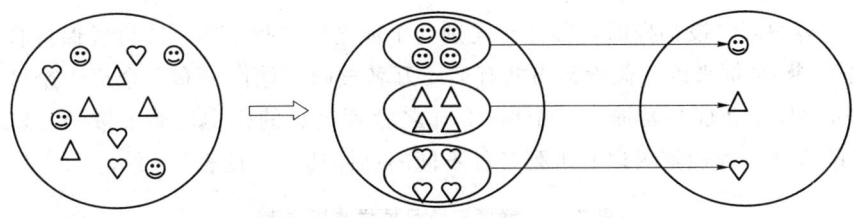

图 7-2　分层抽样

从图 7-3 可知，整群抽样的步骤如下：

① 按照某一特征把总体分成若干个群。

② 按简单随机抽样（或系统抽样、分层抽样的方法），随机抽取若干个群。

③ 对抽到的群进行全面调查。

④ 如图 7-3 所示，各群之间同质性强（完全相同），群内异质性强（分别为☺ △♡），则样本的代表性较好（总体中的每一种情况在样本中都有代表）。

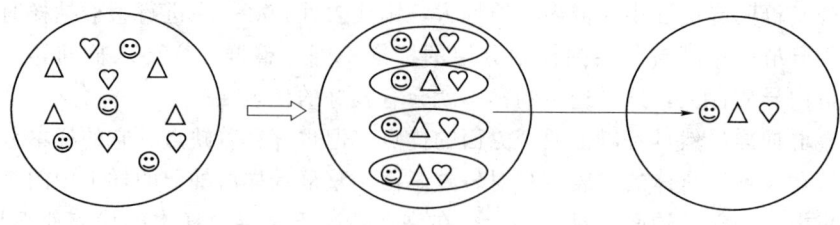

图 7 - 3 整群抽样

整群抽样分为等规模整群抽样和不等规模整群抽样，在等规模整群抽样中，总体内所有的群规模都相等，这种情况通常出现在严密的组织和计划的条件下，如军队里的班、排、连等建制单位内的人数是基本相等的。在不等规模整群抽样中，总体内各群大小不一。例如，某个居民委员会或村民委员会内的家庭户数及人口数等。在社会调查中，一般遇到的都是不等规模整群抽样。

五、多阶段抽样

多阶段抽样是按抽样元素的隶属关系或层次关系，把抽样过程分为几个阶段进行。在上述整群抽样中，当子群数或子群内部个体数目较多，彼此间的差异不太大时，常常采用更加经济的方法，即不将样本子群中的所有个体作为样本，而是再从中用前述各种随机抽样的方法抽取样本，因最终样本的获得经过两次抽样，我们称其为二阶段整群抽样，同样可作三阶段、四阶段……即多阶段整群抽样。

在运用多阶段抽样时，要注意类别与个体之间保持平衡，或者说保持合适的比例。❶ 举例来说，假设某市共有 2.4 万名教师，他们分布在全市十个区的 200 所学校中。现在要抽取一个由 1200 名教师组成的样本。如果按照三阶段抽样的方法，我们就可以有下列各种不同的抽样选择（见表 7 - 1）。

表 7 - 1 教师三阶段抽样选择方案

	第一阶段	第二阶段	第三阶段
方案 1	抽 10 个区	抽 4 所学校	每所学校抽 30 名教师
方案 2	抽 2 个区	抽 20 所学校	每所学校抽 30 名教师
方案 3	抽 10 个区	抽 20 所学校	每所学校抽 6 名教师
方案 4	抽 8 个区	抽 15 所学校	每所学校抽 10 名教师
方案 5	抽 5 个区	抽 12 所学校	每所学校抽 20 名教师

❶ 风笑天 . 社会学研究方法 [M]. 北京：中国人民大学出版社，2001：139.

	第一阶段	第二阶段	第三阶段
方案 6	抽 4 个区	抽 10 所学校	每所学校抽 30 名教师
方案 7	抽 3 个区	抽 10 所学校	每所学校抽 40 名教师
方案 8	抽 2 个区	抽 10 所学校	每所学校抽 60 名教师
方案 9	抽 1 个区	抽 12 所学校	每所学校抽 100 名教师

究竟该选择哪一种抽样方案呢？或者说，如何确定每一阶段抽样的单位数目呢？主要考虑的因素有两方面。

（1）各个抽样阶段中的子总体同质性程度。同质性程度越高的子总体，所抽的规模就应相对小一点；反之，则应大一点。比如，如果该市的 10 个区中，属于不同的区的学校相互之间差别很大，那么就应该加大第一阶段的抽样规模（即应采取方案 1）。如果区与区之间的学校相互在总体上差别不大，而每一个区中，不同的学校相互之间却差别很大，那么就应该减少第一阶段的抽样规模，加大第二阶段的抽样规模（即应采取方案 2）。如果区与区之间，学校与学校之间差别都不大，倒是每所学校中教师与教师之间的差别很大，那么我们应该尽量加大第三阶段的抽样规模，而相应地减少第一和第二阶段的抽样规模（如采取方案 8 或方案 9）。

（2）要考虑研究者所拥有的人力和经费。从方案 3 至方案 9，我们来看一下样本所覆盖的区和学校面：所覆盖的区是方案 3 最大（所有的区），依次减少，方案 9 最小（仅一个区）；所覆盖的学校数目是从方案 3 至方案 9 依次减少（分别为 200、120、60、40、30、20、12）。一般来说，在其他条件不变的情况下，样本所覆盖的面越大，样本的代表性也越大。因此，如果仅从这方面考虑，则"大的类别中抽取单元相对较多，而每一单元中抽取个体相对较少"的做法效果较好（即方案 3 最好，依次递减，方案 9 最差）。但是，抽样时我们还应从实践的角度来进行衡量。抽的区越多、抽的学校越多，同时也意味着收集资料时，调查员要奔波的范围越广、所需的时间和经费越多。而这则是研究者往往最不愿意看到的。所以，如果从这方面来考虑，那么"大的类别中相对较少，而每一类中抽取个体相对较多"的做法效果较好（即方案 9 最好，依次递减，方案 3 最差）。

多阶段抽样的方法适用于总体范围特别大、对象的层次特别多的社会研究。由于它不需要总体的全部名单，各阶段的抽样单位数一般较少，因而抽样比较容易进行。但由于每级抽样时都会产生误差，故这种抽样方法的误差较大，这是它的主要不足。在同等条件下减少多段抽样误差的方法是：相对增加开头阶段的样本数而适当减少最后阶段的样本数。所以，当研究者的人力和经费允许时，应尽量扩大开头阶段的抽样规模。对于上例来说，就要尽可能像方案 3、方案 4、方案 5 那样去设计。

第四节　PPS 抽样

以上所介绍的抽样方法有一个共同的特点：总体（或子总体）中每一个元素都具有同等的被抽中的概率。如果总体中每个元素的"大小"基本相同，或者每一个元素在总体中的地位或重要性相差不多，则这种基于同等概率的抽样是合适的。但当元素的大小不同，或者元素在总体中的地位不同时，则需采用不等概率抽样的方法。比如，从全市几百家企业中抽取 20 家企业进行调查时，一个有着数万职工的大型企业与一个只有一二百人的小企业所占的地位，显然是很不一样的。如果此时仍采用等概率抽样的方法，则样本的代表性和精度都会比较差。而如果采用不等概率抽样的方法，是大的企业入选样本的概率大，小的企业入选样本的概率小，这样就可以大大提高估计的精度。社会研究中最重要、也最常用的一种不等概率抽样叫做"概率与元素的规模大小成比例的抽样"，简称 PPS 抽样（sampling with probability proportionate to size）。

我们通过一个例子来说明 PPS 抽样的必要性及其做法。某市 10 个区有 700 万人，从中抽出 500 人的样本。500 人的样本分散在十个区，很麻烦，首先抽取 5 个区，然后每个区再抽 100 人，也就是第一次抽取的单位是区，区的大小不等，这是以后要处理的事。

第一区的人是 1~720000 号，第二区的人是 720001~1400000 号，依次往下排，一直排到 7000000 号，如表 7 - 2 所示，从这 700 万个号码中利用随机数表（或抽签）确定 5 个号码，再看这五个号码落在哪一个区，如抽中 840000 号，落在第二区，第二区就成为调查区。在这 5 个调查区中，每区再抽取 100 人就构成样本。这样一来，人口多的区在第一次抽取中被抽中的概率高，然而人口多的区的居民在自己成为调查区后，自己被抽中成为样本的概率却并不大。最终不论哪个区的居民被抽中的概率都是相等的。例如，

$$\text{第一区的张三被抽中的概率} = \underbrace{\frac{720000}{7000000}}_{\text{第一区被抽中的概率}} \times 5 \times \underbrace{\frac{100}{720000}}_{\text{张三被抽中的概率}} = \frac{500}{7000000}$$

$$\text{第二区的李四被抽中的概率} = \underbrace{\frac{680000}{7000000}}_{\text{第二区被抽中的概率}} \times 5 \times \underbrace{\frac{100}{680000}}_{\text{李四被抽中的概率}} = \frac{500}{7000000}$$

表 7－2 十区人口统计及累计人口数

	人口概数（万）	累积人口（万）
第一区	72	72
第二区	68	140
第三区	80	220
…	…	…
第十区	60	700

第五节 非概率抽样方法

非概率抽样方法是一种有用和便于进行调查的抽样方法，特别是在某些时候，它是唯一可以使用的抽样方法。[1] 例如，在调查北京市海淀区的流动人口情况时，我们并不清楚海淀区流动人口总数，就无法找到概率抽样的总体和边界，用滚雪球抽样方法可能是最有效的途径。另外，在探索性研究中，研究者的目的在于确定某一问题是否存在，这时，非概率抽样要比概率抽样更加适合。在资源有限、无法确定总体成员、必须确定问题是否存在等情况下，非概率抽样是研究人员最好的选择。

一、偶遇抽样

偶遇抽样是指研究者将在一定时间、一定环境里所能遇见到或接触到的人均选入样本的方法。"街头拦人"法即为一例，即在街头路口、车站码头等处拦住过往行人进行调查。比如，站在图书馆门口，对从图书馆里出来的人进行访问就是采用了偶遇抽样的形式。电视台、电台和报社的记者常借这种方法迅速了解公众对某些刚刚发生的重大事件的反应。

又如在有些调查研究中，调查过程对被调查的人是不愉快的和麻烦的，这时为方便起见，常常是将那些自愿被调查的人作为样本。因此这种抽样又称方便抽样，即按调查者的方便任意抽取样本。

偶遇抽样的优点是方便省力，缺点也显而易见，就是样本的代表性差，有很大的偶然性。比如，在图书馆门口，对从图书馆里出来的人进行访问，对那些从来不去图书馆的人来说，他们就不可能被抽到。

---

[1] 加里·T. 亨利. 实用抽样方法 [M]. 重庆：重庆大学出版社，2008：17.

二、判断抽样

判断抽样是基于调研者对总体的了解和经验,从总体中抽选"有代表性的""典型"单位作为样本。例如,全体企业中抽选若干先进的,居中的,落后的企业作为样本,来考察全体企业的经营状况。如果判断准确,这种方法有可能取得较好代表性的样本,但这种方法受主观因素影响较大。

再细致分化,又可以分为最相似/最不相似,典型个案和关键个案等方法:最相似/最不相似方法是选取条件相似或很不相似的个案,多用于比较性的政体研究和政策取向的个案研究;典型个案抽样是在时间和资源极度不足时,选取为数不多的几个、研究者认为是正常或者一般的个案,不选择特殊的个案;关键个案抽样是研究者选择了数目有限的几个个案,这些个案在逻辑上或依据以往的经验允许人们进行总体的推论。

三、定额抽样

定额抽样是根据总体的结构特征来给调查员分派定额,以取得一个与总体结构特征大体相似的样本。例如,根据人口的性别、婚姻状况构成来给调查员规定不同性别、婚姻状况的调查人数。这种抽样方法的目的是使样本对总体具有更好的代表性,但是用这种方法进行选样时,调查员被分配完成某个定额,比如,他必须访问已婚妇女 30 名,具体访问哪个已婚妇女,则完全由调查员自己选择。这样很难保证样本的代表性,调查员很可能为了省事找那些最容易找到的人,或访问那些在家的人,而忽略不在家的人等。

假设某单位有 200 名员工,其中男性占 60%,女性占 40%;已婚人数占 80%,未婚人数占 20%。现在要用定额抽样方式依上述两个变量抽取一个规模为 200 人的样本。依据总体的构成和样本规模,可得到下列定额表(见表 7-3)。调查员可依据定额来选择符合条件的调查对象。

表 7-3 200 个人的定额样本分布表

	男	女
已婚	96	64
未婚	24	16

根据上面的表格,可以组合不同性别与婚姻状况而形成四种类型:(1)已婚男性;(2)未婚男性;(3)已婚女性;(4)未婚女性。然后,按照这四种类型在总体中的比例确定各自应抽人数。

四、雪球抽样

雪球抽样是一种极特殊的抽样方法，当我们无法了解总体情况时，可以先从总体的少数成员入手，对他们进行调查，向他们询问还知道哪些符合条件的人；再去找那些人并询问他们所知道的符合条件的人。如同滚雪球一样，我们可以找到越来越多具有相同性质的群体成员。这种方法的偏误很大。比如，可以通过雪球抽样的方式来抽取在公园里晨练的老人，但是有一些不出门的老人，可能就没有办法通过雪球抽样的方式抽到他们。

第六节 影响样本容量确定的因素

样本容量又称样本大小、样本规模，指的是样本内所含个体数量的多少。样本容量的确定是抽样设计的最重要的内容之一。统计学中通常以 30 为界，把样本分为大样本（大于等于 30 个样本）和小样本（30 个样本以下）。之所以这样区分，是因为当样本容量大于 30 时，其平均值的分布将接近于正态分布。从而许多统计学的公式就可以运用，也可以用样本的资料对总体进行推论。但是，需要注意的是，30 个个案的样本对于社会研究来说常常是不够的。统计学中的大样本与社会研究中的大样本并不是一回事。下面来介绍一下影响样本容量的因素。❶

一、研究的精确度要求

研究的目的往往要求通过样本得到对总体的估计。在研究目的是由样本得到对总体的估计时，首先要依研究的目的对这种估计所允许的误差大小作出规定，即确定抽样的精确度。允许误差（精确度）等于抽样误差与概率度 t 的成积，t 值取决于研究所要求的置信水平，可从 t 分布表中查出置信水平与概率度成正比。因此，当置信水平确定后，允许误差实际上就是允许抽样误差。由重复简单随机抽样的误差公式 $t \cdot \dfrac{\sigma}{\sqrt{n}}$ 可知，抽样误差与样本大小密切相关，样本越大，越接近总体，抽样误差越小；反之，样本越小，与总体差异越大，误差越大。因此样本大小视研究所要求的精确度，即允许误差与置信水平而定，对样本的精确度要求越高，所允许的误差则越小，样本就应越大，反之亦然。表 7-4 是在 1%～7% 的允许误差和两种置信水平下，简单随机抽样所需样本数。

---

❶ 袁方. 社会研究方法教程［M］. 北京：北京大学出版社，1997：225.

表7-4 1%～7%的允许抽样误差和两种置信水平下所需样本数

允许误差	置信水平	
	95%	99%
1%	9604	16589
2%	2401	4147
3%	1067	1849
4%	600	1037
5%	384	663
6%	267	461
7%	196	339

二、总体性质

总体性质包括两个方面：总体规模与总体异质程度。抽样误差与样本大小密切相关，样本越大，越接近总体，抽样误差越小，反之抽样误差越大。但是，这种想法只是在一定程度上是正确的。当总体规模大到一定程度时，样本规模的增加速度大大低于总体规模的增加速度。换句话说，当总体规模达到一定程度时，样本规模的改变量是很小的。

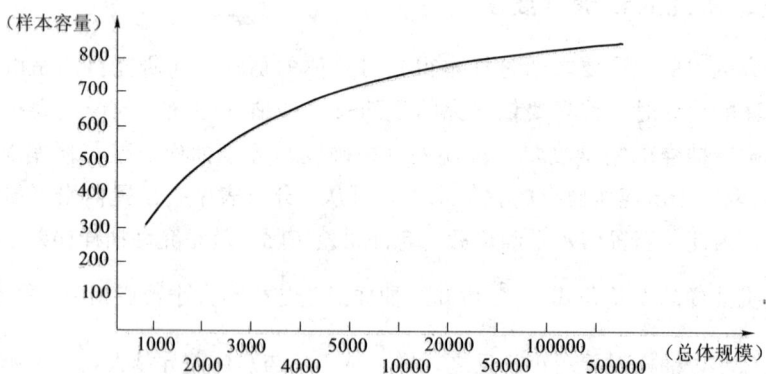

图7-4 不同的总体规模所需要的样本量（相对于95%的置信度、±3%的置信区间和总体值以50%对50%的比例均分的假定而言）❶

---

❶ 林南. 社会研究方法［M］. 北京：农村读物出版社，1987：182.

　　总体的异质性程度对所需样本规模的影响也十分明显。总体中成员相互之间不存在差别时，只要了解其中之一就行了；总体中成员之间各不相同的时候，就要了解总体中所有的成员。这当然是极端的情况。所以，一般来说，要达到同样的精确性，在同质程度高的总体中抽样时，所需要的样本规模就小一些。而在异质程度高的总体中抽样时，所需要的样本规模就大一些。其主要原因是，同质性越高，表明总体在各种变量上的分布越集中，波动性越小，同样规模的样本对总体的反映就越准确。而异质性程度越高，表明总体在各种变量上的分布越分散，波动性越大，同样规模的样本对总体的反映就会越差。

　　与总体异质性程度有关的另一个因素是，当总体中的大部分成员对某个问题的回答或选择不同时，比如，70％的成员选择甲，30％的成员选择乙，则所需的样本规模要小一些；当选择两种不同的回答的成员的比例相差无几时，比如，选择甲，乙的比例都为50％左右，则所需要的样本规模为最大。表 7-5 反映了这种差别。

表 7-5　根据总体同质性程度和精确性要求所需要的样本规模

可接受的抽样误差（％）	所期望给予特定回答的总体百分比（％）					
	5 或 95	10 或 90	20 或 80	30 或 70	40 或 60	50 或 50
1	1900	3600	6400	8400	9600	10000
2	479	900	1600	2100	2400	2500
3	211	400	711	933	1066	1100
4	119	225	400	525	600	625
5	76	144	256	336	370	400
6	—	100	178	233	267	277
7	—	73	131	171	192	204
8	—	—	100	131	150	156
9	—	—	79	104	117	123
10	—	—	—	84	96	100

　　注：1. 置信水平为 95％。

　　　　2. 样本规模小于表中短横线上的数字时，难以进行有意义的分析。

三、分析要求

　　在社会研究中，研究者不仅仅需要以样本整体为单位来计算平均数、标准差、相关系数等统计量，同时他们更经常的需要将样本中的个案按不同的指标划分为不同的类别，进而分析不同类别之间的差别，分析不同变量之间的关系。因此，要保证所划分出的每个子类别中都有一定数量的个案，就必须扩大整体样本的容量。

四、抽样方法

在同样的精度要求下，样本容量还因所选择的抽样方法不同而不同，每一种抽样方法都有自己计算样本容量的公式。因此在选定抽样方法后，必须分别考察和计算这一方法所需样本数。如简单随机抽样方法中，计算样本容量的公式为 $n = \dfrac{t^2\sigma^2}{e^2}$ ，其中 e 为可允许的误差，t 为临界值，σ^2 为总体方差（可根据以往情况估算）。其他抽样方法计算样本容量的公式与此不同。

五、无回答

在调查过程中，由于调查对象未找到或拒绝访问等原因，实际上最终收集到的样本数与理论决定的样本数不同。再者，即使是全参与分析的样本，也因对其中各个问题的回答率不同而在不同项目上显出不同的样本规模，在确定样本大小时，亦应将这些情况考虑进去。例如，初步确定的样本容量是1000，且估计可能有20%的无回答，则实际调查所用的样本容量应为1000/80％＝1250。

六、研究者所拥有的经费、人力和时间

从样本的代表性、抽样的精确性考虑，则样本规模当然是越大越好；但抽样所得到的样本是要用来进行调查的。样本规模越大，同时也意味着所需要投入的人力、物力和时间越多；意味着所可能受到的限制和障碍也越多。因此，从抽样的可行性、简便性考虑，样本规模又是越小越好；究竟选择多大规模的样本，往往需要作出选择。而这种选择的一个重要砝码，就是研究者所拥有的经费、人力和时间。

本章小结

抽样就是选择调查对象的程序和方法。抽样是从总体中按一定方式选择或抽取样本的过程。抽样的目的之一，就是要通过这些样本值去估计和推断各种总体值。抽样又可以划分为概率抽样和非概率抽样。所谓概率抽样，就是在抽取样本时，严格遵守随机化原则，通过某种随机化过程使得总体中的每一个单位都有机会中选，而且中选的机会是可知的。常用的概率抽样方法包括简单随

机抽样、系统抽样、分层抽样、整群抽样、多阶段抽样。而非概率抽样主要是依据研究者的主观意愿，判断或是否方便等因素来抽取对象。常用的非概率抽样方法有随意抽样、判断抽样、定额抽样、雪球抽样。抽样的一般程序包括以下几个步骤：（1）界定研究总体和调查总体；（2）编制抽样框；（3）设计和抽取样本；（4）评估样本同时对总体进行估计。PPS抽样是一种比较常用的抽样方式，又叫做"概率与元素的规模大小成比例的抽样"。抽样设计的四条原则是：（1）高效率；（2）目的性；（3）可度量性；（4）可行性。样本容量的确定主要受以下几个因素的影响：研究的精确度，总体性质，分析要求，抽样方法，无回答的问卷，研究者所拥有的经费、人力和时间。

思考题

1. 什么是抽样中的随机性？为什么概率抽样的方法能够保证样本对总体的代表性？

2. 抽样设计的基本原则是什么？

3. 分层抽样与整群抽样的具体操作方法是怎样的？两者之间有何异同？什么情况下应该选择分层抽样？什么情况下则应选择整群抽样？

4. 如果条件允许，多段抽样中应尽可能扩大哪一级样本的规模？为什么？

5. 在实际社会调查中，有哪些因素影响到研究者对样本的选择？

6. 从社会科学期刊中选择三篇研究报告，分析并评价这些研究中所采用的抽样方法。

7. 某市有300所小学，共240000名学生。这些小学分布在全市5个行政区中，其中，重点小学有30所，一般小学240所，较差的小学有30所。现要从全市小学生中抽取1200名学生进行调查，以了解全市小学生的学习情况。请设计一种抽样方案。

自测题

一、判断题

1. 样本就是抽样单位。

2. 研究总体就是调查总体。

3. 参数值只有通过对总体中的每一个元素都进行调查或测量才能得到。

4. 抽样误差是人为造成的。

5. 简单随机抽样是一种特殊的等概率抽样方法，总体中每一个体均有同等被选机会。

6. 在分层抽样中，层的划分依据的是层之间异质性高、层内则尽可能同质的原则。

7. 整群抽样的原则要求群间异质性高，群内异质性低。

8. 在同等条件下减少多段抽样误差的方法是：相对增加开头阶段的样本数而适当减少最后阶段的样本数。

9. 要达到同样的精确性，在同质程度高的总体中抽样时，所需要的样本规模要小一些。

10. 当总体中的大部分成员对某个问题的回答或选择不同，并且选择两种不同的回答的成员的比例相差无几，如选择甲，乙的比例都为 50% 左右，则所需要的样本规模为最小。

（答案：错、错、对、错、对、对、错、对、对、错）

二、不定项选择

1. 抽样设计的原则是（   ）。

A. 高效率　　　　B. 目的性　　　　C. 可度量性　　　　D. 可行性

2. 分层抽样的优点主要有（   ）。

A. 当一个总体其内部分层明显时，分层抽样能够克服简单随机抽样的缺点

B. 分层抽样可以提高总体参数估计值的精确度

C. 分层抽样可以很方便的对构成总体的各个部分加以单独研究

D. 将总体分层以后，可以不必进行随机抽样，而直接抽取一个层的所有个体作为研究单位

3. 分层抽样时，划分层的标准是（   ）。

A. 选择与调查变量相关程度高的变量

B. 选择具有实用性的变量

C. 选择保证各层内部同质性强、各层之间异质性强，突出总体内在结构的变量作为分层变量

D. 选择保证各层内部同质性强、各层之间异质性强的变量

4. 多阶段抽样方法的特点是（   ）。

A. 适用于总体范围特别大、对象的层次特别多的社会研究

B. 它不需要总体的全部名单，各阶段的抽样单位数一般较少，因而抽样比较容易进行

C. 它在每级抽样时都会产生误差，故这种抽样方法的误差较大

D. 在同等条件下减少多段抽样误差的方法是：相对增加开头阶段的样本数而适当减少最后阶段的样本数

5. 某厂有男工 400 人，女工 200 人，要从中抽出一个 60 人的样本，最好采用哪种抽样方式（　　）。

A. 分层抽样　　　　　　　　B. 简单随机抽样

C. 系统抽样　　　　　　　　D. 定额抽样

（答案：ABCD、ABC、ABC、ABCD、A）

第八章　问卷调查法

内容提要

　　本章包括问卷的种类及基本结构，问卷设计的原则、步骤及问题的设计，调查员的挑选与培训共三节的内容。本章结合实际情况，指出了问卷调查的种类、基本结构、设计的原则、步骤、问卷法的特点及问卷设计的常见错误等问题，注重基本理论和实际应用的密切结合。

学习目标

1. 了解问卷设计的基本情况和方法。
2. 理解问卷设计的基本原则、步骤及问卷调查的种类、基本结构。
3. 弄清问卷设计的优缺点及常犯的七点错误。

学习提示

1. 要着重注意问卷设计中的技巧性问题；
2. 主动应用所学知识分析身边所涉及的实际问题。

第一节　问卷的种类及基本结构

"问卷"是法文 questionnaire 一词的译文，它的原意是"一种为了统计或调查用的问题表格"，也可以翻译成"问题表格"或"访问表"。问卷是研究者用来收集资料的一种技术，也可以说是对个人行为和态度的一种测量技术❶。问卷在形式上是一份精心设计的问题表格，其用途是用来测量人们的行为、态度和社会特征。

一、问卷的种类

根据不同的分类标准，可以把问卷分成不同的类型，此处主要介绍两种分类方式。

（一）自填式问卷与代填式问卷

由于调查者的调查目的、内容、方式不同，通常可以把问卷分为两种类型，即自填式问卷和代填式问卷，分别用于问卷调查和访问调查。所谓自填问卷，是指由被调查者本人所填写的问卷；多用于大型调查或统计调查，是与调查研究方式相对应的收集资料方法。所谓代填问卷是指由调查员按照问卷中的问题询问被调查者后，由调查员填写问卷。代填式问卷又包括访问问卷和电话问卷。访问问卷则是由调查员依照统一的调查问卷的内容当面向被调查者提问，并根据被调查者的口头回答进行填写的问卷。电话问卷是由调查员依照统一的调查问卷的内容，进行电话询问，并根据被调查者的回答填答问卷的方式。

访问问卷的最大的特点是与调查对象面对面的交流，有利于选择调查对象和控制访谈过程，有利于灵活使用各种访谈方法和技巧，有利于对访谈的结果作出正确的分析和评价，而且回答率高，有效率高，但最大的制约是费人、费时、费钱，只适用于较小的调查范围，而且访问结果受调查者的主观素质，调查者的合作态度，以及他们之间的相互关系影响，回答的质量往往因人而异，差别较大，有些问题还不适于当面询问。

（二）报刊问卷、邮政问卷和送发问卷

按问卷的传递方式即发送到被调查者手中的方式不同，可分为：报刊问

---

❶ 杨国枢，文崇一，等. 社会及行为科学研究方法［M］.（上），重庆：重庆大学出版社，2006：328.

卷、邮政问卷、送发问卷、电话问卷和访问问卷。报刊问卷，就是随报刊的传递分发问卷，并号召报刊的读者对问卷作出书面回答，然后按照规定的时间将问卷通过邮局寄回报刊编辑部。邮政问卷，就是调查者通过邮局向被选定的调查对象寄发问卷，并要求被调查者按照规定的要求和时间填答问卷，然后再通过邮局将问卷寄还给调查者。送发问卷，就是调查者专门派人将问卷送给被选定的调查对象，待被调查者填答完后，再派专人收回问卷。访问问卷和电话问卷的概念我们在上面已经有所介绍，在此不予赘述。

不同类型的问卷在设计程序、设计原则、基本结构等方面基本相同，但是由于它们各自的特点不同，采用的基本方式的差异，因此在问卷的基本形式、设计技术和方法等方面也存在一定的差别。

二、问卷的基本结构

从问卷的结构看，一般来说，各种问卷往往都包括这样几个部分：封面信、指导语、问题及答案、编码等。

1. 封面信

即一封给被调查者的短信。它的作用在于向被调查者介绍和说明调查者的身份、调查的目的、调查的大概内容、意义、调查对象的选取方法以及对结果的保密措施等。封面信一般印在问卷表的封面或封二，二百字左右为宜，在问卷调查中有特殊作用。研究者能否让被调查者接受调查，并使他们认真如实地填写问卷，在很大程度上取决于封面信的质量。封面信的语言要简洁、中肯，文笔要亲切，切忌啰嗦和官气十足。在信的结尾处，一定要真诚感谢被调查者的合作与帮助等。下面以一份实际调查问卷的封面信为例。

➡ 专栏 8-1 家长调查表封面信

亲爱的家长：您好！

首先请原谅打扰了您的工作和休息！

儿童是祖国的未来，儿童的成长和教育是家长们十分关心的问题。为了探索儿童成长和教育的规律，我们在北京，湖南，安徽，甘肃等地开展了这项调查，希望得到家长们的支持和帮助。

本调查表不用填写姓名和工作单位，各种答案没有正确错误之分，家长们只需按自己的实际情况在合适的答案上打√，或者在_____中填上适当的内容。请您在百忙之中抽出一点时间填写这份调查表。

为了表示对您的谢意，我们为您的孩子准备了一份小小的礼物，作为这项调查活动的纪念。

祝您的孩子健康成长！

祝您全家生活幸福！

××大学社会学系"儿童发展研究"课题组

2010 年 6 月

2. 指导语

即用来指导被调查者如何正确填答问卷的各种解释和说明。它的作用与仪器的使用说明书相似。根据问卷的情况，指导语可以与封面信合并，放在封面信的后面。专栏 8-1 中的封面信，就是一封封面信＋指导语。

也可以单独写出填表说明。指导语有卷头指导语和卷中指导语之分。卷头指导语一般以"填表说明"的形式出现在封面信之后，正式调查的问题之前。其作用是对填表的方法、要求、注意事项等作一个总的说明。举例如下：

填表说明：

① 请在每一个问题后适合自己情况的答案号码上划圈，或者在＿＿＿＿＿＿＿处填上适当的内容。

② 问卷每页右边的数码及短横线是计算机处理用的，你不必填写。

③ 若无特殊说明，每一个问题只能选择一个答案。

④ 填写问卷时，请不要与其他人商量。

卷中指导语一般是针对某些较特殊的问题所作出的特定说明。分别放在某些较复杂的问题后，用括号括起来，其作用主要是指导被调查者填写该问题。如下面的问题：

你认为大学生上网的目的是（可选择多个答案）？

① 查资料　　② 玩游戏　　③ 交友　　④ 听音乐

⑤ 购物　　⑥ 看电影　　⑦ 其他＿＿＿＿＿＿＿（请写明）

"可选择多个答案"，"请写明"，都是卷中指导语。总之，问卷中每一个有可能使回答者不清楚的地方，都要给予一定的指导说明。

3. 问题和答案

这是问卷的主体，也是调查者所要了解的重要内容。问题从形式上看，可分成开放式问题和封闭式问题两类；从内容上看，可分成有关行为的问题、有关态度的问题和有关个人背景资料的问题等。

开放式问题就是不为回答者提供具体答案，而由回答者根据自己的情况自由填答的问题。简言之，就是只提问题不给答案。例如，您对住房商品化有何看法？封闭式问题就是在提出问题的同时，还给出若干个答案，要求被调查者根据实际情况选择一个作为回答。

例如，您对调整个人所得税有何看法？

① 应该调整 □　　② 不该调整 □　　③ 没什么看法 □　　④ 其他 □

开放式问题的主要优点是调查者可以充分自由的按照自己的方式表达意见。因此，所得资料生动丰富。其缺点是资料难以编码和统计分析，要求回答者拥有较高的知识水平和文字表达能力，填答所花费的时间和精力较多，还可能产生一些无用资料。同时，开放式问题所得的答案往往只能进行定性分析，而难以进行定量的处理和分析。

封闭式问题的优缺点正好同开放式问题相反，不仅提出问题，还把所有的答案列出，由被调查者根据自己的实际情况从中选择适合自己的答案。其优点是填答方便，省时省力，资料易于做统计分析，特别适合进行定量分析。其缺点是失去了自发性和表现力，回答中的一些偏误也不易发现。

根据开放式问题和封闭式问题的不同特点，研究人员常常把它们用于不同的调查中。比如，在探索性调查中，则常常用开放式问题构成的问卷；而在大规模的正式调查中，则主要采用以封闭式问题构成的问卷。

4. 编码及其他资料

在较大规模的统计调查中，研究者常常采用以封闭式问题为主的问卷。为了将被调查者的回答转换成数字，以便输入计算机进行处理和定量分析，往往需要对回答结果进行编码。所谓编码就是赋予每一个问题及其答案一个数字作为它的代码。

编码又分为预编码和后编码，即可以在问卷设计的同时就设计好，也可以等调查完成后再进行。在实际调查中，研究者大多数采用预编码，因此预编码也就成了问卷中的一部分。编码一般放在问卷每一页的最右边，有时还可用一条纵线将它与问题及答案部分分开。目的是为了便于统计分析。下面就是编码的例子。

（1）您的年龄：　　　　　　　　　　　　　1—2

（2）您的性别：① 男　　　　　　□　　　　3

　　　　　　　② 女　　　　　　□

（3）您的文化程度：① 小学以下　　□

　　　　　　　　　② 初中　　　　□

　　　　　　　　　③ 高中或中专　□

　　　　　　　　　④ 大专以上　　□　　　4

（4）您每月的收入为多少？_____元　　5—8 _____

对于第一个问题来说，一般人们的年龄往往在100岁以内，故编码中给出两栏，序号为 1—2（对于极个别大于 99 的人往往记为 99 岁）。第二、第三个问题都只可能选择一个答案，且答案数目小于 10，故分别只给一栏。第四个问题的答案往往处于 10000 之内，故给四栏。

除了编码以外，有些问卷还需要在封面上印上问卷编号、访问员姓名、访问日期、审核员姓名、被调查者住地等有关资料。

第二节　问卷设计的原则、步骤及问题的设计

一、问卷法的优缺点

（一）问卷法的优点

第一，问卷法具有很好的匿名性。由于社会调查的对象是现实生活中具体的、有思想感情的人，所以，不同的调查方法必然会对他们产生不同的影响，引起他们不同的反应。在面对面的访问调查中，人们往往不会同陌生人谈论有关个人隐私、社会禁忌或其他敏感性问题。但在问卷调查中，由于被调查者在回答这类问题时，并没有其他人在场，问卷本身又不要求署名，所以，这种匿名的问卷调查方式可以减轻被调查者心理上的压力，便于他们如实地回答这类问题。

第二，问卷法节省时间、经费和人力。从问卷调查方法的实施程序来看，它比访谈法具有更高的效率。一方面，由于问卷调查可以采取多种发放途径，所以，它可以由很少的调查者在很短的时间内，同时调查很多人的情况。另一方面，问卷调查不受地理条件的限制，到达的空间范围十分宽广。

第三，问卷法所得的资料便于进行定量处理和分析。问卷调查所得到的原始资料很容易转换成数字，特别适用于电子计算机进行处理和作定量分析。

第四，问卷法可以避免主观偏见，减少人为误差。在访问调查中，常常由于访问员的不同（在性别、年龄、能力、态度等方面的不同）、访问员提问方式的不同、访谈进展情况的不同以及被调查者回答问题的语言不同等，产生各种访问偏差，形成一定的误差。但在问卷调查中，由于每个被调查者所得到的都是完全相同的问卷，因而无论是在问题的表达、问题的先后次序，还是在答案的类型、回答的方式等方面，都具有高度一致性。每个调查者受到的刺激和影响都是相同的。这样就能很好地避免由于人为的原因所造成的各种偏误，减少调查资料中的误差，更真实地反映出不同被调查者的不同情况。

（二）问卷法的缺点

第一，回收率难以保证。在社会调查中，一定程度的回答率是保证调查资

料代表性的必要条件之一。一份问卷能否完成，能否收回，主要取决于被调查者。如调查者对该项调查的兴趣不大、态度不积极、责任心不强、合作精神不够，或者被调查者受时间、精力、能力等方面的限制，他就有可能放弃问卷，使问卷的回收率受到影响。

第二，要求被调查者具有一定的文化水平。由于填写问卷的人首先必须能看懂问卷，所以，问卷调查客观上要求被调查者必须有一定的文化程度。他们必须能够阅读和理解问题的含义，能领会填答问题的要求和方法。因此，问卷的使用范围常常受到限制。

第三，问卷调查资料的质量常常得不到保证。问卷调查由于无访问员在场，被调查者既可以同别人商量着写，也可以同其他人共同完成，甚至还可以完全交给别人代填，填答问卷的环境无法控制。另外，当被调查者对问卷中的某些问题不清楚时，也无法向调查者询问，往往容易产生误答、错答和缺答的情况，因此，问卷调查所得资料的质量常常得不到保证。这也是当前问卷调查所面临的主要难题之一。

二、问卷设计的原则

（一）明确问卷设计的出发点

问卷调查的过程是调查者通过问卷向被调查者了解情况的过程。即"调查者—问卷—被调查者"。问卷作为调查者用来收集资料的工具，对其进行设计时，自然要考虑调查者的需要。即问卷设计要紧紧围绕所研究的问题和所要测量的变量来进行，但也要考虑到被调查者的实际情况，如若不然，则设计的问卷会存在一些不妥的地方。比如，问卷设计的很长，问题太多，需要填答的量太大；问卷中要求被调查者进行难度较大的回忆和计算等。这些情况都是设计时调查者只为自己着想，没有从被调查者的角度出发，不为被调查者考虑的表现。

（二）明确阻碍问卷调查的因素

一项问卷调查的成功与否，关键在于被调查者能否与调查者密切合作。因此，在设计问卷时，必须对那些在问卷调查过程中可能出现的阻碍因素有清楚的认识。阻碍被调查者合作的因素主要有两个大的方面：主观上的障碍和客观上的障碍。

主观上的障碍，即由被调查者心理上和思想上对问卷产生的各种不良反应所形成的障碍。主要包括以下几种形式：

（1）畏难情绪。当问卷内容太多，问卷表太厚，或者问卷中需要花时间思考、回忆、计算的问题太多时，被调查者往往容易产生畏难情绪。

（2）顾虑重重。当问卷中的问题涉及个人隐私等敏感性内容时，被调查者容易产生种种顾虑。

（3）漫不经心。当问卷的封面信对调查的目的、内容、意义解释不够时，被调查者可能对问卷调查不重视，缺乏同调查者积极合作的责任感。

（4）毫无兴趣。这是被调查者对问卷的一种最平淡、最微弱的反映。当问卷的内容脱离被调查者的生活实际，或者所用的语言与被调查者的社会文化背景不协调，或者问卷设计的形式显得呆板、杂乱时，被调查者可能对问卷调查没有一点兴趣，甚至将问卷表弃置一旁。

客观上的障碍，即由被调查者自身的能力、条件等方面的限制所形成的障碍。包括以下几个方面的内容：

（1）阅读能力的限制。一个被调查者起码要能看得懂问卷才能作出他的回答。如果问卷的格式较复杂、问题较抽象或者语言不通俗易懂，那么有些文化程度较低的调查者就很难看懂问卷的内容和要求。

（2）理解能力的限制。无论是对于问题的内容还是对于填写问卷的方法，常常会有一些被调查者理解不了，不知道该如何回答。

（3）表达能力的限制。封闭式问题的回答方式相对简单，对回答者表达能力要求不高。但回答开放式问题，或回答访问员的提问，被调查者则常常受到表达能力的限制。在设计问卷时，应特别注意开放式问题的设计，对开放式问题的内容和数量都应有一定的要求。

（4）记忆能力、计算能力的限制。在问卷中，研究者常常询问有关被调查者过去的经历或生活的问题，也常常询问诸如每年的收入、每月的生活费用、每天用于某件事情的时间等问题，这些要求被调查者进行一定的（有时甚至是困难的）回忆、思考和计算。如果我们不设身处地地为被调查者考虑，那么一些回答者就会由于上述种种客观条件的限制而放弃答卷，从而减少了调查问卷的回收率，影响到调查质量。

（三）明确问卷设计时应考虑的各种因素

一份问卷设计工作远远不只是列出一组问题和答案构成的调查表格，它还涉及许多在问卷上看不到的因素，并受这些因素的影响和制约。

（1）调查的目的。调查目的是问卷设计的灵魂，它决定着问卷的内容和形式。如果调查的目的只是为了从总体上了解被调查对象的一般情况或某些方面的现状和特征，那么，问卷设计就应该是主要围绕调查对象各个方面的客观事实就行。但是，如果其目的不是一般的描述，而是要作出解释和说明，那么，问卷中必须问什么、不必问什么，都将严格受到研究假设的制约，整个问卷的编制工作，都要紧紧地围绕研究假设和关键变量来进行。

（2）调查的具体内容和形式。调查的内容对问卷设计工作有着直接的影响。问卷的内容也有有利因素与不利因素之分。对于有利因素，即对于那些回答者比较熟悉的调查内容、容易引起调查者参与兴趣的调查内容、不会对被调查者产生心理压力的调查内容来说，问卷设计的工作就相对容易一些。因而，问卷的内容可以相对详细、深入，提问可以比较直接，问题的数目可以适当多一点。对于不利因素，即调查的内容回答者不熟悉时，或者调查内容比较枯燥，不易引起他们兴趣时，特别是涉及一些敏感的内容时，问卷设计者就要多动脑筋，多想办法，设计工作就要困难一些。

（3）样本的性质。问卷是给被调查者看的，样本的性质对问卷设计工作同样有着较大的影响。这里所说的"样本的性质"指的是样本的构成情况，即被调查者是一些什么样的人，如他们的职业、文化程度、性别、年龄的分布状况如何，相互之间差异大小等。不同的人有着不同的社会背景、不同的生活方式，他们对同一事情的反映也是不同的。这些都是设计者应该有所了解的。因为即使是同样的调查目的和同样的调查内容，用于不同样本中的问卷在设计上的要求也是不尽相同的。

（4）问卷的使用方式。设计问卷时还应该考虑到资料处理分析方法和问卷的使用方式等因素。因为不同的使用、资料处理和分析方式，对问卷有着不同的要求。资料一般采用电子计算机进行处理，则样本可以很大，问卷的内容也可以多些。

除上述各种因素外，当然还不能忽视调查经费的多少，调查人员的多少，以及调查时间的长短等对问卷设计工作造成的影响。

三、问卷设计的主要步骤

（一）探索性工作

编写问卷中的问题并不是问卷设计工作的第一步。在具体编制问卷之前，必须有一段时间的探索工作。即先摸摸底，熟悉和了解一些基本的情况，以便对各种问题的提法和可能的回答有一个初步的认识。一是通过阅读相关文献，了解前人的研究，明确研究思路；二是围绕所要研究的问题，以十分随便、十分自然、十分融洽的方式，同各种类型的调查对象交谈。这样为设计者根据实际情况恰当地设计出问卷的各种问题和答案奠定了基础。

（二）设计问卷的初稿

经过探索性的工作后，就可以动手设计问卷初稿了。常用的方法有两种：一种是卡片法，另一种是框图法。卡片法的第一步是根据探索性的工作所得到的印象和认识，根据研究内容，提出具体的问题，然后把每一个问题写在一张卡片上。如果有 60 个问题，就有 60 张卡片。第二步是根据卡片上问题的主要内容，把询问相同事物的问题卡片放在一起，即将卡片分成若干堆（维度）。第三步是在每一堆中，按合适的询问顺序将卡片前后排序。第四步是根据问卷整体的逻辑结构排出各堆的前后顺序，使卡片联成一个整体。第五步是从回答者阅读和填答问题是否方便，是否会形成心理压力等角度，反复检查问题先后顺序及连贯性，对不当之处逐一调整和补充。最后把调整好的问题卡片依次写到纸上，形成问卷初稿。框图法与卡片法不同，它的第一步是根据研究假设和所需资料的内容，在纸上画出整个问卷的各个部分（即维度）和先后顺序的框图；第二步是具体写出每一部分的问题及答案，并安排好他们之间的相互顺序；第三步是根据回答者阅读和回答是否方便、是否会形成心理压力，问题内容先后是否符合逻辑等，对所有问题进行检查、调整和补充；最后将调整后的结果记录下来，形成问卷初稿。

（三）试用和修改

试用这一步在问卷设计过程中至关重要，时间再紧也不能不做。即问卷设计好后，不能直接将它用于正式调查，而必须先对问卷初稿进行一次试调查，以便对它进行修改。试用问卷初稿具体方法有两种：一种称为客观检验法，另一种称为主观评价法。

客观检验法是将问卷初稿打印若干份，然后采取非随机抽样的方法选取一个小样本，用这些初稿对他们进行调查。最后认真检查和分析试调查的结果，从中发现问题和缺陷并进行修改。

试用的结果是我们关注的中心，通常可对下述方面进行检查和分析：

（1）回收率。如果回收率较低，比如说 60％以下，那么说明问卷设计上有较大的问题，必须做较大的修改，甚至需要完全重新设计。

（2）有效回收率。即扣除各种废卷后的回收率。要认真分析问卷无效的原因，它比回收率更能反映问卷初稿的具体问题。

（3）填答错误。主要有两类：一类是填答内容的错误，即答非所问，这是对问题含义不理解或误解造成的；另一类是填答方式的错误，这主要是问题形式过于复杂，或指导语不明确等原因所致。

（4）填答不完全。若是问卷中某几个问题普遍未作回答，就要仔细检查这几个问题，分析大部分填答者未作回答的原因，然后改进。若是从某个问题开始，后面部分的问题都未回答，则要仔细检查中断部分的问题，分析出回答者"卡壳"的原因。

主观评价法是将设计好的问卷初稿，分别送给该研究领域的专家、研究人员以及典型的被调查者，请他们直接阅读和分析问卷初稿，并根据他们的经验和认识，从各个不同的角度和不同的方面对问卷进行评论，指出不妥之处。

四、问题的形式

封闭式问题包括问题及答案两部分，其形式较为复杂，主要有填空式、是否式、多项选择式、矩阵式和表格式。

（1）填空式。即在问题后面划一短线，让回答者填写。这种形式常用于那些对回答者来说既容易回答，又容易填写的问题，通常只需填写数字。如下面所示。

① 请问您家有几口人？＿＿＿＿口

② 您的年龄多大？＿＿＿＿岁

③ 您有几个孩子？＿＿＿＿个

④ 您每天上班的路上需要多少时间？＿＿＿＿分钟

（2）是否式。即问题的答案只有是和不是（或其他肯定形式和否定形式）两种。回答者根据自己的情况选择其一。这种回答简单明确，划分界线分明，但信息量太少，类别太粗。这种形式在民意测验所用的问卷中用得最多。如下面所示。

① 您是共青团员吗？　　　　　是 □　　　　不是 □

② 您是否住在本市？　　　　　是 □　　　　不是 □

③ 您家有电视吗？　　　　　　有 □　　　　没有 □

④ 您是否赞成民主选举厂长？　赞成 □　　　不赞成 □

（3）多项选择式。即给出的答案至少在两个以上，回答者根据自己的情况选择其一。这也是问卷中采用得最多的一种问题形式。而其答案的具体表达方式又有几种不同类型。如下面所示。

您的婚姻状况是：（请在合适答案后的方框中打√）

① 未婚　□

② 已婚　□

③ 离婚　□

④ 丧偶　□

⑤ 其他　□

（4）矩阵式。即一种将同一类的若干问题集中在一起，构成一个问题的表达方式。这种矩阵式的优点是节省问卷的篇幅，同时由于同类问题集中在一起，回答方式也相同，因此也节省了回答者阅读和填写的时间。如下面所示。

你觉得下列现象在你们学校是否严重？（请在每一行适当的方框内打√）

	很严重	比较严重	不太严重	不严重	不知道
① 迟到	□	□	□	□	□

② 早退　☐　　☐　　☐　　☐　　☐
③ 请假　☐　　☐　　☐　　☐　　☐
④ 旷课　☐　　☐　　☐　　☐　　☐

（5）表格式。其实它是矩阵式的一种变体，其形式与矩阵式十分相似。表格形式的问题除了具有矩阵形式的特点外，还显得更为整齐、醒目。例如，与上述矩阵式问题对应的表格式问题就是：

你觉得下列现象在你们学校是否严重？（请在每一行合适的格中打√）

	很严重	比较严重	不太严重	不严重	不知道
① 迟到					
② 早退					
③ 请假					
④ 旷课					

从内容角度来看，问卷所包含的问题可以分为三类：第一类是有关个人的静态资料，如性别、年龄、职业；第二类是有关行动的内容，如每周去几次超市，每个月理发几次；第三类是关于态度的内容，如对超市服务的满意度，喜欢什么样的发型。

五、问题的语言表达及提问方式

在设计问题的时候除了要注意三类问题间的区别，还应该注意以下一些标准❶：

（1）问题的类型是否合适。一是性质上的类别，分为探索性、描述性、解释性研究。二是选择开放式还是封闭式的问题，应从研究的性质来决定，探索性研究多选择开放式问题，描述性和解释性研究多采用封闭式问题。

（2）问题是否切合研究假设的需要。每一个问题的设置都应该以验证研究假设或研究目的为核心，根据操作化原理，从"概念—维度—问题"中推出。

（3）问题的语言要尽量简单。无论是设计问题还是设计答案时，要尽可能使用简单通俗、人人都明白的字眼。不要使用专业术语、行话，如"社区、核心家庭、社会分层"等。也要避免使用抽象的概念，如"政治体制、经济体制、开拓精神"等。总之，所用语言的第一标准应该是简单。

（4）问题的陈述要尽可能简短。问题越短小，产生含糊不清的可能性就越

---

❶ 杨国枢，文崇一，等．社会及行为科学研究方法［M］．（上），重庆：重庆大学出版社，2006：333．

小。我们在设计问卷时，尽可能不要使用长句，要使问题尽可能的清晰、简短，使回答者能很快看完，很容易看懂，一看就明白。因而，有的社会学家提出，简短的问题是最好的问题。

（5）问题不能带有倾向性。人们对问题的回答在一定程度上受问题措辞所表现出来的倾向性，也称诱发性的影响。即问题的提法和语言不能使被调查者感到应该填什么，或者感到调查者希望他填什么。要避免提问方式对回答者形成的诱导，应该保持中立的态度，使用中性的语言。例如，同样要了解被调查者是否喝酒，一般问："你喝酒吗？"如果把问题改成："你不喝酒，是吗？"这就带有一种希望被调查者回答"是的，我不喝酒"的倾向。另外，在问题中不要引用某些权威的话，在问题和答案的用词上也要注意保持中性原则，不要用贬义和褒义的词语。

（6）问题要避免带有双重含义。双重含义的问题就是在同一个问题中，询问了两件（或几件）事情，或者说是一句话中实际上询问了两个（或几个）问题。比如，问题"您的父母是工人吗？"就是一个带有双重含义的问题。它实际上同时询问了"您的父亲是工人吗？"和"您的母亲是工人吗？"这两个问题。由于一题两问，就使得那些父母中只有一个是工人的调查者无法回答。

（7）不要用否定形式提问。用否定形式提问容易产生误解和诱导性，所以问卷设计中要避免用否定形式提问。比如，人们往往习惯于肯定形式的提问"您是否赞成物价进行改革？"而不习惯于否定形式的提问"您是否赞成物价不进行改革？"首先，很多人容易漏掉"不"字，并在这种理解的基础上来选择回答，结果，许多赞成对物价进行改革的人选择了"赞成"，而不赞成对物价进行改革的人却选择了"不赞成"。其次，这种提问隐含了提问者想要的答案，有引导因素，因此，在问卷设计中不要用否定式提问。

（8）不要问回答者不知道的问题。要使我们在问卷中提出的每一个问题都有意义，十分重要的一点就是回答者必须具备回答这个问题的知识，或者说我们所问的问题应该是被调查者能够回答的。比如，我们提出这样的问题："您对我国的社会保障制度是否满意？"那么普通公民中的大部分人都将无法回答，因为人们并不知道何为社会保障，我国的社会保障制度是怎样的。人们对自己不了解、不熟悉的事物不可能作出客观的、正确的评价。

（9）不要直接询问敏感性问题。当问及某些有关个人隐私或人们不便表达的敏感性问题时，如果直接提问，往往会引起很高的拒答率。所以对一些非问不可的敏感性问题要采用文字技术降低其敏感性，如用假设法或评价法。

六、答案的设计

由于社会调查中的大多数问卷往往由封闭式问题构成，而答案又是封闭式问题非常重要的一部分，因此答案设计得好坏就直接影响到调查的成功与否。

1. 关于答案的设计，除了要与所提的问题协调一致外，还要注意以下几个方面

（1）要做到使答案具有穷尽性和互斥性。所谓答案的穷尽性指的是答案包括了所有可能的情况，不能有遗漏，不能使有的回答者无答案可填，即问题的答案中总有一个是符合他（她）的情况的。如下面的例子，例1是可穷尽的，例2则是不可穷尽的。

例1：您的性别？（请选择一项打√）

① 男　　② 女

例2：您最喜欢哪类体育运动？（请在合适的答案号码上打√）

① 跑步　　② 打篮球　　③ 踢足球　　④ 打乒乓球

例1中，人的性别只有两种情况，不是男性就是女性。所以每一个被调查者都能找到一个符合他（或她）情况的答案。例2中，答案的设计并没有包括所有的体育运动，比如有的人喜欢打羽毛球就没办法选择了。这种情况下，可以加一个"⑤ 其他（请写明）_____"的选项，则满足了完备性的要求。

所谓答案的互斥性，指的是答案互相之间不能交叉重叠或相互包含，不能使有的回答者可以填多于一个的答案（即有两个以上的答案都符合他的情况）。如果一个回答者可同时选择某一问题的两个或更多的答案，那么这一问题的答案就一定不是互斥的。例如，下面一个例子的答案就不是互斥的。

例：您的职业是什么？（请在合适答案号码上打√）

① 工人　　　② 农民　　　③ 干部　　　④ 商业人员　　　⑤ 医生
⑥ 售货员　　⑦ 专业人员　　⑧ 教师　　　⑨ 其他_____

因为答案中的"商业人员"与"售货员"、"专业人员"与"教师"和"医生"都不是互斥的。

（2）要根据研究的需要来确定变量的测量层次。不同测量层次的变量具有各种不同的性质，而且，高层次的变量可以转化为低层次的变量来使用。因此，我们在实际设计问题答案时，首先看问题所测的变量属于哪个层次（是定类的、定序的还是定距的），然后根据研究的要求和变量的层次来确定答案所应具备的特征，再根据这种特征决定答案的形式。比如，要测量"人们每月的工资收入"，这是一个定比的变量，即最高层次的变量，它可以用于任何层次。

2. 相倚问题

在问题设计中，常常遇到这样的情况，有的问题只适用于一部分被调查对象。而一个被调查者是否要回答这个问题，常常依据他对于该问题前的另一个问题的回答来定。这样的问题称之为相倚问题，而前面的那个问题则叫做过滤问题或筛选问题。比如，"您有几个孩子？"这一问题，就只适合于那些已结婚的调查对象；"您对电视剧《蜗居》中的海藻这一人物如何评价？"这一问题，就只适合于那些看过电视剧《蜗居》的调查对象。

在问卷设计中，根据不同的情况，可以采取下列几种不同形式的相倚问题，其常见格式一般是用方框框起来，与过滤性问题隔开，并通过一个箭头指示将它同过滤问题中的某种答案相连接，表示选择该答案的回答者需要进一步回答相倚问题。

例1：一个相倚问题

您是否结过婚？

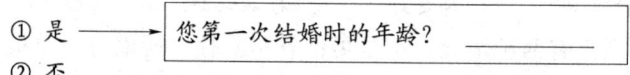

① 是

② 否

例2：相倚问题中又有相倚问题

您有孩子吗？

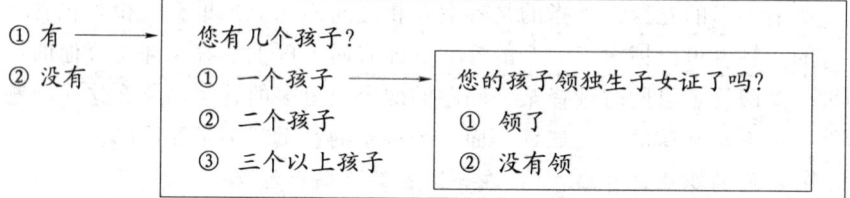

① 有

② 没有

例3：一连好几个问题都只适用于一部分回答者，采用跳答指示的方法来解决

您的孩子是独生子女吗？

① 是

② 不是

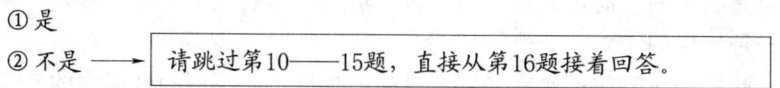

3. 问题的数目和顺序

（1）问题数目的多少，决定着整个问卷的长短。一份问卷中所包含的问题数目，要根据调查的内容、样本的性质，分析的方法等各种因素来决定，没有固定的标准。通常限制在被调查者20分钟以内完成，最多不超过30分钟。总的来说，问卷不宜太长，问题不宜太多。问卷太长往往引起回答者心理上的厌倦情绪和畏难情绪，影响填答的质量和回收率。

（2）问题之间的前后次序及相互关系是问卷设计中一个重要问题。它会影响到被调查者对问题的回答，甚至影响到调查的顺利进行。如何安排问卷中问题的次序呢？一般来说，有下列常用的原则：

① 把被调查者熟悉的、简单易答的问题放在前面，比较生疏、复杂难答的问题放在后面。问卷的开头几个问题一定要尽量简单，回答起来相当容易，这样就可以给回答者造成较好的感觉，有利于他们继续填答下去。

② 把能引起被调查者兴趣的问题放在前面，而易引起紧张或产生顾虑的问题放在后面。如果开头的一批问题能够吸引被调查者的注意力，引起他们对填答问卷的兴趣，那么调查便可以较顺利的进行。反之，如果开头部分的问题比较敏感，一开始就直接触及人们的心灵深处，触及有关伦理、道德、政治态度、个人私生活等方面的问题，那么往往很容易导致被调查者产生强烈的自我防卫心理，对问卷产生反感，而放弃答卷。

③ 先问行为方面的问题，再问态度、意见、看法方面的问题。问卷中的问题大致包括行为、态度和个人背景资料三个方面的内容。行为方面的问题涉及的只是客观的、具体的事实，因此往往比较容易回答。而态度、意见、看法方面的问题则主要涉及回答者的主观因素，多为回答者思想上的东西、内心深处的东西。如果一开始就问这样的问题，常常引起被调查者心理上的戒备情绪和反感情绪，引起较高的拒答率。

④ 开放式问题放在问卷的最后。由于开放式问题一般需要回答者较多的思考和书写，所以无论是把它放在问卷的开头，还是放在问卷的中部，都会影响回答者填完问卷的信心和情绪。

七、问卷设计中的常见错误

问卷设计是一个需要不断实践的过程，不仅初学者设计问卷时易犯多种错误，就是有一定实践经验的研究者有时也难免出现一些疏忽。下面，我们将通过列举实际社会调查问卷中所存在的各种常见的错误，并加以分析，来帮助读者在设计自己的调查问卷时，及时发现和尽量少犯这种错误。

1. 错误一：专业术语

例1：请问您家属于下列哪一类家庭？

① 单身家庭

② 核心家庭

③ 主干家庭

④ 联合家庭

⑤ 其他家庭

所列的家庭类型都是社会学中的专业术语，对于一般的人来说，什么样的家庭才是核心家庭？什么样的家庭又是主干家庭或联合家庭？他们往往不清楚，甚至从未听说过。因为这些概念并不像家里有几口人、几代人那样具体、易懂。在问卷中要尽量避免使用专业术语。

2. 错误二：问题含糊

例 2：您觉得您所在单位近几年来情况怎样？

① 几乎没有什么变化

② 变化不大

③ 变化较大

④ 变化很大

这一问题没有明确说明要询问单位的什么情况，是多方面的情况，还是某一方面的情况，是单位的生产情况还是福利待遇情况或是干群关系、人际关系情况等，这些都不清楚。

3. 错误三：问题带倾向性

例 3：看了《武林志》《少林寺》等影片后更增加了你对中国武术的兴趣，是吗？

① 是的

② 不是的

③ 更反感了

这种提问方式带有明显的倾向，它容易诱导回答者选择答案。

4. 错误四：问题提法不妥

例 4：你现在的实际文化程度相当于：

① 小学毕业

② 初中毕业

③ 高中毕业

④ 大专毕业以上

"现在的实际文化程度"的提法看似有理，但并不妥当。不同的调查对象，其评价的标准会不同。因此，这种问题的提法不恰当，还是直接问"您的文化程度"为好。

5. 错误五：问题有双重含义

例 5：你觉得你的知识水平和实践经验能否适应工作的需要？

① 能适应

② 不能适应

③ 不知道

这里实际询问了两件事，即"你的知识水平能否适应工作需要"和"你的实践经验能否适应工作需要"。因此，那些认为自己在某一方面能适应工作需要，而同时在另一方面又不能适应工作需要的人，就无法回答这一问题了。

6. 错误六：问题与答案不协调

例 6：您常看哪一类电视节目？

	经常看	很少看	从不看
① 新闻节目	□	□	□
② 电视剧	□	□	□
③ 体育节目	□	□	□
④ 广告节目	□	□	□

问题问的是"常看哪一类"，因此，答案中除了类别外，就不应该再有别的内容，否则就会出现一些答非所问的回答来。比如，"您常看哪一类电视节目？——我从不看新闻节目"。解决的方法是去掉"经常看、很少看、从不看"这一类选择，仅留下节目的类型。如果是希望了解人们对某一类节目的观看情况，那么必须将问题改为"您对某电视节目的观看情况"。

7. 错误七：答案设计不合理

例 7：下列各种素质中，您认为哪些是一个合格的厂长应该具备的？

① 决策能力　　　　⑥ 指挥协调能力
② 业务能力　　　　⑦ 管理科学知识
③ 创新能力　　　　⑧ 马列理论水平
④ 谋略能力　　　　⑨ 综合分析能力
⑤ 任贤能力　　　　⑩ 实际生产能力

在列出的答案中，相互包含的很多，比如，"业务能力"，本身就包括了除"马列理论水平"以外的其他所有答案的内容。因此，这些答案与业务能力之间并不存在互斥的现象。

第三节　调查员的挑选与培训

调查员是调查中的中心人物，研究结果在很大程度上取决于调查员的个人品质、特征和能力。一个好的调查员，不但所得资料丰富、可信，而且还可以从调查中获得新思想，发现新问题，通过调查获得对问题的更深的认识与理解。反之，就只能了解到一些表面的，甚至不真实的社会现象。因此调查员的挑选是调查研究中一项比较重要的内容。

一、调查员的挑选

一般地讲，应尽可能选择那些经过训练、有调查经验、对所调查的问题比较熟悉的人作调查员，如经过社会学调查方法训练的社会学专业和人口学专业的大学生。实践证明，这样的调查员能大大提高调查的质量，降低调查的成本。

调查员应当具备的条件分为两类：一类是由研究主题的性质、社区类型及调查对象的特点所规定的；另一类是任何研究的调查员都应具备的。前者称特殊条件，后者称一般条件。

（一）特殊条件

调查员往往是调查研究中资料收集工作的主要承担者。因此，挑选和培训调查员也是研究者在调查研究中的一项重要任务。重要的有下述几个方面：

1. 性　别

研究表明，男性调查员去调查领导人比较合适，女性调查员去调查女性比较合适。在调查有关政治、经济问题时，应选择男性调查员为主，而在调查婚姻、家庭问题时则选择女性调查员更合适。

2. 年　龄

通常是青年调查青年较好。对于身份较高或影响力较大的领袖、或年龄大的人，宜以年龄较大者为佳。在政治和经济问题的研究中也不宜以年轻人为调查员。

3. 教　育

研究表明，教育水平高的调查员在问问题方面造成的差异最小。教育水平对调查的重要性，还在于调查技巧的运用和对于被调查者的反应程度。因此，在研究复杂问题的时候，要相对提高对调查者的学历要求，而且要求其具有一定的经验。

4. 地　区

我国地域广大，民族众多，各地风俗习惯、语言等差异极大，并且城乡间也有很大的差异。因此在选择调查员时，要充分考虑这点，尽量选择当地的、同民族的人作为调查员。总之，调查员与被调查者背景越接近（如职业、社会地位、地区、民族），访问效果越好，特别是对于那些敏感性的问题，如民族、宗教等问题，为减少回答的误差，最好的办法就是使用一个与被调查者特征大致相同的调查员。

（二）一般条件

一般条件是对调查员的一些基本要求，主要有以下几种：

1. 诚实与认真

诚实主要指不弄虚作假，要客观地、实事求是地对待调查的结果。认真则是要求不马虎、不敷衍。

2. 兴趣与能力

调查工作本身并不一定使每位调查员都感到有趣，重要的是调查员要培养自己对调查工作的兴趣，如果不培养一定的兴趣，完全被动消极地去干，效果往往不好。无论是观察能力、辨别能力，还是交往能力，都是一个优秀调查员所不可缺少的。

3. 勤奋负责

调查工作的艰苦性，要求调查员具有不怕困难、不怕吃苦的精神，以及努力完成调查任务的高度责任心。

4. 谦虚耐心

这是对调查员工作态度的要求。谦虚体现在尊重被访者。耐心则体现为在访问中要耐心听完被访者的回答，即便他说的不恰当，同时也要耐心向被访者解释问题的含义，不能表现出不耐烦的态度来。

二、调查员的培训

对于大规模的结构式问卷调查，培训调查员的意义不只在于提高调查员的访问技巧和能力，更重要的是为了保证调查过程的标准化。因为大规模的结构式问卷调查需要调查员的数量一般较多，他们对于问卷的理解，对调查过程中出现问题的处理，以及对答案的记录方法上均难免存在差别，需加以训练统一，以降低并消除误差对调查结果的严重影响。下面我们主要介绍结构式问卷调查中调查员的训练方法和一般步骤。

（1）研究指导者作简要介绍，介绍包括该项研究的目的、意义、整个调查的范围，调查对象的数量及每人的工作量，调查的步骤和每阶段所需时间，付给多少报酬，共需工作多久等。

（2）阅读问卷、调查员手册或访问指南及其他与该项研究有关的材料。先由调查员认真阅读，然后由调查指导者逐条对上述文件进行讲解和提示，使调查员明确每个项目内容，回答类别及如何记录回答，明确访问中每一步工作及其对他们的要求。对于调查员提出的问题，调查指导者要一一给予回答，并与调查员一起对问卷的条款进行讨论。

（3）举行模拟调查，可在调查员之间一对一互相调查，也可找个试验点，使每个调查员实际操作一遍。研究指导者应从旁观察与协助，并严格检查调查结果。模拟调查的目的是发现和解决在实际调查中可能出现的潜在问题，熟悉调查内容并磨炼调查技巧。

（4）集体讨论，结合模拟调查，全体调查员与调查指导者一起再次逐一复习和讨论问卷的所有问题，并将每一疑问加以解决，并指出今后工作中应注意的问题。

（5）要建立起相互联系、监督和管理的办法及规定，以保证正式调查工作的顺利开展。这包括组织管理措施、指导监督措施、复核检查措施、总结交流制度等。

本章小结 ▼

在社会调查研究中，问卷法是最常用的资料收集方法，它的使用最为普遍。美国社会学家艾尔·巴比称"问卷是社会调查的支柱"。问卷调查法是调查者通过事先统一设计的问卷来向被调查者了解情况、征询意见的，以客观验证和定量分析为基础的实证研究方法，即问卷是社会调查中用来收集资料的一种工具。问卷的形式是一份精心设计的问题表格。问卷的用途主要是用来测量被调查者的多种行为、态度和社会特征。问卷调查的特点：标准化、间接的、书面的。问卷的基本结构包括封面信，指导语，问题及答案等内容。在设计问卷的时候，可以有两种方法，即卡片法与框图法。明确问卷的出发点及阻碍问卷调查的因素，同时还要注意在设计问卷时一些常见的错误。在科学技术日益进步、文化教育日益发达的现代社会，问卷调查法具有广泛的用途和重要的作用，越来越受到社会学、心理学、管理学、人口学等各学科研究人员的关注。

思考题 ▼

1. 问卷调查的出发点及阻碍问卷调查的因素有哪些？
2. 几种问卷方式各有何特点？
3. 问卷设计中常见的错误都有哪些？
4. 问卷设计时都应考虑哪些因素？
5. 问卷法的优点和缺点各是什么？

自 测 题 ▼

一、判断题

1. 自填问卷即访问问卷是由调查员依照统一的调查问卷的内容向被调查者提问，并根据被调查者的回答进行填写的问卷。

2. 主观检验法是将问卷初稿打印若干份，然后采取非随机抽样的方法选取一个小样本，用这些初稿对他们进行调查。

3. 访问问卷的调查范围较窄，调查因素可以控制和选择，代表性较强，且影响调查的对象便于了解、控制和判断。

4. 阻碍被调查者合作的主观上的障碍是由被调查者自身的能力、条件等方面的限制所形成的障碍。

5. 问卷调查的"样本的性质"指的是样本的构成情况，即被调查者是一些什么样的人，如他们的职业、文化程度、性别、年龄的分布状况如何，相互之间差异大小等。

（答案：错、错、对、错、对）

二、单项选择题

1. 调查者专门派人将问卷送给被选定的调查对象，待被调查者填答完后，再派专人收回问卷是（　　　）。

A. 报刊问卷　　　　B. 邮政问卷　　　　C. 送发问卷　　　　D. 访问问卷

2. 决定着问卷的内容和形式的问卷设计的灵魂是（　　　）。

A. 调查的内容　　　　　　　　B. 调查的目的

C. 样本的性质　　　　　　　　D. 问卷的使用方式

3. 用来指导被调查者如何正确填答问卷的各种解释和说明的是（　　　）。

A. 封面信　　　　B. 编码　　　　C. 问题及答案　　　　D. 指导语

4. 问卷不宜太长，问题不宜太多。通常限制在被调查者（　　　）以内完成。

A. 20 分钟　　　　B. 30 分钟　　　　C. 40 分钟　　　　D. 一小时

5. 明确问卷设计时应考虑的各种因素中下列不包括的是（　　　）。

A. 调查的目的　　　　　　　　B. 问卷的使用方式

C. 调查的内容　　　　　　　　D. 调查的过程

（答案：C、B、D、A、D）

第九章　访谈法

内容提要

本章包括访谈法的含义及类型、访谈法的特点、访谈成功的因素以及谈话中的非语言交流共四节的内容。本章结合实际情况，指出了访谈法的含义、类型与特点、访谈前应准备的工作、访谈的技巧、访问记录、努力消除访谈时无回答的情况以及召开调查会等问题，注重基本理论和实际应用的密切结合。

学习目标

1. 了解访谈法的概念、类型及特点。
2. 访谈法的程序、访谈技巧。
3. 弄清访谈时无法消除的情况及召开调查会等。

学习提示

1. 要着重注意访谈法中的技巧性问题。
2. 主动应用所学知识分析身边所涉及的实际问题。

第一节 访谈法的含义及类型

一、访谈法的含义

访谈法，也称访问法，是通过有计划地与调查对象直接交谈获取社会信息（收集资料）的方式。它是调查者根据调查课题所确定的要求与目的，按照调查提纲或问卷规定的内容，通过个别访谈或集体交谈的方式，系统而有计划地收集资料的一种方法。

访谈法的最大的特点在于，整个访谈过程是访谈者与被访者相互影响、相互作用的过程。在观察法中，观察过程主要是观察者单方面的活动，被观察对象一般都是处于被动的观察中，为了防止和减少被观察对象的反应性心理或行为，观察者要努力控制自己的观察活动，尽量减少对被观察者的影响。访谈法则恰恰相反，整个访谈过程不是单向传输过程，而是双向传导过程。

访谈的目的是为了了解社会真实情况。被访者都是有思想、有理智、有心理活动的人，因此，访谈过程，首先是人与人之间的交往过程，访谈者只有在这过程中与被访者建立起基本的信任关系，具有一定情感，访谈者不仅要认真做好访谈前的各种准备工作，而且要善于进行人际交往，熟练掌握访谈技巧，并且能够有效地控制整个访谈过程。

二、访谈法的类型

作为收集资料的方法之一，访谈法又可分为当面访谈和电话访谈。具体采取哪种方法需依据研究课题的特点进行选择，从而达到最好的收集资料的效果。

（一）当面访谈

当面访谈的方式可根据不同的划分标准分为不同的方式，根据每一次访谈所包括的调查对象的数量可分为个别访谈和集体访谈；根据对访谈过程的控制程度可分为结构式访谈和无结构式访谈。

1. 个别访谈与集体访谈

个别访谈通常只有一名访谈者和受访者，两个人就研究的问题进行交谈。在个别访谈中，受访者可以得到访谈者较多的个人关注，有较多的机会与访谈者交流，因此可能对自己的内心世界进行比较深刻的挖掘。由于只有访谈者一个人在倾听自己的故事，受访者可能感到比较放松，不像在公众场合那样不愿暴露自己的隐私，不过前提是受访者必须信任访谈者。

集体访谈是指调查者邀请若干被调查者，通过集体座谈的方式收集资料、了解情况的方法，即我们通常所说的"开调查会"。与个别访谈相比，集体访谈可以为参与者提供一个相互交流的机会，调动大家对有关问题进行争论。

座谈会也就是我们常说的调查会，它是一种无结构式集体访谈，即将调查对象集中起来进行共同讨论。开调查会，是收集资料简单易行的办法，也是我党调查研究传统中普遍使用的办法。

开座谈会最需注意的就是参加人员首先要有代表性，要注意针对所要调查的问题邀请参加的人员，不要疏漏任何一类与调查问题相关的群体；其次参加会议的人员不要过多，以10人左右为宜，人员过多会出现现场混乱，难于控制的局面；再次访谈者要事先准备好座谈提纲，并且鼓励参加人员发表不同的看法，多多进行讨论。

座谈会的最大特点是，访谈过程不仅是调查者与被调查者的社会互动过程，也是调查对象之间的社会互动过程，座谈会资料受到这两种社会互动的影响。因此，要使座谈会成功，就要组织好他们之间的互动，这就要求调查者有更熟练的访谈技巧及组织会议的能力。这种方法是毛泽东倡导并亲自实行，并在中国广为使用的一种方法。毛泽东同志认为："开调查会是最简单易行又最忠实可靠的方法，我用这个方法得了很大的益处，这是比较什么大学还要高明的学校。"

调查会上常见的另一个现象是对后发言者的影响，少数人的意见受到多数人的左右。由于从众心理的作用，个人往往顺从大家的意见，不愿或不敢与大家辩论，有时心里对自己的意见失去信心。会议主持人特别要鼓励发表不同意见，引导各种看法的讨论，避免这种从众现象的出现。

2. 结构式访谈与无结构式访谈

结构式访谈，又称标准化访谈，是一种高度控制的访谈，即按照统一设计的、有一定结构的问卷进行的访谈。

这种访谈方式的目的在于验证一种假设或理论，社会学及社会心理学研究用得较多。其特点是：访谈中提出的问题、提问题的方式和顺序以及对被访谈者回答时的记录方式都是统一的，甚至连访谈的时间、地点、周围环境等外部条件，也力求保持基本一致。

在结构式访谈中，问卷是访谈者的主要工具，访谈者必须严格按照问卷上的问题顺序提问题。结构式访谈最大的好处是，便于对访谈结果进行统计和定量研究，便于对不同被访谈者的回答进行对比分析。这种形式就是用问卷进行访问，属于代填式问卷形式。

无结构式访谈，又称低度结构访谈，是事先不制定统一的问卷、表格和访谈程序，而只是给访谈者一个题目或拟定一个访谈提纲，由访谈者与被访谈者就此题目进行自由交谈。

这种访谈方法，主要是根据访谈提纲进行访谈，可以根据访谈中的实际情况随时调整访谈的内容、深度和广度。至于问题的方式和顺序、对回答的记录、访谈时的外部环境等，都不作统一的规定和要求，访谈根据具体情况灵活处理，人类学研究中运用较多。

无结构式访谈有利于充分发挥访谈者与被访谈者的主动性、创造性，更体现了访谈的特点，这种调查方法对访谈者的要求较高，对访谈结果难以进行定量分析和对比研究。

（二）电话访谈

电话访谈法又称电话调查，是一种间接的访谈方法，即访谈者通过电话向被访者就某一问题进行访谈，从而收集资料的方法，通常的做法是从电话号码数据库中采用随机抽样的方法抽取被访对象，然后进行电话访谈。

电话访谈的优点在于节省访谈双方时间、精力，收集资料方便快捷，但其缺点也非常明显，访谈双方属于非面对面谈话，访谈者很难捕捉被访者的非语言信息。

电话访谈可分两种，一种是事先设计好问卷，按问卷询问被访谈者，即标准化访谈的方法；另一种是事先不设计问卷，只根据简单谈话提纲交谈，即非标准化访谈。

第二节 访谈法的特点

访谈法的定义突出了三点内容，即访谈是有计划的；访谈是面对面直接的人际交往；资料主要从谈话中得到。所以访谈具有以下优点和缺点。

一、访谈法的优点

（1）信息是双向导通的，所获资料的真实性和准确性大大提高。问卷法中调查员发出的询问和被调查者的回答，是通过问卷这一介质进行传递的，二者之间没有直接的、面对面的联系。如果被调查人对问卷上的问题看不懂、弄不清，或错误理解了，无法向调查员询问，也无法及时得到指导，于是就造成了误差；从信息论观点来看，这就是信息单向导通时极易受到"噪音"干扰，出现失真或阻塞现象。在访谈中，由于双方直接交谈，被调查人可以对不懂的问题要求解释，调查员可以及时发现误解而作出纠正，信息在二者之间是双向传导，能够随时纠正干扰造成的失真，保证了信息的传导畅通。

（2）环境是可控制的。由于是面对面接触，可以了解被调查人提出信息的环境，而问卷法则是做不到这点的。在填写问卷时，有可能周围是乱糟糟、七嘴八舌的，填写人心不在焉，甚至为了省事交给热心的朋友、亲属代填，这就使问卷失去了特定的代表性。而访谈法不会出现这种情况，一般可以选择安静的地点，可以避开或引开旁人的注意，并且可以保证与抽中的人交谈，不会使代表性受影响。对于访谈时的具体环境，一般在访谈记录中都有记载，这样对事后分析有很大的好处。

（3）回收率有保证。由于是面对面的交往，相对而言访谈法的回收率较高。对文化程度较低的群体，由调查员一对一的进行访谈更加适合。

（4）回答有效、深刻。通过面对面的访谈，不但能听到被访者的回答，还能看到他的表情。在倾听被调查者回答时，经常可以得到一些超出题目要求的自发性回答，这对我们往往是有启发的。如果交谈投机，我们可以与被调查者就调查者关心的问题进行更深入或更广泛的讨论，可以得到意外的收获。

（5）方式方法较灵活。在非标准访谈中，可以根据被访人的特点，选择提问顺序、提问方式与措辞，更能"看人下碟"。这样做虽然取得的信息有可能增多，但也增加了后期对资料整理工作的难度。

（6）适用范围较广。由于访谈法采取调查者与被访者聊天的方式，所以它更多的是依赖语言的交流，而非文字，因此，它既适用于文化程度较高的被访者，也适用于文化程度较低、甚至不识字的被访者，进行农村调查和少数民族调查时，由于农民和少数民族同胞很难通过文字和研究者交流，故访谈法的优点体现的尤为明显。

二、访谈法的缺点

（1）费时间、人力、物力。由于必须找到被访人，而他们可能在一个很大的区域里，访谈时还必须选择适于谈话的时间、环境。因此，为了完成一次访谈，用于寻找的时间有可能大大超过谈话时间，数访不遇或无法谈话是常有的事。这使访谈调查难以速战速决，而时间拖得较长。

（2）受调查员的影响较大。由于调查员与被访人是面对面的交往关系，因此，调查员的性别、年龄、外貌、服装、口音都会对访谈造成影响。

（3）被访人缺乏思考的机会。访谈是以问答形式出现的，被访人对问题的思考往往受时间限制而不充分，有时也没有机会去核对事实，同时在接受访谈时，容易受疲劳、烦闷和环境的干扰，不像回答问卷可以自己安排时间、可以分为几次回答，因而不够从容，造成信息差。

（4）匿名性差。在不具姓名的问卷回答中，被调查者没有精神压力，可以畅所欲言，但是在访谈中，由于面对面谈话，对于敏感性问题，被访者往往回避、回答模棱两可、"顾左右而言他"，或者干脆拒绝回答。

（5）对调查人员的要求更高。在访谈过程中，调查员往往需要根据实地情况灵活处理一些事情，比如，遇到拒访或不配合访问的情况时，调查员需根据当时的情况，以及被访者的一些特点，甚至当地的文化习俗，灵活并且恰当地解决问题，所以，访谈法对于调查人员的交往能力、心理分析能力以及随机处理问题的能力有更高的要求。

第三节 访谈成功的因素

一、访谈前的准备工作

1. 访谈工具

访谈工具一般包括两大类，一类是普通工具，如纸、笔等；另一类是调查问卷、照相机、录音笔、证件、介绍信等。

2. 访谈提纲或问卷

访谈前要学习与调查内容有关的各种知识。做结构式访谈必须弄懂、弄通统一设计的问卷；做非结构式访谈，应将粗线条的访谈提纲具体化为访谈问题。不论是做何种类型的访谈，要事先做与访谈内容有关的准备工作。如果你的知识丰富，能够与被访者作深入的交谈，他的积极性就会高，反之被访者就会失去与你交谈的兴趣。

3. 事先通知被访谈者

为了使被调查者打消疑虑，并对调查题目有所考虑，应该尽量事先向被调查者打招呼。在单位中调查可以利用板报或会议前后，和大家见个面，做些自我介绍，谈清楚调查的目的，请求大家支持协助；如果是入户调查，可以通过居委会、村干部预先通知。还需说明访谈资料不记姓名，并保证对谈话内容保密。

4. 了解被访人，决定被访人选及谈话方式

由于访谈者与被访谈者之间是一种次级社会关系，所以在访谈过程中，必定会有一个相互熟悉的过程。为了顺利地通过这一关，事先对被访者了解越多，就越主动。例如，可以通过他的同事、领导，或邻居、居委会干部，了解他的职业、年龄、兴趣、经历等，准备几个他所关心的话题。

5. 熟悉问卷

这是关乎访谈成功与否的非常重要的一步。如果是结构式访谈，则在访谈前要做到熟悉每一个问题，用谈话的语气提问，并严格按照问卷上的问题发

问，不能随意对问题做解释，当被调查者表示不明白时，只能重复一遍问题或按统一的口径进行解释。如果是无结构访谈，调查前不仅要熟悉访谈提纲中的内容，还要明确该项研究的目的。一般在一项实地调查开始前要培训调查员。

二、访谈的技巧

1. 要了解访谈双方处于一种次级社会群体关系中

社会学把社会关系分为初级社会群体与次级社会群体关系。在初级社会群体中，人与人之间的关系是持久、稳定的，彼此通过长时期面对面交往是全面了解的，因此这种关系是亲密的、带有浓厚色彩的。每个人在这种关系中较少受拘束，较自由和较全面地表现出自己的个性。家庭、邻里就属于这种关系。

次级社会群体是为了实现更为专门的目标、完成一定的功能而结合起来的。访谈者与被访谈者就是一种次级群体关系。他们虽然面对面的交往，但彼此没有历史渊源，没有深刻的了解，全凭彼此第一面的印象，首先对交谈者进行初步的判断，然后作出自己的反应。调查员个人情况的不同、调查环境的不同，会使被访者作出不同的反应。

2. 顺利进门是成功的一半

访谈最困难之处就在于开始。彼此陌生的人相遇，很可能受到冷遇或拒绝，因此，进门技术是很重要的。在社区访谈可请居委会协助进门。

3. 良好的开头是成功的基础

进门之后，首先应该解除被访人的紧张情绪，尽快缩短彼此的距离，创造一个轻松的谈话氛围。首先应说明来意，接着以普通的聊天开始访谈工作是最好的选择，如称赞房屋的摆设、夸奖孩子聪明美丽、对老人亲切问候等。待双方营造了良好的氛围，克服了陌生感和约束感，便可提出预先准备的其他话题，进行酝酿。当双方关系融洽时，可以开始提问，但一定要从简单、明确的问题开始，如果被访人回答了两三个问题，就能指望这次访谈可以顺利进行下去了。

三、谈话的技巧

1. 问题明确、具体

每个问题不要太长、要简单明了。少用术语，一定要用时，要作出说明，不使用抽象名词，要使文化程度最低的访谈者也能听懂、理解。像"经常""最近""不久"等词都不够准确，要避免使用。一些词在不同地区、不同方言中有不同的含义，使用时要注意。

2. 控制话题

整个访谈过程中，希望被访者多说多讲，但谈话的内容都应该由调查者控制。有些爱唠叨的人，如果不加以控制，可以离题万里，喋喋不休。应该在不影响其谈话积极性的基础上，控制谈话内容。但是，对不善讲话的人，则要耐心地询问，放慢提问速度，有意识的停顿，让对方有充分思考的时间。当被访人的谈话很切题，又很具体时，调查者要善于全神贯注地听，不要打乱对方思路，不要追问无关主题的细节，应该不时用发出"嗯"、点头、做手势等办法鼓励对方继续讲下去。

3. 对于被访者的谈话，不要轻易下断语

一般的被访者在谈话时也在留心访谈者的态度，他想给访谈者留下深刻印象，有时会猜测被访者的心理并且迎合这种心理作出回答，因此一个调查者在整个访谈过程中必须保持中立。如可以表示"我明白你的意见了""你的看法很独特，十分有趣"等，但不能有倾向性，对此一定要特别注意，否则将产生很大的误差。

4. 用卡片、图画等辅助用品降低敏感性

有些问题被访者常常不愿用语言表示出来，例如，每月收入，可以编制一套卡片：1000 元及以下；1000～5000 元；5000～10000 元；10000 元以上。提问后，请他在卡片中选择一张，往往效果很好。

5. 控制谈话场合

访谈时不希望不相干的人在场，这样会分散被访人的注意力，影响、改变他对一些问题的态度，如果访谈小组有两位调查员，其中一人可以把其他人引开，留下一人单独谈话。

6. 谈话态度

调查者必须以平等亲切的态度对待被访者，要尊重被访者的观念和习惯。一个访谈者应该热情、机智，但绝不能是油滑、轻浮的。对于被访者提起的不幸遭遇，应富有同情心；对于被访者忌讳的事情，不要去冒犯。调查员应该举止文明、彬彬有礼，他不想去说服，更不想压服被访者，不能使对方感到压抑和委屈。他应保持客观态度，不抱任何成见，即使被访者的价值观念与他是对立的，或者态度十分粗暴无理，他也能泰然处之。针对不同场合、对象应使用不同的语气和谈话方式。如对老年人，要照顾他们的听力、视力，说话音量要放大，速度要缓慢，一般从老人最关心的健康、长寿等话题开始逐渐引向正题。一些不太敏感的问题可以开门见山，而另一些问题则需要旁敲侧击。访谈结束时，要真诚地感谢被访者的合作，并为下次接触做好准备。

7. 如何追问答案

对被访者回答的问题需要进一步追问，这是访谈中常见的现象。如询问到北京的交通状况时，对方回答"非常糟"，那么"糟"到什么程度，是车的问题还是路的问题，就需要调查者追问。对这类问题的追问通常有两种处理办法，一种是用期待的表情等着对方继续说下去；另一种是可以进一步问"哪方面较糟"，"是车的问题还是路的问题"。这样可以对一些问题进行深入探讨，使访谈内容深入。

四、访谈记录

访谈记录的内容不但包括被访人的谈话内容，还应包括被访人的重要表情、手势及谈话时的环境、时间等。

记录分为边访边记和事后追记，一般访谈时都是采用一边谈一边记录的方式，为了不影响谈话的效果，调查组采取内部分工的办法，一人专门负责谈话，一人专门在一边记录，避免谈话分心。一般在被访人不愿访问员记录下访问内容时，可采用追记的方式，在访谈时可以随手记些关键词或代号，以帮助回忆。

如果在访谈中能够使用录音笔，会使谈话效率提高，但必须征得被访人的同意，任何情况下都不准"偷录"。一些访谈中可以使用照相机，摄下与调查主题有关的场景，会使调查报告更加生动，但也应征得被访者的同意。

五、无回答情况

调查者经常找不到被访人，或者找到了却未能顺利进门，遭到拒绝。这两种无法回答情况，都将给调查带来很大的误差。一般被访者是严格按照抽样调查方法选定的，如果在这些人那里无法取得资料，势必使样本量减少，增加推断总体时的偏差。

那么能不能用乐于配合、愿意回答问题的人来替代他们呢？比如，用邻居、同事、亲属来替换。这样做一般是不允许的。那些不容易找到的、拒绝回答的调查对象往往有其特点，正好代表着总体中的一个类型，如果放弃对他们的努力，实际上是放弃了对某些特殊类型的调查。

有学者进行多次访谈，结果表明，在所有回答者的人口特征中，可以发现第一次访谈就获得成功的那些被访人中，失业者、老年者、妇女居多，这些人在家里时间多，所以才容易找到。如果用容易找到的人来代替不易找到的人，是用不同人口特征的人相互替换，势必引起很大的误差。因此，对于找不到的和拒绝回答的被访者，至少要重复访谈三次以上。

第四节　谈话中的非语言交流

在人际交流中，不仅语言传递信息，彼此还通过语气、表情姿态、目光等发出信息、表达感情，这就是非语言交流。访谈过程不时要遇到，并需要仔细分析非语言交流的实际含义是什么。谈话中常见的非语言交流有以下五种形式。

一、人体语言

研究人体的行为，目的是通过行为观察，知己知彼，更好地建立和睦的人际关系。艾伯特·梅瑞宾发现：一条信息传递的全部效果中，只有38％是有声的（包括音调、变音和其他声响），有7％是语言（只是词），而55％的信号是无声的。

在人类的交际中有声语言用来传递信息，无声语言用来表达人与人之间的态度，但有时也用来作为传递信息的替代物。谈话时人类同其他生物种类一样，其行动、反应、人体语言和手势受生物准则的支配。动作与姿态等都是受思想、感情支配的。

➡ 专栏9-1 四种常见的人体姿态

人类的无声语言和无声信息的传播有时要比有声语言更富有表现力和感染力。往往同一种姿态可以发出几种不同的信号，这是有声语言所不能比拟的。

图9-1 四种常见的人体姿态

图9-1所示的四种人体姿态传递出的信号强而有力，是我们常见的传递情感、态度信号的典型。根据萨宾和哈迪克的研究，这四种姿态的任何一种都

可以传递出四种信号。例如，图中 A 可以表示"漠不关心""屈从""疑惑"或"无可奈何"等不同态度。当某人对某事感到莫名其妙时，便常常会作出这种姿态。这也是西方国家中常见的耸肩姿势。B 可以暗示出一种"自傲"的心理状态，同时也可以用来表示"厌烦"和"气愤"，或用来表示一种"漫不经心"的态度。C 所传递出的信号一目了然。它可以用来表示"害羞""忸怩""谦恭""撒娇"或"悲哀"的心理状态。这是一种常见的女性姿势，在初恋的女孩子中尤为普遍。有人还认为，这是女孩子用来显示她"嗲气"的一种故弄姿态。D 的姿态首先给人一种"傲慢"感。在社会交往活动中，大多数人都讨厌和持有这种姿态的人交谈。因为这种姿态给你一种说不出的"威胁"感。除此之外，这种姿态还可以表示"惊奇""怀疑""犹豫"和"冷淡"等态度。在交际中，如果遇到持有这种姿态的人，首先应设法改变他的这种姿态。

资料来源：技校生 [J]. 1996 (2).

访谈者既可以通过自己的行为来表达一定的思想和感情，又可以通过观察被访者的动作和姿态来捕捉对方的思想、感情信息。例如，连连点头，表示"很对""赞成""同意"；匆匆记录，说明对方讲话非常重要；东张西望，表示注意力已经转移；小动作较多说明不感兴趣、心不在焉；频频看钟、看表，说明希望加快速度、尽快结束谈话等。通过这些细小的动作、行为、姿态来捕捉或传达信息，往往能起到语言所不能起的作用。

二、语 气

相同的一句话，在音量、节奏、音调上发生变化，表达的意思可能完全不同。例如说，"他要上大学"，语调平稳表示一种叙述；如果最后两个字提高音调，就变成一句赞叹话；如果加强第一个字的语气，就成了怀疑这个人是否有资格上大学。三者表达的意思完全不同。

一般在访谈时，如果希望激起对方的热情，语调应高一些，抑扬顿挫应明显一些，节奏应快一些。而要打消对方怀疑时，节奏应放慢，语调深沉，比较严肃、真诚。

三、表情和目光

表情是传达思想感情的一种重要方式。访谈中访谈者自始至终要使自己的表情有礼貌、情绪诚恳、耐心。在运用表情时，要注意两点：一是不要毫无表情。即不要使自己的表情过于严肃，使被访者产生一种紧张情绪。二是用表情控制。即访谈者要控制自己的表情，使其符合调查对象所谈的情景。如当调查对象谈到挫折、不幸时，访谈者要有惋惜和同情的表示。

目光是访谈中重要的非语言交流，在人际交往中，通过目光来表达思想和感情，目光的运用是要达到既可观察对方的表情，又不至于引起对方的不快。不同的目光包含着不同的含义。如一般目光频频接触，表示关注、鼓励。

四、倾　听

访谈人的倾听对于被访者的表达是非常重要的，是有效沟通的必要部分。良好的倾听可以给被访者一种安静、温暖、舒适的氛围，可使被访者敞开心扉，很好地表达自己的真实看法和想法。良好的倾听还可以表示出访谈者对被访者的尊重和关注，从而有助于建立两人之间的信任。在访谈过程中，好的倾听首先是要积极地去"听"，让对方感觉到你在认真地听他所讲的话，他所讲的东西对你很重要；其次要去体察被访者的感觉，要注意信息反馈及理解被访人陈述事实背后的意思及时查证自己是否了解了被访人话语背后的真正含义，以免造成对被访人话语的误解。

五、衣着、服饰、打扮等外部形象

人的衣着打扮往往是一个人的职业、教养、经济状况和兴趣爱好等内在素质的反映。初次见面的人，一般都是从对方的外貌获取第一信息、形成第一印象。所以，作为调查员深入实地进行调查研究时要注意自己的衣着、服饰、打扮等外部形象，具体注意事项如下：

第一，要与当地人的习惯尽量保持一致，访谈者要注意自己的穿戴和服饰，尽可能与被访谈者相类似，给对方以易于亲近和交往的信息，体现出自家人的感觉。如在城市做调查，穿戴应该比较整齐、讲究；到农村搞调查，衣着就应该朴素、大方一些。第二，要从对方衣着、打扮来获取信息，揣摩被访谈者。对讲究穿着打扮的被访谈者，应该庄重、严肃、彬彬有礼；对不修边幅的被访谈者就可以坦率、随和一些。第三，要注意被访谈者的年龄与职业。对于年纪大的被访谈者，访谈员要表现得稳重、成熟一些；对于稍微年轻一些的被访谈者，访谈员则要表现得稍微活泼一些。同样，对于不同职业的被访谈者，访谈员也要有不同的表现。

本章小结

与观察法一样，访谈法也是一种较为常见的社会调查方法。要正确使用这一基本方法，就需要深刻理解访谈法的含义、类型和特点，并掌握访谈的一般过程，注意访谈技巧、努力消除访谈时无法消除的情况以及召开调查会等问题。观察主要是用眼看，访谈则是用口问、耳听。在实际调查研究的过程中，这两种方法往往是结合使用，互相补充的，它们是直接感知社会实际情况的最基本的方法。

思 考 题 ▼

1. 访谈法的含义是什么？有哪些类型？

2. 访谈法有哪些优缺点？

3. 访谈前都应做哪些准备工作？访谈的技巧有哪些？

4. 谈话中的非语言交流有哪些？

5. 访谈时的谈话都应有些什么技巧？

自 测 题 ▼

一、判断题

1. 个别访谈是指调查者邀请若干被调查者，通过集体座谈的方式收集资料、了解情况的方法，即我们通常所说的"开调查会"。

2. 在人际交流中，不仅语言传递信息，彼此还通过语气、表情姿态、目光等发出信息、表达感情，这就是语言交流。

3. 访谈法，有时也称访问法，是通过有计划地与调查对象直接交谈获取社会信息（收集资料）的方式。

4. 无结构式访谈是一种高度控制的访谈，即按照统一设计的、有一定结构的问卷进行的访问。

5. 目光是访谈中重要的非语言交流，在人际交往中，通过目光来表达思想和感情，目光的运用是要达到既可观察对方的表情，又不至于引起对方的不快。

（答案：错、错、对、错、对）

二、不定项选择题

1. 集体访谈的最主要的特点是（　　）互动的过程。

A. 访谈者与被访谈者之间　　　　　B. 访谈者与访谈者之间

C. 被访谈者与被访谈者之间　　　　D. 被访谈者与旁观者之间

2. 谈话中常见的非语言交流有（　　）形式。

A. 人体语言　　　　　　　　　　　B. 语气

C. 表情和目光　　　　　　　　　　D. 衣着、服饰、打扮等外部形象

3. 目光是访谈中重要的非语言交流，不同的目光包含着不同的含义。表示生疏、隔阂、不愉快或不好意思的目光是（　　）。

A. 目光躲躲闪闪　　　　　　　　　B. 目光斜视

C. 目光死死盯着对方　　　　　　　D. 目不转睛

4. 根据对访谈过程控制程度可分为（　　）。

A. 个别访谈　　　　　　　　　　　B. 结构式访谈

C. 集体访谈　　　　　　　　　　　D. 无结构式访谈

5. 访谈法的缺点有（　　）。

A. 费时间、人力、物力　　　　　　B. 信息是双向导通的

C. 受调查员的影响较大　　　　　　D. 匿名性差

（答案：AC、ABCD、A、BD、ACD）

第十章　观察法

内容提要

　　本章包括观察法的含义和特点、观察法的类型、观察的过程与主要步骤、观察时应注意的问题及产生观察误差的原因共四节的内容。本章结合实际情况，指出了观察的概念、种类、特点，观察的三个阶段以及产生观察的误差的产因等问题。

学习目标

1. 了解观察法的基本概念和特点。
2. 弄清观察的全过程的三个阶段，以及每个阶段的几个主要步骤。
3. 努力减少观察的误差。

学习提示

1. 要注意对观察法的优点和缺点进行客观地、综合地评价。
2. 主动应用所学知识分析身边所涉及的实际问题。

第一节　观察法的含义和特点

一、观察法的含义

在社会调查研究中，观察法就是指观察者有目的的在不改变观察对象的性质和进程的自然状态下，通过自己的感觉器官或借助科学仪器，直接感知与记录正在发生的一切同观察对象与观察目标有关的社会事物或现象的状况及其变化，从而直接搜集资料的社会调查研究的方法。观察法是观察者用客观的眼光，去观察社会事物或现象是如何产生的、发展的、又是如何终结的，然后将这些事实情况记录下来进行分析研究。观察法是搜集第一手资料基本、有效的方法。

社会调查中的观察法与人们日常生活中的观察是不同的。人们在日常生活中也经常进行观察。一般说来，日常生活中的观察，如见到陌生人察看他的模样，观赏自然界的山川河流、花草树木以及观看电影电视等，这些举动是一种盲目性的、无计划的随意观察，是遇到什么就看什么，未必都是科学的。社会调查研究中的观察则不然，它是研究者围绕着一定的研究目的或研究方向，按照预先制定的一定的理论准备和较系统的研究计划，进行连续细致的观察和测量记录，以便全面而准确地获得调查研究资料。这就要求研究者的观察有计划性、系统性和目的性。同时，它还要求观察者对他所观察到的事实作出实际性和规律性的科学解释。因此，观察者要经过一定的专业训练，必须掌握一定的科学知识，具备一定的实践经验和观察技能。

二、观察法的特点

观察法作为社会调查收集资料的基本方法，有许多不同于其他社会调查资料收集方法的特点。如它收集的是非语言方面的资料，而其他方法主要是收集语言方面的资料；它必须直接而不能间接（如通过转述、文字记载）取得这些资料，而其他方法则多是间接取得有关资料；它只能了解正在进行和发生的社会现象、事件和情况，其他方法则可以了解过去了的社会现象、事件与情况。

由于观察法是依靠调查者对调查研究对象的直接观察来收集资料，因而资料收集结果的具体情况和质量如何，在很大程度上是根据调查者本身的素质及调查具体的状况来判断的。调查者的思想状况、情趣爱好、价值观念、知识修养、乃至感官（特别是视觉器官），都可能影响观察的过程与结果，并决定着观察的深度和广度。所以，在采用观察法收集资料时，要求观察者有较高的素质与思想水平，坚持观察的客观性与全面性，也就成为采用观察法进行社会调查的十分重要和关键的问题。观察法的主要特点包括以下三个方面。

1. 社会调查研究中的观察是观察者有目的的、有计划的自觉认识活动

社会调查研究中的观察，必须是在特定的研究目的主导下进行，必须有计划、有组织的开展。它要求在实地观察之前，针对研究目的，对观察对象、观察目的和观察方法制定详细的计划，进行系统的实际观察。还要对观察人员进行系统的训练，使其掌握对社会现象进行系统观察的方向。

2. 利用一定的工具

科学的社会观察除了利用人的感觉器官如眼睛、耳朵以外，还经常借助科学的观察仪器，如照相机、摄像机、录像机、录音笔、望远镜等，将观察结果正确详细地记录下来。这一特点使它区别于访谈法、问卷法等其他收集资料的方法。

3. 观察对象是处于自然状态下的正在发生的社会现象

观察法的对象必须是正在发生、发展着的社会现象，观察者对被观察对象的活动不加干预，对于影响被观察对象的各种社会因素也不加以干预，所以收集资料的活动与观察对象的发展过程是同步的，以获得丰富的感性材料，这一点使观察法区别于文献法和访谈法，又区别于实验室的观察。

三、观察法的优缺点

观察法的这些特点，也体现出了这种方法的优点和缺点。观察法的优点在于：

1. 环境是自然的、真实的

比起被访者与陌生人谈话，被观察者是生活在自己熟悉的情景中，作出的反应也比较正常、自然，减少了在人为控制条件下发生反常的偏误。而观察者在平静的气氛中，不受时间的限制，可以长期地、默默地、反复地、非正式地从旁观察，区分出偶然现象与一般现象、表面现象与实质的差别，以检验其客观性。

2. 它是收集非语言资料的最基本、最有效的方法

观察法能得到其他调查研究方法无法得到的资料。访谈法可以通过交谈语言得到资料，但是经常会遇到被访者语言表达困难或不配合的情况，即使被访者反映了有关事实的情况，对于研究者来说也是比较间接的，是被访者做过加工或不够全面的。观察法不必依赖这种语言能力。观察是科学研究经验层次中第一性和最基本的认识过程，由此得到第一手的、最原始的材料。观察是调查者自己进行的，与现象直接接触，同步观察，因此可靠性较高，减少了叙述、

回忆带来的偏差和歪曲，并且记录详尽细致，获取的信息量相当大。

观察法的缺点与局限性在于：

1. 样本小，难以进行数量化研究

由于观察需要大量的准备时间（调整好与被观察者的关系），因此，只能对少量对象进行观察，这往往就使观察结果无法对比，很难检验。所以，观察结果往往只能在研究对象范围内使用，无法判断观察对象对于全体是否有典型性和代表性，而无法推论到全体，对整体作出准确的描述和概括。同时，观察主要针对现象的特征表现，一般难以把资料数量化并进行编码，这就决定了观察法多数是定性的而很难是定量的。

2. 由于对环境无法控制，因而影响观察的效果

对于不能预见的、突发的事件无法进行观察，例如，交通事故、犯罪行为、大火与地震等。对于影响社会现象的多种因素无法控制，因为它们交织在一起，难以分清现象的因果关系。许多现象无法重复观察，降低了观察的可信程度。

3. 人际关系影响观察的准确性

观察是在自然环境中进行的，如果观察者原来不属于被观察者的组织群体，那么要进入这个环境是困难的，进入之后要平息其他成员的异常反应更为困难，对于敏感的问题，观察者在场经常被认为是不可容忍的。另外，如果观察者与观察对象长期的交往，也极易产生同情或理解，也会影响观察的准确性。

4. 人的观察能力受到生理、心理上的局限

人的视觉器官对于过远、过小的物体观察不到，即使是在可见范围内，人的视觉也存在着一个最小刺激量，外界刺激小于这个临界感觉，眼睛就会视而不见。同时，被观察现象往往是复杂的、瞬息万变的，而我们的感觉器官和神经系统难以同时接收、分辨、传导、加工多种信息，这就是所谓的"目不暇接"。这一缺陷经常需要借助仪器的使用（如录音、录像、摄影、使用望远镜等）得到部分弥补。此外，观察由于与人的经验、知识密切相关，需要严密地事先计划，对于突发事件、意外事件就难以及时观察。另外，如果观察者的心理处于过度紧张之中，就会经常出现错觉，甚至臆造出虚假的现象。因此，不同的人对同一对象进行观察往往会得出不同甚至截然相反的结论。如果观察者带着某些主观偏见去观察事物，只能得出片面甚至完全错误的结论。

第二节　观察法的类型

在实际社会调查研究过程中，观察法的应用比较普遍，但是，由于观察本身具有复杂的内容和鲜活的思想这一明显特征，研究目的的不同，研究对象的

不同，所需资料的不同，采取的观察形式也往往有着很大的区别。依照这些不同的分类原则可以将观察法分为不同的类型，分别为：实验室观察与实地观察，参与观察与非参与观察，结构观察与无结构观察等。当然，这些类型之间的区别在实际的观察运用过程中并不都是绝对不变的，根据具体的观察任务和条件，它们之间往往可以交替使用或综合运用。

一、实验室观察和实地观察

从观察的场所来看，观察法可分为实验室观察和实地观察两大类。

（一） 实验室观察

实验室观察就是在备有各种观察设施的实验室内，对研究对象进行的观察。这种观察方式在心理学研究中经常使用。

实验室观察通常在具有单向透镜、摄像机、录音等设备的实验室中进行。有时，这种"实验室"也可以是某些自然场所，如教室、会议室、活动室、俱乐部等。但这些自然的场所事前必须经过一定程度的控制，如预先设置某些观察工具，规定好观察的程序和内容等。总之，要使它尽可能接近实验室的条件。

（二） 实地观察

实地观察是指在现实生活场景中所进行的观察。实地研究者在实地研究中主要采用的是这种观察。这种观察不需要（实际上也不可能）对观察的场所和对象进行控制，而是深入到现实生活中对实际所发生的现象进行观察。专栏 10-1 即是采用实地观察方式进行的一项著名的心理学实验。

➡ 专栏 10-1　群体规模与成员身份的匿名性

著名心理学家津巴多推断，仅是城市人山人海这一特点就足以产生匿名性的效应，从而使损坏公物成为个体道德中所许可的行为。他买了两辆已使用过十年的旧车，然后把它们的牌照拆掉，把引擎盖掀开，他把其中一辆车放在纽约大学布朗克校区附近，另一辆放在斯坦福大学的帕罗奥托校区附近，这是一个比前者小得多的城市。结果发现，在纽约，第一批"汽车清理者"在 10 分钟之内就到达了；他们拿走了电池和散热器。在 3 天的时间内，发生了 23 起偷窃和破坏事件，最后汽车成了一堆被敲碎的没用的废铜烂铁。相反，在帕罗奥托观察到的唯一一个碰过那辆车的人，是一个多星期之后，一个过路人在天要下雨的时候把引擎盖合上了。

资料来源：戴维·迈尔斯. 去个体化：群体中的个体失去自我感 [N].学习时报，2012-12-11.

二、非参与观察和参与观察

为了最少干扰所要观察的现象或过程，让被观察者能够作出自然反应，观察者必须仔细考虑自己以什么身份出现。所谓"参与"，就是进入被观察的社会环境与社会关系中。从观察者的角色来看，观察法可以分为非参与观察与参与观察两大类。

（一）非参与观察

非参与观察也叫局外观察，是指观察者完全处于旁观者的角色，不参与被观察者的任何行为或交往。比如，实验室观察就是典型的局外观察。在实地观察中，有些也是以局外观察的形式进行的。比如，在马路旁边的一间楼房内，观察十字路口闯红灯的行人，在书店某个角落里观察顾客的行为等。在这些观察中，观察者都是"冷眼旁观"，而被观察者也不知道自己正在被观察。

（二）参与观察

参与观察是指观察者亲自投身到所观察的社会现象和社会生活中去，在自身成为社会生活中各种活动的一员的同时所进行的观察。参与观察最早是由人类学家、民族学家采用的，很快也被社会学家移植到社会调查中来。英国著名的人类学家马林诺夫斯基是参与观察的创始人之一。他在新几内亚附近的特罗布里恩群岛两度进行考察，生活在土著人中间，讲当地的土著语，因此可以得心应手地记录各种内容，并且可以深入地观察当地居民的各种反应，从而提出了在社会人类学发展过程中颇具影响力的有关"性与婚姻家庭生活"、"原始法规与习俗"，"武术和宗教"等各种理论性见解。

根据参与的程度，参与观察可以分为完全参与观察和半参与观察。

1. 完全参与观察

完全参与观察是指观察者加入被观察者的群体，和其他人一样正常地参加这个群体的活动，他隐瞒了自己的真实身份，他的研究目的也不让被观察者知道。

完全参与观察中观察者既是研究者又是参与者，观察者直接以内部成员的角色参与他们的各种活动，在共同的生活中进行观察，收集与分析有关的资料。观察者要用比较长的时间和被观察者建立关系，使被观察者即使在他面前也不掩饰其真实的想法和行为模式，在此过程中，观察者也用心体验新的环境，努力使自己在情感和行为上融入这一新的社会群体之中。观察的进程和步骤不作严格规定，也不采用标准化的表格进行记录。因此参与观察一般是无结构式观察。它常用于有深度的专题调查，或用来研究社区和群体活动。

美国一个社会学家为了参与流浪者生活，涂上黑色皮肤油、化装成日晒夜露的样子，忍饥挨饿，瑟缩颤抖在街边、走廊，熬过漫漫寒夜。他抑制自尊心，忍受收容所人员、饭店伙计的冷嘲热讽，坚持与流浪乞讨人员生活在一起，从中观察这个社会群体的特点、生活方式等。只有这样，才能体验到流浪人的生活，观察到他们的种种苦难，倾听到他们辛酸的诉说。

完全参与观察中，观察者与被观察者有可能建立起密切的直接的初级社会群体关系，从而了解到被观察群体特殊的文化模式，了解到他们的隐私机密，因此这是各种观察方法中最深入、最全面的一种。但是，由于观察者参与程度越深，越易带上个人的感情色彩，容易失去客观的立场，以致别人看来是很明显的现象，他已由于习惯而觉察不出来了，并且由于和被观察者接触过于密切，不知不觉中形成或爱或恨的偏见，都会使观察结果掺进主观成分。

2. 半参与观察

在这种观察中，观察者也参加被观察群体的活动，但他们的真实身份并不隐瞒，观察对象把他们当作一个可以容忍、可以信任的"外人"。他们参与的范围往往限制在所要观察的问题方面。虽然也通过同吃同住同劳动，使被观察群体接纳他，但因其有着自己特殊的身份，不是群体中的一员，因此了解问题的深度不如完全参与观察，比较隐秘的、与私人有关的事实很难了解到。

这种方法由于较少带有个人色彩，所以较能保持观察者客观的立场，对于一些自己身份不适宜的仪式、活动可以保持"中立"而不必勉强自己去"积极"参加。但伴随而来的缺陷是被观察者可以迎合观察者，故意"表演"，夸大某种现象而隐瞒对自己不利的表现，或者由于观察者深入生活不够，作出错误的解释，这些都使资料有可能被歪曲而造成偏误。

在具体的调查研究中，究竟选用哪种办法，需要仔细斟酌，一般要考虑研究的问题和被观察者类型。通常情况下，受时间、环境限制，完全参与观察和非参与观察使用的较少，半参与观察是较常见的。

三、结构式观察和无结构式观察

（一）结构式观察

结构式观察指的是按照一定的程序、采用明确的观察提纲或观察记录表格对现象进行的观察。这种观察方法最大的特点是观察过程的标准化。所谓标准化就是严格限定观察内容、观察场所、观察条件、观察对象和观察范围，采用标准化的观察手段和工具，做标准化的观察记录。它具有系统化、标准化和定量化的特点，是观察法中最严格的一种。其结果可以用来进行定量分析。比如，有研究者为了研究人们光顾书店的目的性，就用表 10-1 对书店的人们进行结构观察，对进入书店的人们的行为特征进行观察。结果表明，女性顾客比男性顾客在书店中的行为更具有目的性。

表 10 - 1　书店观察表

```
1. 观察开始时间_____　　结束时间_____
2. 个人情况：男（　　）　　　　女（　　）
             已婚（　　）　　单身（　　）　　　不知道（　　）
3. 年龄估计：10 多岁（　　）　　20 多岁（　　）
             30 多岁（　　）　　40 多岁（　　）
             50 多岁（　　）　　60 岁以上（　　）
4. 职业或身份：_____　　　不知道（　　）
5. 单独一人（　　）同_____个同伴　　同谁_____
6. 买了几本书_____　　　　一本也没买（　　）
7. 进书店时的最初行为：_____
8. 同服务员的接触情况：_____　　　　一个也没接触（　　）
9. 同其他顾客交谈情况：_____　　　　一个也没交谈（　　）
10. 翻阅书籍情况：_____　　　　　　一本也没翻阅（　　）
11. 评价目的性：
    -3　　　-2　　　-1　　　0　　　1　　　2　　　3
    ──────────────────────────────────────────
    有目的的　　　　　　　　　　　　　　　随便浏览的
```

（二）无结构式观察

无结构式观察是指对观察的内容、程序事先不作严格规定，依据现场的实际情况随时决定的观察。无结构式观察是实地研究中最主要的观察方式。人们平时所作的观察，大多数是属于无结构式观察。这种观察方法比较灵活，调查者在观察过程中可以在事先拟定好的提纲的基础上充分发挥调查者的主观能动性和创造性，选择自己认为重要的社会现象进行详尽的观察；此观察法的局限性在于所观察的资料有时不系统、不规范，容易受到观察者个人主观因素的影响，缺乏必要的可信度。

综合以上介绍，对于观察法的分类，我们有如下简表 10 - 2。

表 10 - 2　观察的类型

分类原则	观察类型
根据观察场所的不同划分	实验室观察——实地观察
根据观察者角色的不同划分	局外观察——参与观察
根据观察程序的不同划分	结构式观察——无结构式观察

以上三种分类中，各种不同类型的观察方式之间存在着一定的联系。比如，实验室观察总是局外观察，并且常常采取结构式观察的形式；参与观察显然是实地观察，并且常常采取非结构式观察的形式。

第三节　观察的过程与主要步骤

观察法作为一种具有很强目的性、计划性和系统性的社会调查研究方法，在具体的运行过程中应按照一定的过程和主要步骤进行，这不仅是为了使观察工作做到循序渐进、操作方便、开展顺利，更重要的是为了保证观察结果的科学性、合理性和有效性。观察的全过程可分为三个阶段：准备阶段、实施阶段和资料处理阶段。每个阶段中又包括几个主要步骤。如表 10-3 所示。

表 10-3　观察的过程与主要步骤

准备阶段	1. 确定观察目的 2. 制定观察计划 3. 理论准备和物质准备
实施阶段	4. 获准进入观察现场 5. 与观察对象建立友好关系 6. 进行观察记录
资料处理阶段	7. 整理和分析观察记录资料 8. 撰写调查报告

一、准备阶段

（一）确定观察目的

社会调查研究中的观察总是围绕着某一课题，为实现某一特定的目标任务而进行的，确定观察目的首先需要确定整个社会调查研究中观察法与其他方法在搜集资料方面的分工和衔接。只有观察目的明确了，具体运行观察工作所接下来的过程和主要步骤，才可以以此为准绳，使观察目的渗透、内化、贯穿于观察工作的始终，进而保证观察工作的针对性、规范性和持续性。

（二）制订观察计划

这是对整个观察过程的图上作业，它包括确定观察对象、观察内容和范畴以及选准观察的时间和场合等。

1. 确定观察对象

社会中的事物或现象具有纷繁复杂、动态多变的特点，我们不可能对所有的事物或现象进行观察。为了使观察结果具有典型的意义，应该选择那些条件比较典型、具有一类事物或现象共同特点的典型对象作为观察的重点。如要观察城镇的环境卫生，不仅要看一般的大街、小巷、厂房、学校、办公楼，而且要重点观察工厂的"三废"处理和居民区的公共厕所。只有抓住了这些典型对象作为观察的重点，才能收到"一叶知秋"、"以点概面"的观察效果。

2. 确定观察内容和范围

观察内容和范围应该根据调查目的、研究问题来制定，一般包括以下五个不可缺少的方面。第一，现场的情境。即观察对象活动的舞台及其背景，包括自然条件和社会环境，它们对观察对象的活动范围有着很大的制约作用。第二，观察对象的角色、地位、身份、数量以及相互之间的关系等。他们是什么人，有多少人，相互关系如何，有没有形成非正式群体，群体中谁是核心，谁最活跃，谁较孤立。第三，目的、动机、态度。观察对象的某种行为是否有明确的目的，在表面的目的后面有什么深层动机，观察对象对其目的所持有的态度是一致的，还是矛盾的。第四，社会行为的类型、产生与发展过程，行为的性质、细节以及影响等。如在工作、学习娱乐、生活中观察对象所表现出来的言谈举止、行为习惯、喜怒哀乐是如何引起的，造成的后果等都是这一方面所涉及的主要内容。第五，事物或现象发生的时间、出现频率、持续期间等。

3. 选准观察的时间和场合

社会中的事物或现象都不是静止不动的，而且每一种具体的事物或现象的形成又是与周围的环境有密切联系的。在不同的时间、不同的场合对同一社会事物或现象进行观察，往往会得到不同的观察结果。因此，观察之前要选择与确定观察对象表现充分的最佳观察时间与观察场合。

（三）理论准备和物质准备

理论准备包括在进入观察现场前要查阅理论文献，了解前人的研究和理论观点，从而选取一定研究角度和观察角度或将观察范畴操作化，确定观察指标和分类系统；物质准备包括制订观察卡片或记录提纲，选用技术设备，培训观察人员等。下面将简单介绍一些有关这方面的内容。

（1）确定观察指标和分类系统。观察指标和分类系统是在充分做好准备阶段中前两项步骤的基础上建立起来的。

具体来说，观察人员应通过对于符合观察目的的各种事物或现象进行鉴别和甄别，建立一个分类系统，同时制定相应的概念范畴来解释各种事物或现象。这些概念范畴要符合逻辑，并能形成指标体系。标准化的指标与分类可以使观察的资料比较集中，找出那些对于研究工作最有意义的因素，减少那些不必要或不重要的信息。因此，制订适当的观察指标与分类系统，应取决于观察研究的课题以及整个问题的深度，针对观察中不同的目的、不同的对象、不同的内容以及不同的时间和场合，制订一些灵活、具体、适应性强的观察指标与分类系统。

（2）制订观察卡片。在正式观察之前，一般预先都制订专门的观察卡片。卡片上明确列出各种观察指标和分类，根据一些变量，列出一系列问题项目，观察者只须在相应的表格内标记，而不作出自己的评价。

观察卡片没有统一的格式，而是根据具体的观察内容来设计的，一般要求是，详细注明观察的时间、地点，这是表明原始观察记录的重要凭证。另外，观察内容要具体、详细，应尽量将观察内容数量化。这种方法可以提高观察记录的速度和质量，而且有利于分类整理和对观察结果进行定量分析，做到简单、易行、可靠、准确。现以我们观察某一讨论会情况的观察卡为例（见专栏 10－2）。

➡ 专栏 10－2　XX 讨论会观察卡片

编号：＿＿＿＿＿＿

被观察单位：＿＿＿＿＿＿　　　讨论主题：＿＿＿＿＿＿

观察地点：＿＿＿＿＿＿　　　　观察日期：＿＿＿＿＿＿

观察内容：＿＿＿＿＿＿

	项目	人数	备注
会议人数	会议开始时	30	
	迟到	4	最迟的迟到 45 分钟
	中途退场	7	最早的早退 60 分钟
	会议结束时	27	
会议情况	发言	12	
	参与讨论	5	
	看无关的书刊杂志	6	
	打瞌睡	2	
	闲谈	2	
	做其他事情	3	
主要观点	1. 会议纪律较差，迟到人多，早退人更多。 2. 发言比较踊跃，但参与讨论的人较少。 3. 某些与会者对会议不关心。		

观察员：

（3）选用技术设备。观察是运用一定的观察工具所进行的一项活动。最基本的观察工具是人的感觉器官，其中最重要的是视觉器官——眼睛。由于人的各种感觉器官的感知能力在生理上都是有一定局限性的，因此仅仅依靠它们就不可避免地会对观察活动起到很大地限制作用。随着科学技术的发展，人们越来越多地使用照相机、摄影机、望远镜、显微镜、录音笔、人造卫星等科学仪器和各种各样的度、量、衡工具，充分发挥这些仪器和工具的放大、延伸、计量、记录等功能，间接地获取外部事物或现象的感性材料。因此，在某种意义上它们突破了人类感觉器官的局限，并且有助于提高观察的客观性、准确性。

（4）培训观察人员。观察法对实施观察的人员提出了严格的素质要求，包括思想方面、知识方面、能力方面、性格方面和作风方面。具体来说，要求观察人员要有敏捷的思路、广泛的知识、较强的判断能力以及严格的纪律性。它要求观察人员具有一丝不苟的认真态度，要求观察人员掌握具体的观察知识和技术方法，还要求不断提高他们对观察对象的感知能力，学会在复杂的事物或现象中捕捉最重要、最需要的信息。

二、实施阶段

（一）获准进入观察现场

在明确观察目的、观察计划以及做好理论和物质准备的前提下，就可以进入观察的实施阶段了。而在这个阶段中，获准进入观察现场，是非常重要、同时也是十分关键的一个环节。在实践中，由于各种被调查研究的社会事物或实地现场因自身所固有的特定因素，其开放程度是不同的。有些课题可以在公共场所进行研究，如流浪聚居地、公园和公共汽车站等。在这些公共场所中进行的研究，当然不需要任何正式批准手续。但要想进一步真正深入与观察对象进行交往观察，还需要各种特殊的方式，这是因人而异，因地制宜的。可以说，要很好地融入到观察对象中不是轻而易举的，而且有些观察者要研究的社区或群体组织，对大众是关闭的。在进行任何研究之前，一般要求观察者最好能获得有关部门的支持、委托和充足理由。但有人认为，正式的、合法的身份以及单位或组织的介绍信，并不是保证观察者能获准进入观察现场的充分条件，而只是一种必要条件。因此，针对某些公共场所、禁止外人进入的社区或群体组织，最好的办法就是设法找到并通过"关键人物"或"中间人"。所谓关键人物或中间人就是指既认识观察者，同时又认识观察者所希望研究的那些观察对象。那么，通过他们能够十分便利地将观察者"带入"到观察现场，因为那些人的介绍和解释能使观察对象感到放心，而不会拒绝观察者。

（二）与观察对象建立友好关系

获准进入观察现场只是获得了在所研究的社区或群体组织中的"公开身份"，它离真正进入社区或群体组织还有相当的距离。因此，尽快与观察对象建立友好关系，是进入观察现场后观察者所面临的首要任务。这是最为困难而又最费时间的一项任务，但也是顺利开展观察工作的一个必要条件。具体来说，观察者应当了解当地的语言、风俗、生活习惯、道德规范，无论是饮食、起居、服饰、礼节，都要遵守当地的习惯，学习使用当地的方言、俚语，与观察对象共同生活，在工作环境中能够和工作对象一起干活，这些都是能增进同观察对象之间的了解和产生友谊的捷径。另外，观察者应表现出谦虚、谨慎的态度，使观察对象不感到有什么威胁，充分争取当地组织和有威望的人物的支持信任，就可以利用他们的社会关系扩大接触面，使观察取得比较好的研究成果。当然，采用各种方法和手段的目的都是为了与观察者建立友好关系，这需要一个过程，需要一定的时间，也需要一定的机会，同时它也是一门艺术，需要各种技巧。许多观察者都有自己的一套有关这方面的技巧和个人经验，这些都是在长期实践中逐步积累形成的。

（三）进行观察记录

我们知道，在观察过程中，仅凭人的感觉器官和大脑的记忆力，而不借助于其他手段，那么观察到的信息日后就有可能失真甚至完全消失。俗话说："好记性不如烂笔头。"这一道理在观察活动中同样适用。因此，认真做好观察记录，把观察得来的信息变成文字记录，是保存整理资料最可靠的办法，也是观察中不可或缺的一个环节。

同与观察对象建立友好关系相比，观察记录也是一件很困难的事情。记录所观察到的事物或现象，应当尽量在观察的同时作详尽的记录，这是丢失信息较少的一种记录方法，也可以减少记忆的遗漏和错误。但另一方面，做同步记录的时候还有一点应注意：最好做到"不引人注目地记录"，即记录动作要小，记录的速度要快，记录的时间要尽可能短，要不吸引观察对象的注意力，也不引起观察对象的不满或戒备，以免影响并改变他们正常的行为表现。此外，在有些场合，同步记录可能不太适宜，如所观察的内容属敏感问题，当场记录会引起观察对象的疑虑；不具备当场记录的手段（如遇上突发事件，变化比较急剧，手头没有做记录的工具等）的情况下，就需要事后追忆，改用记忆记录的办法。等到观察结束，立刻补记。随着时间的推移，人们会迅速忘掉许多情况，记忆的能力需要通过训练强化。

不管是同步记录，还是事后追记，应该注意同时记录下事物或现象的客观描述与观察者自己的思想、感情、评价、认识、猜想、理解等主观内容。这是因为在观察记录中，观察者个人思想感情的卷入是十分自然的事情，从某种程度上正是这种卷入有可能引起偏执的感情作用，影响观察的客观性，成为观察误差的可能来源。因此，要将记录中的客观的事实描述与观察者自己的思想感情等主观内容区分开来，分别归类，以保证观察结果的客观性。

三、资料处理阶段

资料处理包括整理和分析观察记录资料以及撰写调查报告等几个主要步骤。这些内容放在后面的章节中进行更为详细的讨论。

第四节 观察时应注意的问题及产生观察误差的原因

一、观察时应注意的问题

除按照社会调查的一般程序做好各项准备工作以外，实地观察还应注意以下问题。

1. 选择观察的时间和场合

社会现象是变动不居的，在不同时间、不同场合对同一社会现象进行观察，往往会得到不同的观察结果。因此，进行实地观察，要注意选择最佳观察场合。

2. 努力减少观察活动对被观察者的影响

在实地观察中，当观察对象是人或人的活动时，观察活动本身往往会对被观察者产生一定的影响，从而影响到他们的行为。这就要求研究者采取措施，尽可能减少对被观察者的影响。

二、产生观察误差的原因

就观察主体——观察者而言，产生观察误差主要有以下五种因素。

（一）思想因素

观察者的立场、观点、方法不同，观察同一对象的感受就会大不相同。例如，20 世纪 80 年代初期内地许多人到深圳特区参观，多数人看到改革开放带来了欣欣向荣的景象，同时也可能看到一些前进中的问题，因此受到很大鼓舞，引起了浓厚的研究兴趣。但是，也有很少数人看到一些他们从来没有料想到的社会现象或某些阴暗面，就对改革开放产生了很大疑虑，有的人甚至痛哭流涕。这说明，观察者在世界观和方法论上的缺陷，往往是造成观察误差的一个重要原因。另外，观察者的事业心、责任感也会对观察结果产生重大影响。一个事业心强、认真负责的观察者，可能观察到许多深入、细致的社会现象；

一个应付差事的观察者，却可能漏掉许多重要的社会现象，甚至可能在观察中出现某种错误。

（二）知识因素

观察者的知识水平和结构不同，实践的经历和经验不同，观察问题的参照系就会不同，因而对同一现象的观察重点、观察结果就会发生很大差异。例如，到一个现代化钢铁企业去考察，一个钢铁专家可能在生产工艺、技术装备、车间管理等方面观察到许多重要情况，发现许多重要问题；反之，一个钢铁生产的门外汉却只能看看雄伟的厂房、壮观的生产场景，什么问题也提不出来。同样，到一个假冒的"先进单位"去参观，一个饱经风霜、经验丰富的人可能较快地发现哪些是真相，哪些是假象；反之，一个初出茅庐的学生却很可能为种种假象所蒙骗。这说明，知识和经验不足，是产生观察误差的一个重要原因。

（三）心理因素

观察者的兴趣、需要和情绪等心理因素，也会对观察结果产生一定影响。例如，同是观赏一座园林，建筑师感兴趣的是建筑结构，文艺家感兴趣的是诗情画意，动物学家感兴趣的是鸟兽鱼虫，植物学家感兴趣的是花草树木，时装设计师感兴趣的则是游人的衣着款式。他们对各自感兴趣的事情或现象都会观察得很认真、很仔细；反之，对自己不感兴趣的事物或现象，就会观察得非常马虎，甚至根本就没有引起注意。同样，观察者对某种需要强烈一些，对与这种需要相联系的事物和现象的观察就会认真一些，仔细一些；反之，就会淡然一些、马虎一些。观察者的情绪也会对观察结果产生一定影响。一般地说，兴奋、喜悦的人往往会观察到较多的积极方面；苦闷、压抑的人往往会看到较多的消极方面；紧张、恐惧的人就会感到杯弓蛇影、草木皆兵，处处都是危险。这说明心理因素也有可能造成某些观察误差。

（四）生理因素

观察者各种感觉器官的感受能力，在生理上都是有一定局限性的。例如，人们在观察中使用得最多的视觉器官——眼睛，在生理上就有很大局限性。以正常人的眼睛为例，它只能感受到波长为 039～077 微米的电磁波（即可见光），而不能感受到波长在此范围之外的电磁波；它只能对频率在每秒 50 次以内的速度作出反应，超过此速度就失去了反应能力；它只能同时观察 5～9 个离散单位，超过此范围就不可能进行有效观察等。不仅如此，随着观察时间的延长，人的视觉能力还会不断衰减。因此，在视觉器官疲劳的情况下，往往容易发生观察误差。同样，人的其他感觉器官的可靠性和准确性也是极其有限的，超过了一定限度就会失去感知能力，就有可能发生观察误差。所谓"人芝兰之室，久闻不知其香"，就是嗅觉器官失灵的例证。

此外，人的感觉器官在感知过程中，还可能发生种种错觉。例如，同样一个人，在高个子面前显得矮一些，在矮个子面前显得高一些；人们高兴的时候时间似乎过得快一些，忧愁的时候时间似乎过得慢一些等。产生这些错觉，既有生理方面的原因，也有心理方面的原因，它们都有可能使观察产生这样或那样的误差。

（五）人为假象

诸如观察仪器失灵（其实，任何观察仪器的观测范围和准确度都是有限的），光线不足，角度不对，速度太快，距离太远等，都是造成观察误差的重要原因。

本章小结

观察法是指观察者根据研究的课题，运用自己的眼睛、耳朵等感官或辅助工具，有目的地对研究对象进行考察，直接的、有针对性地了解正在发生和发展的社会现象的研究方法。我们可以将观察分为实验室观察和实地观察，参与观察和非参与观察，结构观察和无结构观察等类型。观察的全过程可分为三个阶段：准备阶段、实施阶段和资料处理阶段。观察时应注意选择观察的时间和场合，并努力减少观察活动对被观察者的影响。产生观察误差的原因包括思想因素、知识因素、心理因素、生理因素和人为假象。

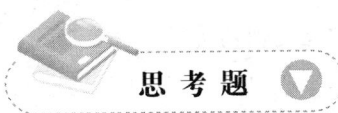

思考题

1. 何为观察法？有哪些特点？
2. 简述观察的类型。
3. 我们进行观察时要注意的问题有哪些？
4. 结合社区服务的实际，试设计一份观察卡片。

自测题

一、判断题

1. 完全参与观察中，观察者也参加被观察群体的活动，但他们的真实身份并不隐瞒，观察对象把他们当作一个可以容忍可以信任的"外人"。

2. 观察时要进入现场，一般都要经过有关部门的允许或受其委托。如果没有这种正式的关系，通常都是靠熟人或朋友关系。

3. 有结构观察是指观察的内容、程序事先不作严格规定，依据现场的实际情况随时决定的观察。

4. 观察是运用一定的观察工具所进行的一项活动。最基本的观察工具是人的感觉器官，其中最重要的是视觉器官——眼睛。

（答案：错、对、错、对）

二、不定向项选择题

1. 同是观赏一座园林，建筑师感兴趣的是建筑结构，文艺家感兴趣的是诗情画意，动物学家感兴趣的是鸟兽鱼虫，植物学家感兴趣的是花草树木，时装设计师感兴趣的则是游人的衣着款式。这是由于（　　）产生的观察误差。

A. 思想因素　　　　B. 知识因素　　　　C. 心理因素　　　　D. 生理因素

2. 依照不同的分类原则可以将观察法分为不同的类型，根据观察者角色的不同来划分的是（　　）。

A. 实验室观察与实地观察　　　　B. 参与观察与非参与观察

C. 结构观察与无结构观察　　　　D. 直接观察与间接观察

3. 观察内容和范围应该根据调查目的、研究问题来制定，一般包括的不可缺少的方面有（　　）。

A. 现场的情境

B. 目的、动机、态度

C. 观察对象的角色、地位、身份、数量以及相互之间的关系

D. 事物或现象发生的时间、出现频率、持续期间

4. 观察法作为一种具有很强目的性、计划性和系统性的社会调查研究方法，其全过程可分为（　　）。

A. 准备阶段　　　　　　　　　　B. 成稿阶段

C. 实施阶段　　　　　　　　　　D. 资料处理阶段

5. 观察法的特点，导致出这种方法的优点和缺点。观察法的优点在于（　　）。

A. 环境是自然的、真实的

B. 样本小，难以进行数量化研究

C. 是收集非语言资料的最基本最有效的方法

D. 人际关系影响观察的准确性

（答案：C、B、ABCD、ACD、AC）

第十一章　调查资料的整理

内容提要

　　本章包括整理资料的含义和意义、文字资料的整理、数字资料的整理共三节的内容。本章结合实际情况，指出了资料整理的一般要求和步骤，文字整理的分类、审核、汇编的三个阶段，以及数字资料的审核、资料的编码、数据录入、数据清理、制作统计图、制作统计表、统计表的累计表示等问题。

学习目标

1. 了解整理资料的基本过程和方法。
2. 理解整理资料的含义、以及整理的具体阶段、步骤、分类和基本概念。
3. 掌握定性、定量即文字资料和数字资料整理这两种类型资料整理的方法。
4. 将定性与定量资料整理进行对比，使读者更好地认识和掌握这两种资料整理的方法，并结合实际进行分析。

学习提示

1. 建议阅读一下费孝通的《江村经济》。
2. 主动应用所学知识进行资料整理的练习。

第一节　整理资料的含义和意义

一、整理资料的含义

整理资料就是对收集到的原始资料进行检查、分类和简化，使之系统化、条理化，并以集中、简明的方式反映调查对象总体情况的工作过程。资料整理既是资料收集工作的继续，又是进行资料分析的前提。

在社会调查中所收集到的原始资料往往是分散和零碎的，而不是集中和系统的；常常是反映个体的，而不是反映总体的。针对这些资料，人们难以对总体进行分析。并且，在调查中还会收集到一些历史资料或经别人加工过的综合资料，即次级资料。这些资料在分组方法、总体范围或指标含义、口径、计算方法等方面均有可能不符合社会调查目的和分析的要求。因此，必须首先对资料进行整理。

二、整理资料的意义

整理资料是社会调查工作的继续，又是进行分析研究的开始，在整个社会调查中起着承前启后的作用。整理资料在社会调查中的意义在于：

1. 整理资料是对社会调查工作质量的全面检查和进一步深化

社会调查是一项非常复杂的工作，运用各种方法从各个具体单位调查得来的资料，往往是分散的、零碎的，而且，难免出现虚假、差错、短缺、余冗等现象。

影响调查资料质量的因素主要有以下五个。一是由于社会现象时刻在发生变动，无法做到最严格、最正确的登记。二是有些社会现象过于广泛，如居民消费，难于做到完全登记。三是有时社会现象调查会牵扯到被调查对象的名誉和利益，而使调查者无法调查到真实的资料。四是由于调查者和被调查对象本身知识的不足、感情因素、立场和观点的影响，使资料失真。五是由于调查者在登记工作中的疏忽和错误，使资料发生差错、重复或遗漏。

针对在调查中出现的影响调查资料质量的种种问题，除了在调查过程中要组织调查人员自检、互检和有专门人员进行抽查之外，还必须在研究阶段的开始进行一次全面检查，区分资料的真假，去粗存精，以保证资料的真实、准确和完整。整理资料就是对调查工作的全面检查，必要时还应组织力量进行补充调查，促使调查工作更加全面、深入的进行。

2. 整理资料是对社会调查资料进行科学分析的开始

社会调查收集到的资料往往是反映个体情况的，并且是分散、零碎的，对于总体来讲，是不能反映调查的总体情况的。通过科学的方法对资料进行整理，可以使杂乱无章的资料简化明晰，有利于进一步的分析和研究。在研究阶段，无论是统计分析还是思维加工，都要求资料的准确、真实和完整，都要求把错误消灭在研究工作之前。如果到统计分析或者思维加工阶段才发现调查资料的错误，往往浪费很大的精力去返工。因此，整理资料是进行分析工作的开始，也是进一步分析研究资料的基础。

3. 整理资料是社会调查积累资料的客观要求

社会调查的原始资料，不仅是当时作出调查结论的客观依据，而且对今后研究同类社会现象时具有重要的参考价值。一份真实、完整的原始资料，特别是重大的社会调查资料，往往具有长久的研究价值，并且随着时间的推移其价值会越来越大。因此，每次社会调查都应认真整理调查的原始资料，便于今后的长期保存和研究。

三、整理资料的一般要求

整理资料是一项理论性和技术性要求都很高的工作。它的一般要求是：

1. 真实性

所谓真实是指整理后的资料必须是确实发生过的客观事实，而不是弄虚作假、主观杜撰的情况。如果整理过的资料不真实，那比没有调查资料还要危险，往往使调查者得出错误的结论。真实性是整理资料的最根本的要求。

2. 准确性

所谓准确是指整理后的资料中事实要准确，尤其是数字资料更应该准确无误。如果整理出来的事实资料含糊不清，模棱两可，数据资料笼统，互相矛盾，那么，要想作出科学的结论是不可能的。应当注意的是，准确和精确的概念是不一样的，准确不等于丝毫不差。对准确性的要求应从实际出发，以能说明问题为原则，而不是越精确越好。例如，研究我国人均消费水平问题，精确到"元"就可以了，没有必要计算到几角几分。如果精确度过高，会增加许多无效的工作量，并且可能使调查和整理的数据出现更多的错误。

3. 完整性

所谓完整是指整理后的资料必须尽可能全面，以便能反映客观事实的全貌。完整主要指时间范围上的完整、空间范围上的完整和调查项目上的完整。如果调查资料不完整，则调查资料就失去了研究的价值。

4. 可比性

所谓可比是指整理后的资料应具有可比性。各种原始资料由于指标范围、口径、计算方法、计算单位等不同，不能进行比较。整理资料的目的就是将各种不可比的资料经过调整变成可比的资料，以便进行分析。这样，可比的资料才具有研究价值。

5. 简明系统

所谓简明是指整理后所得的资料，要尽可能简单、明确，并使它系统化、条理化，集中反映调查总体的情况。整理后的资料与未加工整理的资料相比，最直观的特点就是整理后的资料条理清晰、一目了然。

6. 力求新颖

所谓新颖是指整理资料时，要尽可能从新的角度来审视资料、组合资料，尽量避免按照陈旧的思路考虑问题，更不能亦步亦趋地简单重复别人的老路。只有按照实际情况从调查资料的新组合中发现新情况，才能为创造性研究打下基础。

四、整理资料的一般步骤

调查资料一般分为文字资料和数字资料，也包括一些实物资料和视听资料。整理资料主要是对文字资料和数字资料的整理。整理资料的一般步骤主要包括：

1. 设计和编制资料的汇总方案

汇总方案主要包括三个方面的设计：第一，要有一套综合表，包括一系列分类分组所构成的分组体系；第二，要有填表说明，包括汇总的范围、程序、分组方法、指标解释和计算方法；第三，要有分类目录。

2. 对资料进行审核

资料的审核包括对原始调查资料的审查和核实，还包括对次级资料如历史资料或其他已经加工过的资料的再一次审核。审核是整理资料的一个重要步骤，是使分析工作顺利进行的前提。

3. 对资料进行科学分类或分组

这一步主要确定分类或分组的标志，分组的具体办法，分布数列的编制等。这部分是整理资料的中心环节。

4. 对分类或分组后的资料进行汇编或汇总

即把资料汇编成册，这一步包括一系列的编辑和运算过程，这是把资料完整保存下来的一种手段。

5. 对整理资料结果的显示

整理资料的结果通常以汇编资料或统计表的形式显示。社会调查为社会所承认，发挥社会效益，向社会公布调查资料是不可缺少的一个环节。

第二节 文字资料的整理

社会调查中的文字资料也叫定性资料。定性资料的来源一般有两个：一是"实地源"，它包括无结构式访谈和观察的记录；二是"文献源"，即以文字形式叙述的文献资料，如公安机关的档案、文件、会议记录、个人的日记、传记、信件、公开发表的调查报告和研究论文等。这些资料是调查研究中定性分析的依据，由于资料来源不同，因而整理方法也略有不同，但大致都要经过三个阶段：审核、分类和汇编。

一、审 核

所谓审核，就是仔细推究和详尽考察调查资料是否真实可靠和合乎要求，从而为进一步整理分析打下基础。它主要解决调查资料的可靠性和合格性问题。

（一）可靠性审核

调查资料的可靠性审核，也称为可信度审核，就是看调查资料是不是真实可靠地反映了调查对象的客观情况。一般通过检查资料的一致性、稳定性和可信度来确定资料的真伪。一致性指不同调查者同时调查同一调查对象所得结果的一致性；稳定性指同一调查者在不同时间地点调查同一类事物所得结果的稳定性；可信度指不同调查者在不同时间不同地点调查同一事物所得结果的吻合程度。

进行可靠性审核，一般采用三种方法。

一是经验法。它是根据以往的实践经验来判断资料的真实性，如果发现资料中有明显违反实践经验的东西，那么就应重新进行调查或核实。

二是逻辑法。它是根据调查资料的内在逻辑来检验资料的真实性，找出那些不符合事实的资料，并予以剔除。

三是资料来源检查法。一般来说，调查中当事人反映的情况比局外人反映的情况可靠性大一些，多数人反映的情况比少数人反映的情况可靠性大一些，有文字记录在案的情况比在人群中口耳相传的情况可靠性大一些，等等。

（二）合格性审核

调查资料的合格性审核，也称为效度审核，主要指审查调查资料是否符合原设计的要求，是否能反映调查的目的。如果对调查指标理解错误，计算公式不正确，计量单位不统一，或者回答不完整、不符合要求，甚至答非所问等，都应该列入不合格的调查资料范围之内。

一个调查资料的效度越高就越符合使用者的需要，其价值就越大。效度常用相关系数来表示，即效度系数。效度通常分为内容效度和校标关联效度。内容效度指调查内容能够代表它所要调查目的的程度，也就是调查项目与要调查的特征相关。效标关联效度指如果一项调查存在其他客观标准，称此标准为效标。以效度调查结果与效标作相关分析来确定效标关联效度。效标关联效度的高低一般依调查的性质和采用的效度而定。进行合格性审核的方法通常是邀请专家对调查项目和调查目标进行评判，来检查内容效度。效标关联效度则必须选择可靠的信度高的效标进行评估。

资料的审核工作，一部分是在搜集资料的过程中进行的，边收集边审核，这叫做实地审核；一部分是在资料收集完毕后集中进行的，这叫做系统审核。对于访谈和观察资料，在收集过程中进行审核显得非常重要。一方面，可以防止遗忘，能及时地发现错误和遗漏，以便及时地进行补充和修改。另一方面，在收集资料的过程中调查者通过对产生资料的实地社会背景的考察以及通过互相讨论，或派专门人员抽查等方式，可以对影响资料的各种因素进行分析和控制，对资料的信度和效度进行评估。一般说来，"实地源"的资料较"文献源"的资料更可靠，但是要特别注意"测不准效应"和"棱镜效应"对资料的信度与效度的影响。

资料的审核是一项重要而又细致的工作，要求调查者要有认真的态度，决不可草率从事。

➡ 专栏 11 – 1

"测不准效应"——是指由于观察者的参与，改变了被观察对象的自然状态，被观察者或单位可能作出种种假象来掩饰事实的本来面目，使真实状态的测定不可能了。

"棱镜效应"——指社会现象的感知和解释都要通过观察者这面棱镜，通过他的价值标准和以往的经验再折射出来，从而使观察资料不准确。

二、分　类

资料整理的第二步是分类。所谓文字资料的分类是指根据资料的性质、内容或特征把相异的资料挑出来，把相同或相近的资料归为一类的过程。分类其实就是分门别类，使繁杂的资料条理化、系统化，为找出规律性的联系提供依据。它不仅有利于资料的存取，本身也是对研究对象的一种认识方式。

（一）分类方法

调查资料的分类有两种方法，即前分类和后分类。前分类，就是在设计调查提纲、调查表格或调查问卷时，就按照事物或现象的类别设计调查指标，然后再按分类指标搜集资料、整理资料。这样，分类工作在调查之前就完成了。后分类，是指在调查资料搜集起来之后，再根据资料的性质、内容或特征，将它们分别集合成类。社会调查中一般连续性调查可按历史上的分类进行前分类，而对于一些文献资料、访谈调查、问卷调查中的开放性问题则因无法事先知道分类标准，则只能采用后分类法。

（二）分类标准

分类的关键在于选择和确定分类标准。分类标准可以分为现象标准和本质标准两大类。所谓现象标准，就是反映事物的外部特征与外在联系的标准，如年代、地别等，就属于现象标准。按现象标准分类能够帮助研究者建立资料的档案系统，便于资料的存取和查找。

所谓本质标准，就是反映事物的本质特征或内部联系的标准，如划分阶级的标准是对生产资料的占有。按本质标准分类，不仅是资料的存取、检索系统，也是研究者对客观事物和规律认识的总结系统，也常常反映了研究者的理论观点。

分类标准还可以分为品质标准与数量标准两类。品质标准是反映事物属性差异的标准，例如，性别、民族、户口类别、企业所有制等。

数量标准是反映事物的数量差异的标准，例如，以人口作为划分大、中、小城市的标准。

（二）分类原则

在进行分类时必须遵循下述原则：

1. 有效性原则

所谓有效性，是指分类方式对于研究目的是有效的，并且这一分类能有效地反映现实社会现象。为此，一方面，分类时必须服从于研究目的。例如，要研究社会的结构特征，可选择职业声望和收入作为分类标准。如果不按照研究需要设立分类标准，则研究问题就无法得到恰当解释。另一方面，分类要能反映现象的本质特征。事物的特征是由本质特征决定的，要想反映社会现象的真实情形，就必须抓住其本质特征。

2. 互斥性原则

所谓互斥性，是指在一种分组中，每一条资料只能归属为一类，而不能既归于这类又归于那类，以致在不同类中重复出现，即类与类要相互排斥。

3. 完备性原则

所谓完备性，又称穷尽性，是指分类时每一条资料都要有所归属，分类的结果必须将所有的资料包括进去，没有遗漏。例如，将人按白种、黑种、黄种人分类的话，则混血儿将无类可归，违反了完备性原则。

三、汇　编

所谓汇编，是按调查的目的和要求，对分类后的资料进行汇总和编辑，使之成为能反映调查对象客观情况的系统、完整、集中、简明的材料。

资料汇编的方法是，首先根据调查目的和要求对调查对象的客观情况确定合理的逻辑结构，使汇编后的资料既能反映调查对象的真实情况，又能说明调查目的。其次应对分类资料进行初加工，如给各种资料加上标题、符号，编上序号等。

资料汇编的要求是：第一，要完整和系统。所有可用的资料都要汇编到一起，大类小类要井井有条，层次分明，能系统完整地反映调查对象的全貌。第二，要完整和集中。要用尽可能简短、明了的文字，集中地说明调查对象的客观情况，并注明资料的来源和出处。如有必要，还可对资料的价值和作用等作些简短的述评，以供进一步研究参考。

第三节　数字资料的整理

社会调查中的数字资料也叫定量资料。与定性资料一样，定量资料的来源也有两个：一是实地源，二是文献源。前者包括问卷资料、结构性访谈和观察的记录等，后者主要是统计资料。由于来源不同，这两类定量资料在整理方法上也有所不同。但一般地说，统计资料的整理较问卷资料和结构性观察资料要简单，步骤要少。

一、审　核

资料的审核是资料处理的第一步工作。它是指研究者对所收集的原始资料（主要是问卷）进行初步的审阅，校正错填、误填的答案，剔出乱填、空白和严重缺答的废卷。其目的是使得原始资料具有较好的准确性、完整性和真实性，从而为后续资料整理录入与统计分析工作打下较好的基础。

资料的审核工作包含两方面的内容：一是检查出问卷中的问题；二是重新向被调查者核实。

在实践中，资料的审核有两种不同的做法。一种做法是，在收集资料的过程中进行，即边收集边审核，一旦发现填答错误，或漏填误填，或其他一些有疑问的情况，就及时进行询问核实。这样，当资料的收集工作结束时，资料的审核工作也已完成。这种资料审核的方式称为实地审核。如果要培训一批调查员，乘车到外地对农民进行当面访谈，最好就一边收集资料一边审核，可以每天晚上对所收集的资料进行审核。如果等问卷回收回来以后再审核，很可能会联系不上当时的被调查者，即便联系上，由于时间较长，被调查者也不一定记得当时填的是什么了。另一种做法是，先将资料全部收回，然后再集中时间进行审核。这种资料审核方式称为系统审核或集中审核。如果采用自填式问卷法的方式收集资料，就比较适合于集中审核。

实地审核的长处是特别及时，且效果较好；其困难是资料收集工作的组织和安排要特别仔细，调查员个人处理各种情况的能力要比较强。系统审核的好处是资料收集工作便于统一组织安排和管理，审核工作也可以统一在研究者的指导下进行，审核的标准比较一致，检查的质量也相对好一些。但整个工作的周期则会相对拉长，少数个案的重新询问和核实工作有时因时间间隔较长或空间相距太远而无法落实。

二、编　码

从资料处理的角度来看，编码就是用阿拉伯数字来代替问卷中每一个问题的回答，或者说是将问卷中的答案转换成数字的过程。

在设计问卷时，开放式问题相对来说较少，并且被调查者不填的较多。所以在这里我们主要讨论问卷中封闭式问题的编码。

对于封闭式问题的编码，可以采用预编码的方式，就是在设计问卷时对回答的每一个种类都指定好其编码值，并印在问卷上。预编码主要限于回答类别事先已知的问题，这些问题主要是封闭式问题，或回答已经是数字而不需要做转换的问题。表 11-1 就是一份问卷中几个问题的答案和编码。

表 11-1

	编码
Q1　你的性别：(1) 男√　　　(2) 女	1
Q2　你的年龄 __27__ 周岁	27
Q3　你的文化程度	3
(1) 小学及以下　　(2) 初中　　(3) 高中及中专√　　(4) 大专以上	
Q4 你的婚姻状况	2
(1) 未婚　　(2) 已婚√　　(3) 离婚　　(4) 丧偶　　(5) 其他	

通过编码，可以将问题答案转化成阿拉伯数字的形式，然后将其录入计算机，进行统计分析。

对于问卷中的回答，如果是数字，如 27 周岁，在相关的统计软件中，我们直接录入数字即可。如果回答的是选择项，如 Q1 中，如果回答是男，我们录入计算机的时候，直接录入答案的编号，即 1 就可以了，这种情况就是我们前面所说的预编码。

任何调查中都不免有一些回答者对一个问题不作任何回答的情况，为此对问卷中的每个提问要增加一个无回答编码。在编制问卷和收集数据时，研究者应尽量避免出现无回答的情况，因为无回答的情况会引起很多问题。不过，若出现了无回答的情况，研究者就要在资料整理中对其进行编码。

对于专门的社会调查，除应对问卷或调查表中的所有问题进行编码外，还应对每一份问卷中包括的下述项目进行编码：问卷编号、问卷所属区域或部门、其他要进行统计的分类标准。如调查对象所在企业的所有制类型等。这些编码在数据处理中非常重要。比如，区域或部门编码：（1）可以知道区域和部门回收问卷的数目。（2）在汇总表中有更详细的分类，将各区域和部门的情况反映在表格上，对某个区域和部门的情况进行单独的统计分析。（3）可以分析不同地区和部门的各种社会现象，便于比较和鉴别。

三、数据录入

数据录入的方式主要有两种：一是直接从问卷上将数据输入计算机；另一种是先将问卷上编好码的数据转录到专门的登录表上，然后再从登录表上将数据输入计算机。

直接从问卷输入数据的长处是避免了再次转录中可能出现的差错，但它的不足是录入时要不断地翻动问卷，录入的速度相对要慢一些。将问卷上的数据先转录到登记表上，再输入计算机的做法，虽然可以使得计算机录入人员比较方便，速度也相对较快，但它却要冒增加差错的危险。因为将问卷上的数据抄录到登录表中，等于增加了一次转录过程。而每一次转录都存在出错的可能性，两次转录出错的机会往往大于一次转录。

四、数据清理

在数据录入过程中，无论我们组织安排得多么仔细，工作多么认真，还是难免会出现一些小的差错。因此在开始进行计算机统计分析之前，应仔细地进行数据的清理工作。数据清理工作主要有以下五种方法。

（一）有效范围清理

对于问卷中的任何一个变量来说，它的有效编码值往往有一个范围，而当数据中的数字超出这一范围时，可以肯定这个数字一定是错误的。比如，如果在数据文件的"性别"这一变量栏中，出现了数字 3 或者数字 4、5 等，我们马上可以肯定这是错误的编码值。因为我们在编码的过程中，性别这一变量的赋值是 1＝男，2＝女，对于无回答的我们不录入。所以如果出现了 1、2 以外的任何数字，我们都可以肯定是错误的。要检查出所有不符合要求的编码值，我们只需要在计算机上，用 SPSS 软件进行频数（frequency）的分析，计算机很快将能给出如下的结果：

表 11 - 2　性别的频次分布

	性别	频次	百分比	有效百分比
	0	5	2.5	2.7
	1	87	42.9	47.0
有效编码	2	76	37.4	41.1
	3	13	6.4	7.0
	4	4	2.0	2.2
	合计	185	91.1	100.0
缺失	系统	18	8.9	
总计		203	100.0	

这是某项调查中性别的频数分布。其中，有效编码值为 1、2，缺失值为空白。当我们发现频数分布表中变量的取值出现了超出了有效编码值的范围时（此例中的 0、3、4），可以通过计算机将这些个案查找出来，并同原始问卷进行核对。这可能是数据录入的时候录错了，也可能是问卷本身填错了。如果一份问卷中错答、乱答的问题不止一两处，可以考虑将这份问卷的全部数据删除，作为废卷处理。

（二）判断清理

判断清理，即根据已知情况来判断数字资料是否真实和正确。如已知某单位是比较落后的单位，而调查指标的数字却明显超过先进单位，那么，对于这些数字就应设法进一步审证和核实。

（三）逻辑清理

逻辑清理，即从数字资料的逻辑关系中来检验其是否正确和符合实际。一般说，正确的答案是合乎逻辑的，而不合乎逻辑的答案则可能是不正确的。比如，收入与支出，播种面积与总产量，教师数与学生数，职工人数与工资总额，人口的年龄、文化与婚姻、职业等状况之间，都有一定的逻辑联系。如果发现支出大大超过收入、播种面积与总产量不相吻合、教师数与学生数不合比例、12 岁的孩子填已婚、小学文化程度的人填自己的职业是中学教师等情况，就是显然不符合逻辑的。逻辑检验也可以通过 SPSS 软件进行，在此我们不进行介绍了，有兴趣的读者可以参阅相关的 SPSS 软件书籍。

（四）计算清理

计算清理，即通过各种数字运算来检查各项数字有无差错。比如，各分组数字之和是否等于总数，各部分的百分比相加是否等于 1，各种平均数、发展速度、指数的计算是否正确等，都可通过数学运算来进行检验。此外，对同一调查指标的数字所使用的量度单位是否一致，不同表格对同一调查指标的计算方法是否统一等，也应进行必要的检查。

（五）数据质量抽查

尽管采取了上述方法对数据进行清理，但仍会有一些错误的数据无法查出来。一个很简单的例子，假设某个人的性别是男，他的问卷上填的答案是 1（男），编码时也是 1，在录入数据的时候将其录入 2（女）了。由于 2 这个值在有效范围内，所以我们用前述几种方法都不能查出这一错误。同时这一变量值可能与其他变量没有逻辑上的联系，我们通过逻辑清理与计算清理均无法查出这一错误。要查出这类错误的唯一方法就是拿着原始问卷一份一份地进行校对。但实际调查中却没有一个人这样去做，因为这样做的工作量实在太大了。

作为一种妥协，人们往往采用随机抽样的方法，从样本的全部个案中，抽取一部分个案，进行这种形式的校对工作。用这一部分个案校对的结果，来估计和评价全部数据的质量。

通过检验发现的各种问题，或不在有效范围内，或数字不真，或计算错误等，都应及时查明原因，采取相应措施，予以补充或更正。对于一切无法补充或更正的数据，都应将整个问卷作为无效问卷，剔除不计，以免影响整个调查数据的准确性。

五、制作统计表

在介绍制作统计表与统计图之前，让我们先来介绍一个比较有用的概念：分布。分布两个字很容易让人联想到森林分布，矿产分布等。它们是指一个地区、一个国家甚至整个世界，其中某一个位置或区域里森林或矿产的数量。这里的分布指的是一个概念或变量，它的各种情况出现的次数或频次，所以又称频次分布。

举例来说，性别是一个变量 (X)，X 的可能取值有：

* X_1——男

* X_2——女

如果我们将调查结果，按被访人的回答，分别归入上述的两类中去。于是有如下两对数据：

（X_1，n_1）

（X_2，n_2）

其中每对数据都用括号括起，表示数据是共存的。括号的第一项表示变量 X 的一种可能取值，第二项表示该种取值所对应的频次。

所谓分布，实质上就是这些对数的集合。因此，分布的一般形式为：

（X_1，n_1）

（X_2，n_2）

……

（X_n，n_n）

其中，X_1，X_2……X_n是变量 X 一切可能的取值，n_1，n_2……n_n为其所对应的数值。当 n 代表不同的含意时，就表示不同的分布。例如，当 n 表示频次时，以上变量值频次对的集合称做频次分布。当 n 表示概率时，以上变量值概率对的集合称做概率分布。而如果 n 代表的是百分比时，则以上变量值百分比对的集合称做百分比分布，又称频率或相对频次分布。

下面谈谈变量取值要注意的问题：变量取值必须满足完备性和互斥性的原则。关于完备性与穷尽性的原则见本章第二节分类部分的内容。

所谓统计表就是用表格形式来表示前面所说变量的分布。它不需用文字叙述，就能反映资料的特性以及资料之间的关系。所以，其在编印、传递方面有很大的优点，比统计图有更高的精确性，但缺点是不及统计图直观。

下面根据变量的层次，讨论统计表制作上的特点。

（一）定类变量

表 11-3 是定类变量的统计表。为了叙述方便，不妨假定以下是 34 个人的统计结果。

表 11-3　性别分布表

性别	频次	百分比（%）
男	18	52.9
女	16	47.1
总数	34	100

从上表我们可以看出，统计表的结构主要包括如下几个部分：表号、表头、标目（横标目、纵标目）、数字、表注等要素。

表号：统计表 X.X 或 X—X。

表头：包括标题、时间、地点。

标题，就是统计表的名称，它简要地说明表中统计资料的内容，位于表的顶端中央。标目，分横标目和纵标目。横标目，通常写在表的左边，用以说明总体各组或各单位标志。纵标目，通常放在表的右上方，用以说明总体各组或各单位的指标。

数字，是统计表的主体，说明总体各组或各单位有关指标的数量特征。一般用绝对数、相对数或平均数等。

表注，是对统计表有关内容所作的说明。

从内容上看，统计表的结构包括主词和宾词两个部分。主词，就是统计表所要说明的总体或是总体的各个组、各个单位的名称，通常排在表的左方。宾词，就是统计表用来说明主词的各种指标，通常排在表的右方。对于只有百分数的统计表，要写明统计总数。

统计表结构，如表 11 - 4 所示。

表 11 - 4　1995 年某企业青年职工文化程度状况

文化程度	人数	百分比（%）
大学	120	11.4
中学	850	81.0
小学	80	7.6

一般说来，问卷调查表中可供选择的答案就构成了主体行中变量的取值内容。可供选择的答案数目就是主体行中变量取值的数目。例如，性别有两种可供选择的答案：男和女。因此主体行中的变量值也就是男和女两行。

检验统计表是否正确可根据统计表中的百分比总和来判断。如果百分比总和少于 100%，表示有的个案情况未能包括在统计表里，即变量取值不满足完备性；反之，如果百分比总和大于 100%，则必有某些个案情况被同时统计在不止一类，即变量取值不满足互斥性。因此只有百分比总和等于 100% 时，才能表示统计表中变量取值的分类是正确的。但在实际计算中，由于"四舍五入"的缘故，百分比总和有时是 100.1% 或 99.9% 等，这些都不算错。

（二）定序变量

定序变量统计表内容、制作方法与定类变量相同。所不同的是，由于定序变量的取值有大小次序之分，因此在统计表制作时，应保留其变化趋势，不要任意打乱。例如，某电影厂为了解群众对武打片是否爱看，将喜爱程度分为五等：非常爱看；爱看；一般；不爱看；很反感。因此在统计表中，变量取值的排列也应保持以上的次序（见表 11 - 5）。

表 11-5　某某单位对"武打片"的反应统计

喜爱程度	人数	百分比（%）
非常爱看	7	17.9
爱看	9	23.1
一般	10	25.6
不爱看	10	25.6
很反感	3	7.7
总数	39	99.9%

（三）定距变量

对于定距变量，我们要区分它是连续型定距变量，还是离散型定距变量。例如，家庭子女数就是离散型定距变量，它只能取正整数。离散型定距变量的制表方法与定序变量的制表方法相同。统计表中的变量数值，按取值的大小排列，不要任意打乱。

对于连续型定距变量，由于任意两变量之间的取值都是无穷的，而且，原则上来讲，也没有任意两个观察值是绝对相等的，因此，我们无法简单地运用上述的分布，使之每一个取值对应一个确定的频次或百分比。解决的办法是将变量值分为若干区间或组，然后统计每一个组内的频次或百分数。例如，婚龄问题，由于自成年以后，可以在任何一个年龄结婚，因此婚龄是一个连续型定距变量。为了研究婚龄的分布就要将婚龄分组。但分多少组合适呢？是按 15～20 岁；21～25 岁……分呢？还是一岁一分组呢？或是全部按等距分组呢？还是人数集中的地方分得细一些，人数少的地方分得粗一些呢？即非等距分组呢？在实际中要考虑如下几个问题：

（1）组数的确定，应从实际出发。当数量标志的变动范围很小，而且标志值的项数不多时，可直接将每个标志值都列为一组。这时，组数等于数量标志所包含的标志值的项数。例如，调查农村学龄儿童入学率，就可将每一岁的儿童分成一组。当数量标志的变动范围很大，而且标志值的项数又很多时，就可将一些邻近的标志值合并为一组，作为分组的依据，以减少组的数量。如调查人口的年龄结构，就可将临近的 5 个年龄合为一组，这样就可大大减少组数。一般的经验是，对标志值的项数较多的数字资料进行分组以分成 5～7 组较为适宜，并且组数应尽可能是奇数，避免偶数。

（2）组距，就是各组中最大数值与最小数值之间的差距。组距数列中，各组组距相等的，叫等组距数列；各组组距不相等的，叫不等组距数列。编制组距数列时，应从实际情况出发，来决定是用等组距数列或不等组距数列。如编制等组距数列，应在对总体资料的内部情况进行分析的基础上，先确定组数，再用全部数量的最大数值与最小数值之间的差距，即全距除以组数，就可以得出组距的大小。但是，在实际整理数字资料的过程中，由于调查对象的复杂性，往往大量采用的是不等组距数列。

（3）组限，就是组距的两端数值。一般将每组的起点数值（最小数值）称为下限，将终点数值（最大数值）称为上限。组限的表现形式有两种：一种是封闭式，一种是开口式。封闭式组限是指在变量数列中，最小组的下限值和最大组的上限值都完全确定。开口式组限则指在变量数列中，最小组的下限值或最大组的上限值不能完全确定。划分组限时需要注意的一个问题是，如某一标志值正好与组限范围的组限值一致时，应遵循统计学中的"上限不在内"原则，将其划归属于下限的那一组。

（4）如何决定分点的精度：前面我们谈到，年龄的分组可采用 1～5 岁；6～10 岁……这是统计年龄的精度以年为标准的。如果我们统计的精度增高，例如说，统计到月，那么，五岁半的儿童是分到第一组呢，还是分到第二组呢？可见，随着精度的提高，分组点的精度也要提高。一般分组点比原统计资料的精度要高一位。如果统计资料的精度为整数，则分组点就取小数点后面一位计算。举例来说，原统计资料的年龄以年计算，统计范围为 1～8 岁，按 2 岁一个分组，即有：

1～2 岁；3～4 岁；5～6 岁；7～8 岁。四个分组。为此，应在上述分组值干 0.5 岁，得：

0.5～2.5 岁；2.5～4.5 岁；4.5～6.5 岁；6.5～8.5 岁。前者称为标明组界，后者称为真实组界，试比较上述资料两种组界定义的不同（见表 11-6）。

表 11-6　标明组界与真实组界

标明组界	真实组界
1—2	0.5—2.5
3—4	2.5—4.5
5—6	4.5—6.5
7—8	6.5—8.5

可见，真实组界是相邻两组标明组界值的中点，它的精度比标明组界要高一位，组与组的分界是连续的，而标明组界则是离散的。标明组界只是分组资料的简化表示，而在实际运算时，都要用到真实组界。

（5）组中值，是各组标志值的代表值。组中值由各组的上限与下限之间的中间数值来确定。（其中的上限与下限是指真实组界）其计算公式为：

封闭式组距数列：

$$组中值 = \frac{上限 + 下限}{2}$$

开口式组距数列条件下：

$$缺下限的组中值 = 开口组上限 - \frac{相邻组的组距}{2}$$

$$缺上限的组中值 = 开口组下限 + \frac{相邻组的组距}{2}$$

下面通过一个实例，来看分组统计表是如何制作的。

表 11 - 7　100 名儿童的身高统计

1.43	1.43	1.33	1.39	1.37	1.44	1.38	1.42	1.41	1.40
1.39	1.36	1.42	1.44	1.42	1.30●	1.41	1.33	1.43	1.37
1.40	1.44	1.27●	1.37	1.33	1.36	1.40	1.46	1.39	1.36●
1.38	1.38	1.44	1.56▲	1.42	1.46	1.38	1.31●	1.49▲	1.49▲
1.43	1.35●	1.41	1.39	1.40	1.36	1.43	1.42	1.32●	1.38
1.39	1.41	1.48▲	1.44	1.41	1.34	1.38	1.51▲	1.36	1.40
1.41	1.36	1.38	1.37●	1.45	1.39	1.44▲	1.42	1.34	1.43
1.38●	1.45▲	1.40	1.44	1.32●	1.44	1.40	1.46	1.46	1.37
1.48▲	1.36	1.47	1.42	1.47	1.38	1.43	1.42	1.39	1.41
1.00	1.45	1.41	1.37	1.49▲	1.47▲	1.37●	1.50	1.43	1.40

表 11 - 7 是 100 名同龄儿童的身高统计，试做统计表。

步骤 1：收集数据，写成 10×10 数据表（见表 11 - 7），数据总数 $N = 100$（数据单位"米"）。

步骤 2：找出（表 11 - 7）数据中最大值 L，最小值 S 和极差 R。

先在数据表内找出各列的最大值（▲）和最小值（●），然后找出全体数据的最大值 L 和最小值 S。数据极差 R 等于最大值 L 和最小值 S 之差。

$$R = L - S = 1.56 - 1.27 = 0.29$$

步骤 3：把数据分组。取分组数 $K = 10$。

步骤 4：计算组距 h。

$$h = \frac{R}{K} = \frac{L - S}{K} = \frac{0.29}{10} = 0.029 \approx 0.03$$

步骤 5：根据组距 h 和分点精度比原统计数据精度高一位的原则，将数据分为如下 10 组。

1.265—1.295；1.295—1.325；1.325—1.355……1.535—1.565。

步骤 6. 计算各组的中心值 b_i。

中心值是每组中间的数值，计算公式为：组中值 $(b_i) = \dfrac{上限 + 下限}{2}$ 于是各组的中心值有：

1.28；1.31；1.34；1.37；1.40；1.43；1.46；1.49；1.52；1.55。

步骤 7. 做频次分布表。

根据表 11-8 用唱票的办法画"正"字，进行频次统计，每组的数目，称作频次。频次与统计总数之比称作相对频次，如再乘以 100，就是百分数。

表 11-8 频次分布表

组号 i	真实组界限	中心值 b_i	频次统计	频次 n_i	相对频次 $= \dfrac{频次 (ni)}{\sum ni}$
1	1.265—1.295	1.28	—	1	0.01
2	1.295—1.325	1.31	正	4	0.04
3	1.325—1.355	1.34	正丁	7	0.07
4	1.355—1.385	1.37	正正正正丁	22	0.22
5	1.385—1.415	1.40	正正正正正	24	0.24
6	1.415—1.445	1.43	正正正正正	24	0.24
7	1.445—1.475	1.46	正正	10	0.10
8	1.475—1.505	1.49	正—	6	0.06
9	1.505—1.535	1.52	—	1	0.01
10	1.535—1.565	1.55	—	1	0.01
总和		$\sum ni = 100$			1.00

最后一行中频次总和 $\sum ni$ 应等于调查总数 $N = \sum ni$ ，如果不等则表示统计过程中有错。

（四）制作统计表应注意的问题

制作统计表，必须遵循科学、实用、简练、美观的原则，必须注意以下一些问题：

第一，总标题的文字应简短概括，能确切说明表的内容、统计的时间和地区。

第二，纵横标目的概念要明确，排列要有一定的逻辑顺序，一般应根据先局部后全体的原则排列，但若局部的项目较多，则可先列出合计，后列项目。如果栏目较多，要编号，并说明其相互关系。跨页时，标目应照原表列出。

第三，表的上下两端划粗格线，纵栏目之间以及横栏目与数字之间划细格线，表的左右两端一般应为开口式。

第四，表中的数字要填写整齐，对准位数。缺项时用"……"标明，数字是零时用"——"表示。下行与上行数字相同时，不应用"同上"或""""表示，而应用实际数字填写。

第五，表注应简明扼要。数字行里不应混杂文字，凡需说明的问题，一律写入表注。

六、制作统计图

所谓统计图就是用图形的形式来表示变量的分布。所以，又称分布图。它和统计表一样，也不需要文字叙述，就能反映出资料的特性以及资料之间的关系。同时还具有比统计表更为直观与形象的特点。但缺点是不及统计表精确。

根据变量的层次，可选择以下不同的统计图形：

定类变量：圆瓣图；条形图。

定序变量：条形图。

定距变量：直方图；折线图。

（一）圆瓣图

圆瓣图又称为圆形图或扇形图，是将资料展示在一个圆平面上，通常用圆形代表现象的总体，用圆瓣代表现象中一种情况，其大小代表变量取值在总体中所占的百分比。

圆瓣图的制作方法是将统计表中的百分数乘以360°，即可得各圆瓣之圆心角度数。现以表11-9为例，说明如何绘制圆瓣图（见图11-1）。

表 11-9　文化程度的百分数分布及对应圆心角度数

性别	百分数（%）	对应圆心角度数
小学	38.24	$137.66° (=0.3824 \times 360°)$
初中	52.94	$190.58° (=0.5294 \times 360°)$
高中	5.88	$21.17° (=0.0588 \times 360°)$
本科及以上	2.94	$10.58° (=0.0294 \times 360°)$

由于圆瓣图只表示变量取值在总体中所占的比例，而对变量取值的排列没有要求，因此圆瓣图多用于定类变量。

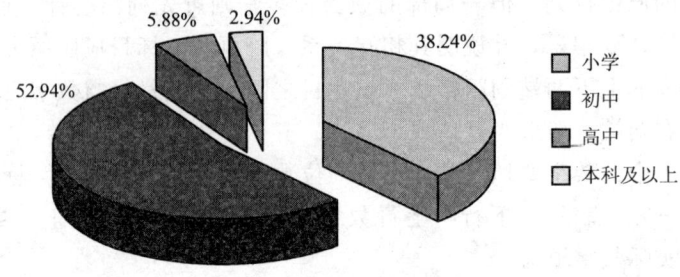

图 11-1 文化程度分布图

（二）条形图

条形图是用长条的高度来表示资料类别的次数或百分数。而长条的宽度没有意义，一般都画成等宽长条。长条既可画成平行于横轴，也可画成平行于纵轴。如果是定类变量，图形画作离散的长条；如果是定序变量，则长条的排列次序应与变量取值的次序相一致，且图形可画作紧挨着的长条或离散的长条。

定类变量：长条排列次序可以任意，条形是离散的。定序变量：长条按顺序排列（见图 11-2）。

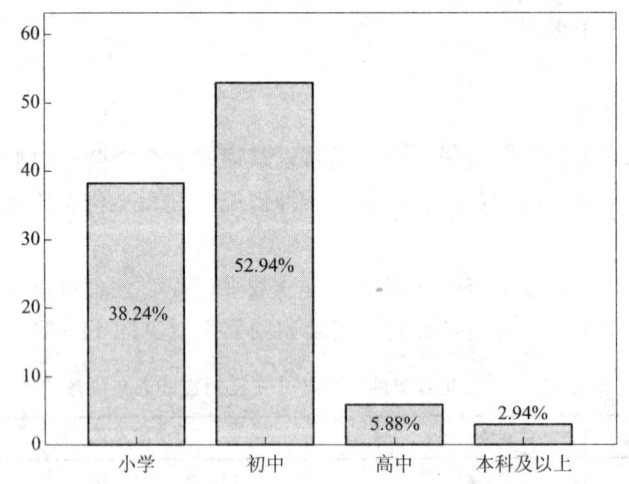

图 11-2 文化程度分布图

（三）直方图

直方图从图形来看，也是由紧挨着的长条所组成（见图 11-4），但它与条形图不同，直方图的宽度是有意义的。一般来说，直方图是以长条的面积（长与宽的乘积）来表示频次或相对频次。而条形的长度，即纵轴高度表示的是频次密度（单位组距所含有的频次）或相对频次密度：

$$频次密度 = \frac{频次}{组距（条宽）}；相对频次密度 = \frac{相对频次（频率）}{组距（条宽）}$$

直方图仅适用于定距变量。用密度作为条形高度的原因，在于连续型定距变量可采用非等距分组的缘故。对于等距分组，用频次或密度作为条形高度，图形的相对比例关系式不变的，因此，仍可用频次（或成频数）作为条形的相对高度。但在非等距分组情况下，如果用频次作为条形高度，将会产生错误。举例说，婚龄统计表（表 11-10）中有如下两组数据：

表 11-10 婚龄统计

婚龄组（岁）	频次（人）
⋯	⋯
26—27	30
⋯	⋯
40—50	35

如果根据频次来比较，就会得出 40～50 岁结婚的人比 26～27 岁结婚的人还多，显然这是错误的（见图 11-3）。

婚龄统计

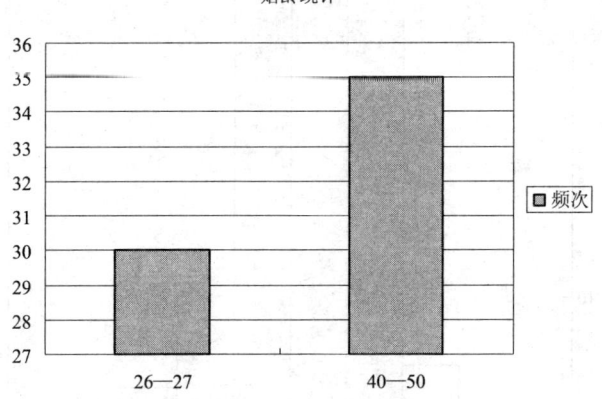

图 11-3 婚龄统计图

正确的方法，应该根据频次密度来比较和画直方图（见图 11-4）。

$$频次密度：\frac{30 人}{27-26 岁} = 30（人/岁）$$

$$\frac{35 人}{50-40 岁} = 3.5（人/岁）$$

可见，在 26～27 岁结婚的频次密度远比 40～50 岁之间的频次密度为高。

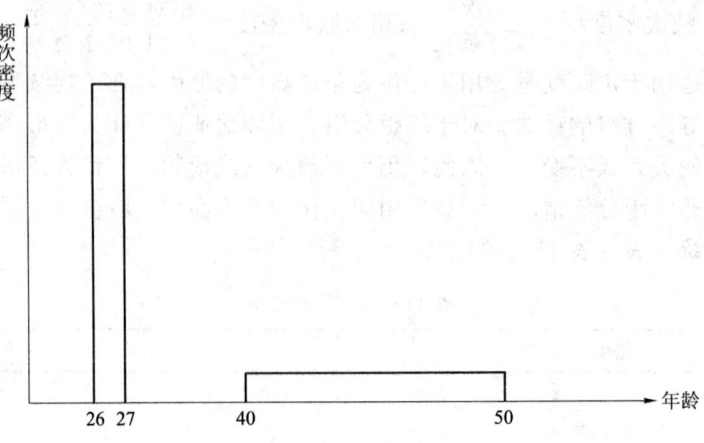

图 11－4　频次密度

下面是根据表 11－7 所作有关 100 个儿童同龄人身高的频数分布直方图（见图 11－5）。图中横坐标 1～10 代表前面（表 11－7）十组的组号。

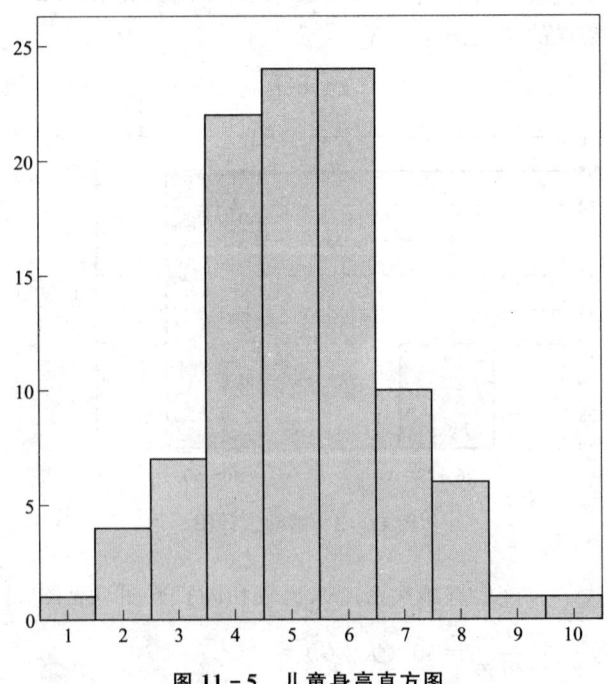

图 11－5　儿童身高直方图

（四）折线图

如果用直线连接直方图中条形顶端的中点，就得折线图。折线图可使资料频次分布的趋势更一目了然。

对于离散型定距变量，将变量值、频数对（X_i，n_i）的集合（频次分布）根据坐标连成的图就是折线图。

对于连续型定距变量，用组中心值 b_i 代替变量值，并用该组相应的频次作为 b_i 的频次，于是（b_i，n_i）坐标的连线就是折线图。

下面是根据表 11－7 所作有关 100 个儿童同龄人身高的频数分布折线图（见图 11－6）。

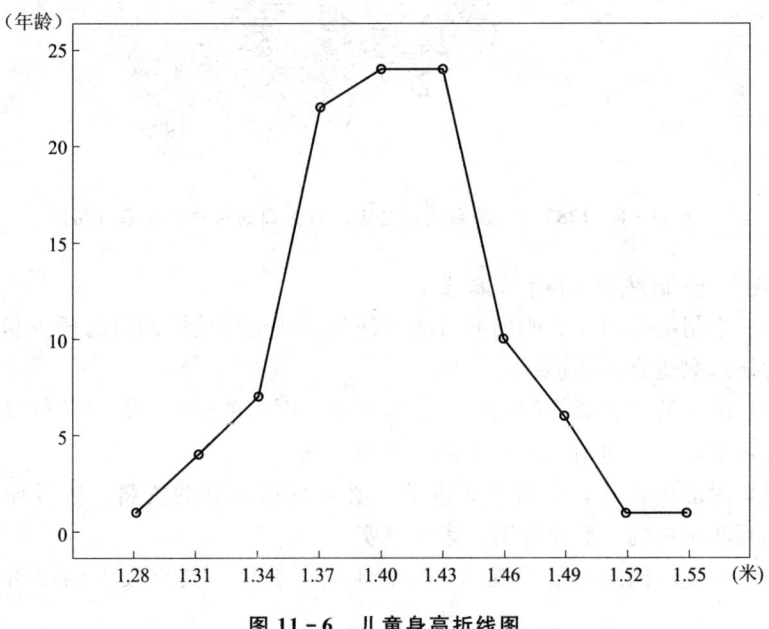

图 11－6　儿童身高折线图

折线图又称曲线图，它是通过上下变化的线段来反映所研究现象随时间变化的过程和发展趋势的图形。

除以上介绍的几种图形以外，还会经常用到象形图和统计地图。

（五）象形图

就是利用调查对象本身的实物形象来表示统计资料的图形（见图 11－7）。

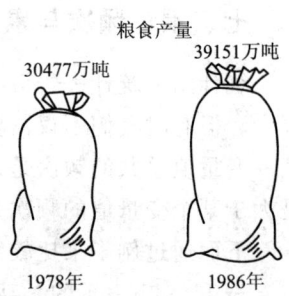

粮食产量

30477万吨　　39151万吨

1978年　　1986年

图 11－7　粮食产量

（六）统计地图

即在地图上利用线纹或点来表现统计资料的图形。它专门用来表示调查的数量资料在地域上的分布情况（见图11-8）。

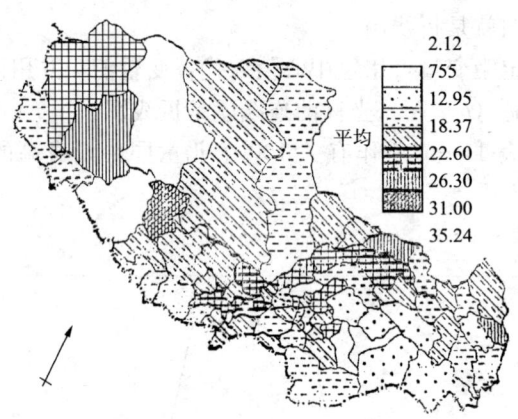

图 11-8　1983年西藏自治区各市、县人口的自然增长率（%）

（七）绘制统计图的基本要求

（1）绘制统计图要有明确的目的和任务，并根据绘图的目的任务和资料本身的特征选取适合的图形。

（2）图示的内容要简明扼要，突出重点。图示的标题、数字单位以及文字说明等，都应简明清晰，一目了然，便于掌握。

（3）图形的设计，要科学和准确。必须依据准确的资料，进行加工和计算，做到图示准确、数据分明、表示真实。

（4）绘制的图形，要美观、大方、主动、鲜明，具有较大的吸引力和说服力。

七、累计频次与累计频率

统计图和统计表告诉我们的是某一个变量值（或某一组）所对应的频次是多少。但有时我们不仅需要了解频次分布，还需要了解小于某一变量值或大于某一变量值总共的频次是多少，这时就要用到表的累计表示。所谓累计表示的是大于某个变量值的频次是多少或小于某个变量值的频次是多少。

下面通过例子来比较统计表和累计表。

表11-11表示的是某校学生的父亲受教育水平的统计表。

表 11 - 11　父亲受教育水平

受教育水平	（频数）f
大专及以上	68
高中毕业	90
初中毕业	106
小学毕业	193
小学以下	93
总数	550

现在用 cf↑ 表示小于某一受教育层次的累计频数，用 cf↓ 表示大于某一受教育层次的累计频数。那么，表 11 - 12 是根据表 11 - 11 所作 cf↑ 和 cf↓ 累计频次表。

表 11 - 12　频数分布与累计频数分布

受教育水平	（频数）f	cf↓	cf↑
大专及以上	68	68	68＋482＝550
高中毕业	90	90＋68＝158	90＋392＝482
初中毕业	106	106＋158＝264	106＋286＝392
小学毕业	193	193＋264＝457	193＋93＝286
小学以下	93	93＋457＝550	93

从表 11 - 12 第三列中，我们可以看到，父亲受教育水平在高中毕业及以上的共有 158 人，父亲受教育水平在小学毕业及以上的共有 457 人……同理在第四列中，我们可以看出，父亲受教育水平在高中毕业及以下的共有 482 人，父亲受教育水平在初中毕业及以下的共有 392 人……

如果把频次转换成频率，还可以做成累计频率 c%↑ 或 c%↓ 分布图。

统计表的累计表示在计算分组资料中的中位值及四分互差时具有重要的作用。我们在下一章中会看到这一点。

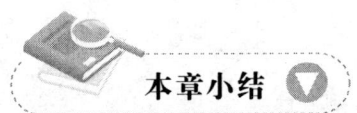

本章小结

我们运用各种方法收集到一批调查资料后，接下来的任务就是要对这些原始资料（主要是问卷形式与结构式访问的资料）进行某种特定方式的处理，使之成为进行统计分析的基本数据。

调查者在调查中收集到的原始资料，只是社会调查工作的开始。如果说调查资料属于认识的感性阶段，研究资料是认识的理性阶段的话，那么，整理资料则是从调查阶段过渡到研究阶段，由感性认识上升到理性认识的一个必经的中间环节。资料一般分为文字资料和数字资料两大类。这两类资料由于性质不同，因而所采用的整理方法与分析方法也有所区别。

资料处理的工作主要包括对原始资料的审核、复查，对问卷资料进行编码、录入和数据清理，以便于研究者掌握对调查结果进行整理、汇总和表达的某些常用方法。

思 考 题 ▽

1. 什么是资料的复查？如何进行资料复查？
2. 下面是某问卷的节选，试对其进行编码：

A1 请问您的年龄：38 岁　　　　　　　　　　　　　　　　 _____

A2 您的文化程度

1 小学　　2 初中　　√3 高中　　4 大学　　　　　 _____

A3 您家共有　4　人

A4 您是否同意住房制度改革方案　　　　　　　　　　　 _____

1 同意　　2 不同意　　√3 无所谓

---

3. 问卷数据录入的方式有哪几种？
4. 统计表是由哪几部分构成的？试举例说明。
5. 找几篇刊物上的调查报告，说明它们采用了哪些统计图？

自 测 题 ▽

一、判断题

1. 整理资料的一般要求是：真实、准确、完整、可比、简明、新颖。
2. 从统计表内容上看，统计表的结构由标题、标目（横标目、纵标目）、数字、表注等要素构成。

3. 社会调查中的文字资料也叫定性资料，数字资料也叫定量资料。

4. 一个调查资料的效度越低，就越符合使用者的需要，其价值就越大。

5. 在直方图中，矩形的高度表示频次。

（答案：对、错、对、错、错）

二、单项选择题

1. 数字资料的正确性检验，一般采用的方法不包括（　　）。

A. 判断检验　　　B. 逻辑检验　　　C. 客观检验　　　D. 计算检验

2. 调查资料的合格性审核，也称（　　）。

A. 信度审核　　　B. 效度审核　　　C. 正确审核　　　D. 主观审核

3. 分组标志的确定必须使所有个案的特征表现都找到归属组，无一例外，也就是要将所有可能的类别都要列出来，这种分组标志的原则是（　　）。

A. 互斥性原则　　　　　　　　B. 穷尽性原则

C. 多角度选择原则　　　　　　D. 研究的目的性原则

4. 对于定类变量，我们可以作的统计图是（　　）。

A. 折线图　　　B. 圆瓣图　　　C. 曲线图　　　D. 矩形图

（答案：C、B、B、B）

第十二章　资料的统计分析

内容提要

本章包括统计分析概述、单变量统计分析和双变量统计分析共三节内容。第一节介绍了统计分析的含义、作用和步骤。第二节阐述了单变量描述统计的两种方法：集中量数分析、离散量数分析以及单变量推论统计的两个方面：区间估计和假设检验。第三节介绍了针对不同层次的两个变量所采用的分析方法。

学习目标

1. 理解统计分析的含义。
2. 了解统计分析的作用。
3. 掌握单变量统计描述的基本方法，包括集中量数分析、离散量数分析等。
4. 掌握区间估计和假设检验的相关计算。
5. 理解列联表的含义。
6. 掌握相关分析和回归分析的过程。

学习提示

1. 运用所学知识制作列联表。
2. 课外了解相关统计知识。

第一节　统计分析概述

统计作为一种社会实践活动已有悠久的历史。起初，统计只是为统治者管理国家的需要而收集资料，弄清国家的人力、物力和财力，为国家管理提供依据。现在的"统计"一词已被人们赋予很多含义，也很难给出一个简单的定义。它可以指统计数据的收集活动，即统计工作；也可以是指统计活动的结果，即统计数据；还可以是指分析统计数据的方法和技术，即统计学。近年来，随着计算机的迅速发展，统计分析在自然科学研究和社会科学研究中的作用日益增大，已经成为人们进行科学研究必不可少的工具。

一、统计分析的含义

统计分析就是运用统计学原理，对调查得到的数据资料进行综合处理，以揭示事物内在数量规律的过程和方法。统计数据是由多个数据构成的数据集，通过对同一事物进行多次观察或计量得到大量数据，利用统计方法来探索出其内在的规律性。

就单独的一个家庭进行观察，每个家庭的新生婴儿的性别可能是男性，也可能是女性。从表面上看，新生婴儿的性别比例似乎没有什么规律可循。但如果对大量的家庭新生婴儿进行观察，就会发现新生婴儿中男孩略多于女孩，大致为每出生 100 个女孩，相应地就有 107 个男孩出生。这个性别比例 107：100 就是新生婴儿性别比的数量规律，而且古今中外这一比例都大致相同，这是由人类自然发展的内在规律所决定的。人类社会要发展，就要保持男女人数上的大致相同。尽管从新生婴儿来看，男性婴儿略多于女性，似乎并不平衡，但由于男性婴儿的死亡率高于女性，到了中年时，男女人数就大体相同了。进入中老年后，男性的死亡率仍然高于女性，导致男性的平均预期寿命比女性短，老年男性反而少于女性。生育人口在性别上保持大体平衡，保证了人类社会的进化和发展。对人口性别比例的研究是统计方法所探索的数量规律性之一。

在进行农作物试验时，如果其他试验条件相同，我们会发现某种粮食作物的产量会随着某种肥料肥量的增加而增加。当最初增加施肥量时，产量增加较快，以后增加同样的施肥量，粮食产量的增加逐渐减少。当施肥量增加到一定数值时，产量不再增加。这时如果再增加施肥量，产量反而减少。粮食产量与施肥量之间的这种数量关系，就是我们所要探索的数量规律性。如果我们能从大量的试验数据中，用统计分析找出产量与施肥量之间的数量关系，就可以确定最佳的施肥量，以求得最大的效益。

上述例子说明，通过多次观察或试验得到大量的统计数据，利用统计分析方法是可以探索出其内在的数量规律性的。因为客观事物本身是必然性与偶然性的对立统一，必然性反映了事物的本质特征，偶然性反映了事物表现形式上的差异。由于偶然性的存在，使事物的表现形式与必然规律性之间产生偏移，从而形成了表面形式上的千差万别，使得必然性的数量规律性被掩盖在表面的差异之中。统计数据作为客观事物的一种数量表现，是事物必然性与偶然性共同作用的结果。偶然性使得对同一事物的多次观察得到的统计数据是有差异的，而必然性则隐含在统计数据本身中，正是我们利用统计方法所要寻找的。

二、统计分析的作用

社会调查往往要涉及大量的变量，并且包括众多的个案，而且这些变量之间的关系又是非常复杂的，每项调查要处理的信息量非常庞大，要理解这些信息并找出其内在特征非常困难。通过统计分析可以提高人们控制数字的能力，从而透过这些庞杂的数字和复杂的关系去把握其内在的规律性。概括起来，统计分析的作用有以下三个方面。

第一，可以对资料进行简化和描述。统计分析的作用之一就是以精简的数字来综合大量的事实，对研究变量自身特征作出清晰的描述，也即所谓的描述性统计。例如，我们要比较两个班级的学习成绩的高低，一班有 60 个人，二班有 50 个人，根据成绩单我们得到了两个班级共 110 个人的成绩数据，如何比较两个班级学生学习成绩的高低呢？显然通过各班个人成绩对比是很难得出结论的，因为两个班人数不等，无法用每个班的学生成绩进行比较，这时最好的办法就是对每个班级学生成绩分别求平均值，这样一班的 60 个数字和二班的 50 个数字就可以分别用一个数字——平均成绩来代表，而班级之间学生成绩高低就可以通过班级的平均学习成绩进行比较了。但是需要注意的是，在对大量资料进行处理的时候，必然会损失掉某些信息，例如，上面学生的平均学习成绩可以概括一个班级的平均学习成绩，但却无法反映班级内部学生成绩间的差距。为了弥补这种损失，我们可以采用多个指标，用多种数字来综合和描述资料的不同特性。我们可以用标准差来概括描述不同班级内部学生之间的成绩的高低，以弥补计算平均成绩损失了的信息。

第二，可以对变量间的关系进行描述和深入的分析。变量间的关系是社会研究比较重要的内容之一，统计分析为深入描述和分析变量间关系提供了十分有力的手段。在社会研究中，运用实验方法研究多个变量之间复杂的因果关系存在许多困难，而统计分析可以通过事后解释使探讨变量之间复杂的因果联系成为可能，即采用社会调查来获取关于社会现象的资料，然后从统计分析中去发现事物中既存的数量联系，通过统计和控制手段，去掉其中偶然性因素的影响，并将各因素的作用分解，找出各个因素的"净作用"，以最后确定这种数量联系中那些稳定的、相关程度高的联系，从而达到理论解释。

第三，可以通过样本资料推断总体。在社会研究中，大量的社会调查是抽样调查，如何由样本资料来反映总体情况，是抽样调查必须解决的问题。统计学很好地解决了这个问题，它可以通过参数估计和统计检验等手段，将样本资料推论到总体并能指出这种推论的误差及作出这种推论的把握有多大，这就是所谓的推断性统计。它是建立在概率论基础上的，大大扩展了社会调查的范围，提高了社会调查的效率，并使调查研究得以深入。

三、统计分析的步骤

统计分析作为定量科学研究的一种手段，同其他方法与手段一样，应用统计分析也必须满足一定的前提条件，要在一定的范围内、并遵循一定的原则使用。如果我们在分析中不注意考察这些条件、范围和原则，盲目地套用公式，统计分析的效用不仅得不到充分发挥，而且会导致错误的结论。下面我们简单介绍一下有关步骤。

（一）对应用统计分析的前提条件进行考察

统计分析是建立在数理统计理论基础上的，因此它的应用必须满足一定的理论前提，例如，资料在总体中的分布是否满足了统计分析的要求；如果是抽样调查，样本量是否满足统计分析的要求等。由于社会研究过程是一个相互联系的整体，分析只是其中的一步，因此它的前导步骤是否正确执行，就构成了统计分析能不能成功运用的实际前提。例如，资料的信度与效度如何，资料收集方法是否科学等。如果资料的信度与效度很低，收集资料的方法不好，则再精密的统计与分析也无济于事，统计分析实际上是在量度过程中某些要求已被满足的条件下数字的处理。因此，在运用统计方法对调查资料进行分析之前，首先要注意审查使用统计分析的理论前提和实际前提条件是否满足。

（二）制定统计分析方案

实际上，研究人员在设计调查时就应根据研究目的和理论假设考虑准备进行哪些分析，再从统计分析的需要出发决定测量中的有关事项。当然，这时对统计分析的考虑还只是初步的、粗略的。研究人员在对资料是否满足统计分析的前提条件进行考察后，要经过周密审慎的思考，制定出详细的统计分析方案，然后交由计算机进行分析。这种分析方案可以包括以下四方面内容。

1. 再次确定自变量与因变量

一般来说，自变量与因变量是在设计调查时就确定了的，但是，往往在调查之后需要作取舍或调整。也许我们会发现当初确定的某些因变量与自变量之间并不存在这种关系，或者反之，实际存在着这种关系的变量当初并未被研究人员所估计到，这都说明最初的设想是不对的，需要加以修正。

2. 定义复合变量

问卷或调查表上出现的各个变量，一般称作基本变量或原始变量。这种变量在分析中是不可再被分解的。

用基本变量组合而成的新的变量，称作复合变量。复合变量常可约简变量的数目，突出资料的某种性质。复合变量的产生，可以是各个子变量（原始变量）的代数和，也可以是各个子变量加权后的代数和，例如，描述个人职业地位的变量就是一个复合变量，它是基本变量职业收入和教育水平加权后的代数和，即 $V = -6.0 + 0.59 y_2 + 0.55 y_3$。是否需要产生复合变量，应视研究的实际需要及变量的性质而定，任意的组合并不能给研究带来实际意义。

3. 变量分组

确定了变量之后，就要进行变量的分组。在调查问卷或表格上各个变量的编排与分布，不一定符合统计分析的需要，可能是为了方便被访人、也可能是为了便于提问。例如，为了减轻被访人的敏感度，问卷上将一组敏感问题（如政治态度）分散安排了。

变量分组是将类别或属性相同的变量组合成有意义的数组。例如，研究政治态度时，可将个人的基本情况变量归为一组；将人格、个人现代性、性格等心理特点归为一组；将对政治的兴趣、倾向、看法等归为一组。大组中可再分成小组。

4. 提出统计计算的要求并提出适当的统计方法

变量分组之后，研究人员要拟定各组所要统计的内容并要同时提出统计分析的方法，如可以拟定以下说明：

① 计算第一组和第三组中各个变量的频数分配及百分比；

② 计算第二组中各个变量的平均数与标准差；

③ 计算第三组内各变量间的皮尔逊相关系数；

④ 以第一组的变量为自变量，第四组的变量为因变量，进行单因素方差分析；

⑤ 做变量 $x_1 - x_{15}$ 与 y_2 的交互分类等。

这样的统计分析计划应当是所有参加分析的研究人员共同制订、共同遵守的，也作为日后检查工作的依据。

（三）选择统计分析方法的原则

各种统计分析方法都具有特定的假设前提、应用范围以及功用，在进行资料分析时，必须根据研究目的和资料本身的特点选择适当的统计分析方法，否则得到的统计结果，不是毫无意义，就是由于稳定性极差而不可信赖。

描述性研究在于说明某种社会现象的状况，一般可采用描述性统计来表示。解释性研究的目的在于寻找社会现象之间，或者说是变量之间（两变量间、一个变量与另一组变量之间、两组变量之间）是否存在某种关系、关系的程度如何、关系存在的条件是什么等。这时除采用描述性统计方法外，还要使用控制变量、建立因果统计模型和分类及综合变量等多种统计分析技术。

研究资料的性质，主要考虑以下四个方面：变量的测量层次、资料的收集方法、数据的分布形态、变量的个数。

我们知道，变量有四种测量尺度。一般地说，在低层次测量尺度可施用的统计方法亦可施用于高层次的测量尺度，反之则不可，但是为了不损失资料的信息，最好采用与测量尺度相应的统计方法。每一种统计方法均与相应的测量尺度相对应，社会调查资料往往是低层次的变量，如定类和定序变量，有时为了需要，需对这些低层次的资料作一些特殊的统计处理，使其层次提高，以能够使用高层次的统计分析方法。

所谓资料的收集方法是指资料是通过普查得到的还是通过抽样调查得到的，如果是由普查获得的，则使用描述性统计，如果是由抽样调查得到的，仅用描述性统计就不够了，还必须运用推断性统计技术，将样本资料推论到总体。

还有一个方面，就是要考虑数据的分布形态，例如，是正态分布还是偏态分布，是连续分布还是离散分布等。使用一个统计公式时，必须首先确定数据的分布形态与公式的假设前提是否相符。因为统计分析所用的公式，都是在一些有关分布形态的假定下推演出来的。例如，皮尔逊相关公式有一基本假定：要求相关的两个变量所构成的二维空间的次数分配应具有常态性，亦即所涉及的两个变量应形成一个二元正态分布。只有考虑了统计公式背后的基本假定与数据的分布形态，才能决定采用何种统计方法。

最后一个方面是变量的个数，如果为要概括研究对象的特征，则可用单变量分析，如某一群体的"平均年龄"，某一国家"自杀率"等。如果分析是要说明社会现象间的关系，就要用到多变量分析方法。

（四）对于统计结果的解释

要从实事求是的立场出发，与定性资料如社会、历史、文化等背景资料及有关个人态度、动机的资料相结合，并参考其他分析方法所得到的结果，反映和揭示调查资料所代表的社会现象的本质的、深刻的意义和内容。

统计分析是一种定量的分析方法，但任何具体的量都是有质的规定性的，如果不了解量的这种质的规定性以及数量关系背后的社会背景情况，就可能作出肤浅的、错误的甚至是荒谬的解释。因此对于统计结果的分析，有赖于对事物作深入的观察和了解，决不能凭表面的数据就轻易地下结论。

在统计结果与原理论假设不相符的情况下，则要对造成这种矛盾的原因进行认真的分析，这时一方面可能是原来的假设或理论是错误的；另一方面可能是研究过程本身所造成的，例如，收集数据的方法不当，或是测量工具信度与效度不高，要么是统计方法选择不当或计算过程有误等。然后，对这一分析的结果进行说明。

第二节　单变量统计分析

单变量统计分析是对某一变量的数量特征所进行的描述和推论，它是最简单也是最基本的统计。包括两个大的方面，即描述统计和推论统计。

一、单变量描述统计

描述统计的主要目的在于用最简单的概括形式反映出大量数据资料所容纳的基本信息。它的基本方法包括集中量数分析、离散量数分析等。推论统计的主要目的，则是用从样本中所得到的数据资料来推断总体的情况，它主要包括区间估计和假设检验等。

（一）集中量数分析

集中量数分析指的是用一个典型值或代表值来反映一组数据的一般水平，或者说反映这组数据向这个典型值集中的情况。集中量数也叫集中趋势。在问到调查对象的总体情况，如企业职工的收入水平，我们可以用集中趋势测量法，即找一个数值来代表变量的资料分布，反映资料集中的情况。我们根据典型值来估计每个研究对象的情况。企业职工的收入是各不相同的，经过计算，平均收入水平是 2000 元，则 2000 元就是该企业职工收入的集中量数。不论各个职工的收入水平怎么样，它们都是以 2000 元为中心而上下波动的。所以，平均数 2000 元所反映的就是该企业职工收入分布的集中趋势。

在统计分析中，测定集中量数具有下面四个作用。

（1）说明某一社会现象在一定历史条件下的一般水平和规模。例如，用人均住房面积可反映出城市居民的居住水平，用人均收入来反映经济生活水平。

（2）从空间上比较社会现象的数量特征。例如，可以用国民人均收入来比较不同国家的生活水平。

（3）对一定社会现象在不同时间中的变化进行比较，以说明这些现象发展的趋势和规律。例如，通过对不同时期的家庭人口平均数的比较，可以揭示家庭结构的发展变化趋势。

（4）分析社会现象之间的依存关系。例如，考察不同工厂的劳动生产率和人均奖金的情况，可以看出奖金水平对劳动生产率的制约关系。

最常见的集中量数有以下三种。

（1）众数。众数是指在一组数据中重复次数最多的标志值。即在频数分布所占比例最大、数量最多的数。

由于众数比例最大、数量最多，故可以将其作为统计分析总体的代表，用以表现总体的一般状况和总的水平。众数一般用 M_0 表示，多用于分析定类变量，也可用于定序变量的分析。众数是较常用的集中量数，用以说明某种现象的普遍水平，特别是不要求精确，只求把握普遍常见的标志值，采用众数，简便易行。

在简单分组数据中确定众数，可采用直接观察法。把出现次数最多的标志值确定为众数。例如，在 51 名工人工资分布表（表 12-2）中，工资 85 元出现次数最多（18 次），那么这组数据的众数 $M_0 = 85$ 元。有时，数据中会有多个（或所有）标志值次数相同，那么这组数据就有多个（或无）众数。

在组距分组资料中计算众数的方法有两种：一种是组中值法，另一种是插补法。插补法的公式比较复杂，这里不做介绍，具体参阅统计学教材。组中值法计算众数时，第一步是对资料进行直接观察，确定次数最多的组为众数所在组，如表 12-1 中，月工资收入在 600～699 元的职工为 400 人，在职工总数中所占比重最大，所以确定 600～699 元这一组为众数所在组。

表 12-1　某厂工人工资状况统计表

月工资/元	工人数/人
500～599	200
600～699	400
700～799	200
800～899	70

第二步是根据众数组的组距值进一步计算众数值。其公式为：众数 $= \dfrac{L+U}{2}$ ，其中，L 代表众数所在组的组下限，U 代表众数所在组的组上限，那么，该厂工人月工资收入的众数为

$$众数 = \frac{600 + 699}{2} \approx 650 \text{（元）}$$

计算众数要有一定的条件。只有在总体单位数较多，并有明显集中趋势的资料中才能计算众数。如果总体单位较少，或总体单位数较多但无明显集中趋势，对于这种资料不适宜计算众数。如果总体单位数足够多，而且又有集中趋势，但最多次数的数值不是一个而是两个或多个，这时，要考虑总体单位同质性问题，往往要重新分组后才能找到众数。

（2）中位数。中位数是指将一列变量值按大小排列起来，处于中间位置的那个数。中位数用M_d表示。中位数的求法分两种情况：一种是对原始资料即未分组的数据资料求中位数，二是对分组资料求中位数。

对于未分组的资料，先把原始资料按顺序大小排列成数列，然后用公式$(n+1)/2$确定中位数所在位置，这个位置的个案的值就是中位数。式中n为个案数目，当n为奇数时，例如，确定5名青年身高（厘米）为165、167、168、170、176的中位数，中位数M_d位置$=(n+1)/2=(5+1)/2=3$，第三个位置的值为168厘米，因此中位数$M_d=168$厘米。

当n是偶数时，例如确定8名青年身高（厘米）顺序为：165、167、168、170、176、179、180、182。因为个案数$n=8$，中位数M_d位置$=(8+1)/2=4.5$。所以中位数应是第四项170与第五项176的算术平均值，即中位数$M_d=(170+176)/2=173$厘米。

经过简单分组的数据资料又可分为单项分组资料和组距分组资料，两者的计算方法繁简不同，但在社会调查研究中使用最多的是对单项分组资料计算中位数，所以这里只介绍这种中位数的计算方法。

例1：51名工人工资分布如表12-2所示，求中位数。

表 12-2　51名工人工资分布表

工资额（单位：元）	人数 f	累计频数 cf↑
64	5	5
76	15	20
85	18	38
92	10	48
128	3	51

根据表12-2的资料，我们先找出中位数M_d所在位置，中位数M_d的位置$=(n+1)/2=(51+1)/2=26$项。从累计频数（cf↑）中很容易见到在这个位置上的值应为85，即中位数$M_d=85$元。

中位数的计算不受极端值的影响，也不受开口组距的影响。当变量数列中极端值较为突出时，可用中位数表示现象的集中趋势。中位数通常用于分析定序变量的资料。

(3) 平均数。平均数是指总体各单位数值之和除以总体单位数目之商。统计分析中习惯以 $\overline{X}$ 来表示。计算平均数的方法，根据资料形式不同有三种：简单算术平均数、加权算术平均数和几何算术平均数。

如果据以计算算术平均数的资料是未分组资料，则应求简单算术平均数。计算公式为：

$$\overline{X} = \frac{\sum x}{n}$$

例 2：5 个学生的学期成绩为：80 分、86 分、75 分、90 分、92 分。那么 5 个学生的学期平均成绩为：

$$\overline{X} = \frac{80 + 86 + 75 + 90 + 92}{5} = 84.6 \text{ 分}$$

如果据以计算算术平均数的资料是分组资料，计算算术平均数就要采用加权的方法，因此称为加权算术平均数。如果是单值分组资料，那么，计算平均数时首先要将每一个变量值乘以所对应的频数 f，然后将各组的数值之和全部相加，并除以单位总数（也即各频数之和）。计算公式为：

$$\overline{X} = \frac{\sum xf}{\sum f} = \frac{\sum xf}{n}$$

例 3：某幢楼有 3 口之家 5 户，4 口之家 10 户，5 口之家 3 户，该栋楼的户均人口是多少？

$$\overline{X} = \frac{\sum xf}{\sum f} = \frac{3 \times 5 + 4 \times 10 + 5 \times 3}{5 + 10 + 3} = 3.9$$

在调查收入、年龄等方面情况时，常常得到组距分组形式的资料（比如，人口普查的许多数据就是以年龄分组的形式给出的，即我们常常知道的是 0~4 岁、5~9 岁、10~14 岁等年龄段的人数、他们的各种特征等）。这时，若要计算样本的平均年龄，就需要计算出各组的组中值，然后再按照上述单值分组资料计算平均数的公式计算。组中值的计算公式为：

$$\text{组中值} = \frac{\text{上限} + \text{下限}}{2}$$

例 4：调查某企业 100 名职工的收入，得到下表 12-3 的资料，计算他们的平均收入。

表 12 – 3   某企业 100 名职工的收入分布

收入/元	职工/人	组中值	Xf
100～199	10	150	1500
200～299	10	250	2500
300～399	40	350	14000
400～499	20	450	9000
500～599	20	550	11000
合计	100		38000

$$\overline{X} = \frac{\sum xf}{\sum f} = \frac{\sum xf}{n} = \frac{38000}{100} = 380 \text{（元）}$$

几何平均数不是各总体单位变量值的算术平均，而是 n 个数值连乘积的 n 次方根。它主要用来计算平均发展速度，如某地工业总产值年平均发展速度，人口年平均增长速度等等。几何平均数用 M_g 表示，其计算公式为：

$$M_g = \sqrt[n]{X_1 \cdot X_2 \cdot \cdots \cdot X_n}$$

使用几何平均数时必须注意，只有各年份的发展速度连续不断地增长或降低的情况下才可以使用。

（二）离散量数分析

集中量数能对同质总体作出概括的说明，用以反映现象的一般水平，但另一方面，它却把同质总体中的差异现象抽象掉了。因此，我们在计算集中量数的同时，还要用计算离中量数的方法来计算总体单位的差异程度。

与集中量数分析相反，离散量数分析指的是用一个特别的数值来反映一组数据之间的离散程度。它与集中量数一起，分别从两个不同的侧面描述和揭示一组数据的分布情况，共同反映出资料分布的全面特征。同时，它还对相应的集中量数的代表性作出补充说明。为了理解离散量数分析的这种作用，我们先看下面例子。

例5：某校三个系各选5名同学，参加智力竞赛，他们的成绩分别如下：

中文系：78 79 80 81 82　　　　$\overline{X} = 80$

数学系：65 72 80 88 95　　　　$\overline{X} = 80$

英语系：35 78 89 98 100　　　　$\overline{X} = 80$

无论从团体总分来看，还是从平均得分来看，这三个系代表队的成绩都是相同的。因此，如果仅以集中量数的统计量（平均数）来衡量，那么，三个系代表队的水平一样高，不存在什么差别。但从直观上我们不难发现，三个代表队中五名队员的成绩相互之间的差距程度（离散程度）很不一样。虽然他们三个队的平均成绩都是 80 分，但 80 分对中文系代表队同学的代表性最高，中文系代表队的同学的分数紧紧围绕 80 分上下；而对英语系代表队同学的代表性最低，英语系代表队同学的分数较多的偏离了 80 分。

常见的离散量数统计量有异众比率、四分位差、全距、标准差等。其中，异众比率、四分位差、标准差分别与众数、中位数、平均数相对应，判定和说明众数、中位数、平均数代表性的大小。

1. 异众比率

它是指非众数的次数与全部变量值总次数的比率。异众比率用 V_R 表示，其公式为：

$$V_R = \frac{n - f_{mo}}{n} \times 100\%$$

其中，n 为全部个案数，f_{mo} 为众数次数。异众比率的意义是指众数不能代表的那一部分变量值在总体中的比重。异众比率越大，各变量值相对于众数越离散，众数的代表性越差；异众比率越小，各变量值相对于众数越集中，众数的代表性越大。

表 12 - 4 某单位职工婚姻状况统计表

婚姻状况	人数 / 人
未婚	20
已婚	50
离婚	18
丧偶	12
合计	100

由表 12 - 4 可知，$n = 100$，$f_{mo} = 50$，所以：

$$V_R = \frac{n - f_{mo}}{n} \times 100\% = \frac{100 - 50}{100} \times 100\% = 50\%$$

从计算结果可知，众数不能代表的比重占总数的 50%。

2. 四分位差

四分位差（Q）是将各个变量值按大小顺序排列，然后将此数列分为四等份，所得第三个四分位上的值（Q_3）与第一个四分位上值（Q_1）的差。其公式为：$Q = Q_3 - Q_1$（见图 12 - 1）。

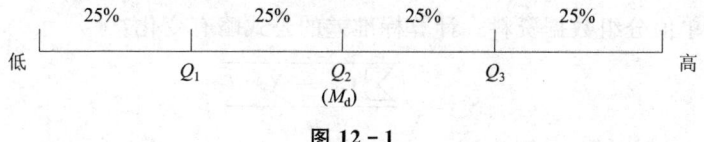

图 12 - 1

图 12 - 1 表示四个等份。第一个四分位数（Q_1）以左包括了 25％的数据，第二个四分位数（Q_2）是中位数，第三个四分位数（Q_3）以左包括了 75％的数据。四分位差 Q 值越大，表明 Q_1 和 Q_3 之间有一半的变量值分布愈远离它们的中心点 Q_2，这时中位数的代表性愈差。

以未分组资料为例，计算四分位差时要先找出 Q_1 和 Q_3 的位置。

$$Q_1 \text{ 的位置} = \frac{n+1}{4}$$

$$Q_3 \text{ 的位置} = \frac{3(n+1)}{4}$$

例 6：下面是某班组成员的年龄资料，按大小顺序排列如下：20，21，25，28，32，33，35，36，39，45，46。我们可以根据公式求出 Q_1 和 Q_3 的位置。

$$Q_1 \text{ 的位置} = \frac{11+1}{4} = 3 \qquad Q_1 = 25$$

$$Q_3 \text{ 的位置} = \frac{3(11+1)}{4} = 9 \qquad Q_3 = 39$$

四分位差 $Q = Q_3 - Q_1 = 25 - 39 = 14$

计算结果表明，该组成员有一半人年龄在 25～39 岁之间。四分位差越小，说明中位数的代表性越大。

3. 标准差

它是指总体内各个变量与其平均数之差的平方和的算术平方数的平方根。它是用的最多、也是最重要的离散量数统计量，其计算公式为：

$$S = \sqrt{\frac{\sum(x_i - \overline{X})^2}{n}}$$

将例 5 的资料代入标准差计算后可得：S（中文系）＝1.414（分）

S（数学系）＝10.8（分）

S（英语系）＝23.8（分）

从上述结果中可知，中文系代表队的标准差最小，数学系代表队次之，而英语系代表队的标准差最大。这一结果很好地反映出各队队员成绩之间的离散程度，同时它们也反映出 80 分的平均成绩对中文系代表队的代表性最大，而对英语系代表队的代表性最小。

对于单值分组数据资料，计算标准差的公式略有变化：

$$S = \sqrt{\frac{\sum(x_i - \overline{X})^2 f}{n}}$$

其中，f 为 x_i 对应的频数。由组距分组资料计算标准差时，只需先计算出各组的组中值，然后按照单值分组资料计算标准差的公式和方法计算即可。

上述离散量数往往使用于描述一组数据本身的差异程度，或者两组数据的集中量数同时比较这两个集中量数哪一个代表性更大。标准差可以直接比较两组数据的差异程度，但它必须要求两组数据的平均数大体一致，两组数据的个案数相近才能比较。在实际调查中，符合这两个条件的资料不多。

根据上面的介绍，我们可以将集中量数统计量与离散量数统计量简单总结如下（见表 12-5）。

表 12-5 三类变量的集中量数与离散量数比较

	定类变量	定序变量	定距变量
集中量数	众数	中位数	平均数
离散量数	异众比率	四分位差	标准差

平均数不同，则无法比较离散程度，这就涉及离散系数。除以上介绍的单变量统计值外，还有离散系数也是比较重要的离散量数统计量。

离散系数是一种相对的离散量数统计量，它使我们能够对同一总体中的两种不同的离散量数统计量进行比较，或者对两个不同总体中的同一离散量数统计量进行比较。离散量数的定义是标准差与平均数的比值，用百分比表示。其计算公式为：

$$C_v = \frac{S}{\overline{X}} \times 100\% \quad （C_v 为离散系数）$$

例 7：一项调查得到下列结果，某市人均月收入为 92 元，标准差为 17 元，人均住房面积 7.5 平方米，标准差为 1.8 平方米。试比较该市人均收入和人均住房情况哪一个差异程度比较大。

解：人均收入的离散系数为：

$$C_v = \frac{S}{\overline{X}} \times 100\% = \frac{17}{92} \times 100\% = 18.5\%$$

人均住房的离散系数为：

$$C_v = \frac{S}{\overline{X}} \times 100\% = \frac{1.8}{7.5} \times 100\% = 24\%$$

可见人均住房面积的差异情况比人均收入的差异情况要大。从表面上看，人均收入的离散程度大，因为其标准差大，但实际并非如此。这是同一总体不同指标间的比较，下例则是属于同一指标不同总体间的比较。

例 8：对广州和武汉两地居民生活质量调查发现，广州居民平均收入为

680 元，标准差为 120 元；武汉居民平均收入为 360 元，标准差为 80 元。问：广州居民相互之间在收入上的差异程度与武汉居民相互之间在收入上的差异程度哪一个更大一些？

解：广州居民收入的离散系数为：

$$C_v = \frac{S}{\overline{X}} \times 100\% = \frac{120}{680} \times 100\% = 17.6\%$$

武汉居民收入的离散系数为：

$$C_v = \frac{S}{\overline{X}} \times 100\% = \frac{80}{360} \times 100\% = 22.2\%$$

比较而言，武汉居民相互之间在收入上的差异程度比广州居民相互之间的差异程度更大一些。标准差越大，总体的离散程度越高，平均数的代表性越差；反之，离散程度越低，其平均数的代表性越好。

二、单变量推论统计

推论统计是利用样本的统计值对总体的参数值进行估计的方法。推论统计主要包括两个方面：一是区间估计；二是假设检验。

（一）区间估计

区间估计的实质就是在一定的可信度（置信度）下，用样本统计值的某个范围（置信区间）来估价总体的参数值。范围的大小即置信区间反映的是这种估计的精确性问题，而可信度即置信度的高低反映的则是这种估计的可靠性或把握性问题。例如，我们可以这样表述"我们有 95% 的把握说某村的年平均收入在 800～1000 元"，或者也可以表述为"某村的年平均收入在 800～1000 元的可能性为 95%"。

区间估计的可靠性或把握性是指用某个区间去估计总体参数时，成功的可能性有多大。它可以这样解释：如果从这个总体中重复抽样 100 次，约有 95 次所抽样本的统计值都落在这个区间，则说明这个区间估计的可靠性为 95%。在样本容量一定的情况下，置信区间和置信度是相互制约的。置信度愈大（即估计的可靠性越大），则相应的置信区间也愈宽（估计愈不精确）。例如，某班的考试成绩，如果估计区间为 0～100 分，显然，这样的估计永远可靠。因为任何考试的结果，平均成绩都不会超过估计的范围。但从另一方面来说，这样的估计也是毫无价值的。因为它的精度几乎为 0，因此，必须把区间估计得小一些，这样做的结果，估计的精确度是提高了，但换取的代价是估错的可能性增加了，也就是可靠性或置信度下降了。

在社会统计中，常用的置信度分别为 90%、95% 和 99%，与它们所对应的允许误差（α）则分别为 10％、5％和 1％。在计算中，置信度常用 $1-\alpha$ 来表示。下面是大样本总体均值和大样本总体百分比的双侧区间估计方法。

1. 大样本总体均值的双侧区间估计

大样本总体均值的双侧区间估计公式是：

$$\overline{X} \pm Z_{\frac{\alpha}{2}} \frac{S}{\sqrt{n}}$$

其中，$\overline{X}$ 为样本平均数；S 为样本标准差；$Z_{\frac{\alpha}{2}}$ 为置信度是 $1-\alpha$ 所对应的 Z 值；n 为样本规模。

例 9：调查某厂职工的工资状况，随机抽取 900 名工人作样本，调查得到他们的月平均工资为 186 元，标准差为 42 元。求 95％的置信度下，全厂职工的月平均工资的置信区间是多少？

解：将调查资料代入总体均值的区间估计公式得：

$$186 \pm Z_{\frac{0.05}{2}} \frac{42}{\sqrt{900}}$$

查 Z 值得 $Z_{\frac{0.05}{2}} = 1.96$，故总体均值的置信区间为：

$$186 \pm 1.96 \frac{42}{\sqrt{900}} \qquad 即 \ 183.26 \sim 188.74 \ 元$$

当我们希望提高估计的可靠性时，就必须相应扩大置信区间。比如，当我们将置信度提高到 99％时，那么，此时的 $Z_{\frac{0.01}{2}} = 2.58$，所以，总体均值的置信区间为：

$$186 \pm 2.58 \frac{42}{\sqrt{900}} \qquad 即 \ 182.39 \sim 189.61 \ 元$$

可见随着可靠性的提高，所估计的区间扩大了，但估计的精确性就相应地降低了。

2. 大样本总体百分数的双侧区间估计

大样本总体百分数的双侧区间估计公式为：

$$p \pm Z_{\frac{\alpha}{2}} \sqrt{\frac{p(1-p)}{n}}$$

其中 p 为样本中的百分比。

例 10：从某工厂随机抽取 400 名工人进行调查，结果表明女工的比例为 20％。现在要求在 90％的置信度下，估计全厂工人中女工比例的置信区间。

解：代入公式得：

$$20\% \pm 1.65 \sqrt{\frac{20\%(1-20\%)}{400}} \qquad 即 \ 16.7\% \sim 23.3\%$$

（二）假设检验

假设检验是由经验资料验证理论假设的一个重要环节。收集资料的方法是很多的，如果收集资料的范围遍及整个研究的全体，那么，根据资料计算的结果就能证明原有的假设是否合理。但如果收集资料的范围仅是全体（或总体）的一部分，是一个样本（指随机样本），那么这种和抽样手段联系在一起，并且依靠抽样数据进行验证的假设，就称作统计假设。

假设检验，实际上就是先对总体的某一参数作出假设，然后用样本的统计量去进行验证，以决定假设是否为总体所接受。假设的内容都是数量化了的内容，而验证的依据，都是凭借抽样调查所得的结果。因此资料获取方法和资料本身的可靠性都是十分重要的。对于资料获取方法，在统计推论中最重要的一点，则是资料必须通过随机抽样。试想，如果抽样调查的对象不是从总体中随机抽取的，而是凭借主观意志或只从某一局部（如一条街、一个工厂）抽取，那就很难保证样本具有很好的代表性。此外，资料本身的可靠性也十分重要，否则根据错误或虚报的资料进行处理，其结果也一定是错误的，而且可以说，虚报的资料甚至比没有资料更坏。

假设一般包括两部分：原假设 H_0 和备择假设 H_1。原假设又称虚无假设，一般用 H_0 表示。它常常是根据已有的资料，或根据周密考虑后确定的。例如，根据理论探讨假定妇女生育意愿与教育水平相关，这个假设就是原假设。但直接用于假设检验的不是原假设，而是所谓的备择假设，又称研究假设，备择假设就是与原假设相反的假设，用 H_1 表示，它是当原假设被推翻时需要接受的假设。上例中的备择假设应当是：假定妇女的教育水平与生育意愿无关。

假设检验实际上就是先写出假设，然后通过抽样调查进行检验。由于社会现象的随机性或非确定性，检验的进行决不像医生化验一滴血就能判断被试者是否有病那样简单。这也是一切具有随机性质的社会现象在进行局部（样本）推论总体的难点所在。但大数定理告诉我们，就大量观察而言，事件的发生仍是具有规律性的。这种规律性的数量表示称作概率。在大量观察中频频出现的事件具有较大的概率，出现次数较少的事件，具有较小的概率。根据概率的大小，人们对它的态度和处理是很不一样的。在日常生活中，人们习惯于把概率很小的事件，当作在一次观察中是不可能出现的事件。这个原理称作小概率原理。

举例来说，我们几乎每天从电视、报纸甚至街头的广告牌上都能看到交通事故的统计，但人们绝不会因此而放弃交通工具的使用。在日常生活中，人们是在不自觉地运用小概率原理。而统计假设检验所依据的基本原理，实际就是人们赖以常识性地进行判断和决策的小概率原理。只是把小概率的标准，定的更为具体和数量化而已。小概率原理告诉我们，对于小概率事件，在一次观察中可以认为是不可能发生的。但如果现实的情况是小概率事件发生了，那又该如何判断呢？是坚持认为事件的概率仍然是很小的，只是不巧被碰上了呢？还是反过来怀疑事件的概率未必很小了？显然作后种判断更为合理，这也是人们常识性判断的方法。举例来说，相传某市社会治安良好，但是如果一到该市，发现钱包丢了，这时候我们通常会怀疑该市的社会治安是否良好，而不会坚持去想，这仅仅是发生了小概率事件。因为一个社会治安不好的社会，碰到小偷的机会要远比社会治安良好的社会多。

总起来说，小概率原理可以归纳为两个方面：一是可以认为小概率事件在一次观察中是不可能出现的；二是如果在一次观察中出现了小概率事件，那么，合理的想法，是否定原有事件具有小概率的说法（或称假设）。

我们举例说明假设检验的基本思路。某单位职工上月平均收入为 210 元，这个月的情况与上月没有什么变化，我们设想平均收入还是 210 元。为了验证这一假设是否可靠，我们抽取了 100 人作调查，结果得出月平均收入为 220 元，标准差为 15 元。显然样本的结果与总体结果之间出现了误差，这个误差是由于我们假设错误引起的呢？还是由于抽样误差引起的呢？如果是抽样误差引起的，那么我们就应该承认原来的假设；而如果是假设错误引起的，显然我们就应该否定原假设。研究者通过将原假设作为虚无假设，而将与之完全对立的假设作为研究假设；然后用样本的数据计算统计量，并与临界值比较，当临界值大于统计值的绝对值时，则拒绝虚无假设，接受研究假设。

假设检验通常包括下述步骤：

（1）建立原假设 H_0 与备择假设 H_1。

（2）根据需要选择适当的显著性水平 α（即概率的大小），通常有 $\alpha = 0.05$，$\alpha = 0.01$ 等。

（3）根据样本数据计算出统计值，并根据显著性水平查出所对应的临界值。

（4）将临界值与统计值进行比较，若临界值大于统计值的绝对值，则接受原假设，反之，接受研究假设。

例 11：某单位职工上月平均收入为 210 元，本月调查了 100 名职工，平均月收入为 220 元，标准差为 15 元。问：该单位职工本月收入与上月相比是否有变化？

解：首先建立原假设和备择假设，即：

H_0：$\mu = 210$ H_1：$\mu \neq 210$

选择显著性水平 $\alpha = 0.05$，由标准正态分布表查得 $Z_{(0.05/2)} = 1.96$（$Z_{(0.05/2)}$ 表示双侧检验），然后根据样本数据计算统计值，其公式为：

$$Z = \frac{\overline{X} - \mu}{S/\sqrt{n}} = \frac{220 - 210}{15/\sqrt{100}} = 6.67$$

由于 $Z = 6.67 > Z_{(0.05/2)} = 1.96$，所以，拒绝原假设，接受备择假设，即从总体上说，该单位职工月平均收入与上月相比有变化。

第三节　双变量统计分析

在社会研究中，往往要涉及两个或两个以上的变量，因此双变量及多变量间的关系是统计分析的一项更为重要的内容。在这里我们只介绍双变量关系的统计分析，它是多变量分析的基础与准备。根据变量层次的不同，分析所采用的具体形式也不同。

一、列联表

列联表又称交互分类表，所谓交互分类，是指同时依据两个变量的值，将所研究的个案分类，分类的目的是将两变量分组，然后比较各组的分布状况，以寻找变量间的关系。它是专门用来分析两个定类变量（或一个定类和一个定序变量）之间关系的方法。表 12-6 就是列联表的一个例子。

表 12-6　不同年龄档和喜爱收看电视节目的类型

	老年	中年	青年
戏曲	20	10	2
歌舞	5	20	35
球赛	2	10	20
合计	27	40	57

表 12-6 是某单位对闲暇时间进行的全面调查，根据不同年龄档和喜爱收看电视节目的类型进行的统计分类。从表中可见，每一个被调查者，都是根据他们的两种特征，或称两种属性即年龄档和喜爱收看节目的类型，分别统计到列联表的一个间格内，而且每个人也只能从属于其中的一个间格。列联表通过各间格的频次或相对频次，研究变量之间是否存在关系。从上表中我们可以看出，老年人爱看戏曲的比例为 20/（20+5+2）=74%，青年人爱看戏曲的比例为 2/（2+35+20）=3.5%，从而可以得出收看电视节目的类型与年龄有关的论断。

表 12-6 中的数字是绝对数字，由于各个类别的基数不同，相互之间无法进行比较，在实际研究中常常将表中的绝对数字转变成相对数字即百分数，这

样的表称为条件百分表。在制作条件百分比列联表时，一般应将自变量放在表的最上端横行位置上，因变量放在表的最左一列。在表的最后一行绘出自变量各类数值的个案总数，并以括号括起来。计算百分比通常是按照自变量的方向，因为研究的目的是要了解自变量对因变量的影响，因此应计算在自变量不同取值情况下因变量的变化情况如何。例如，表 12 - 6 是要研究年龄档次对喜爱收看电视节目类型的影响，因此按照年龄档次计算百分比。

值得注意的是，在某些特殊情况下，例如，因变量在样本内的分布不能代表其在总体内的分布时，百分比就要按照因变量的方向进行计算。例如，要研究某城市单亲家庭对青少年犯罪行为的影响，由于犯罪青少年在青少年总体中所占比例太小，如果以相同比例从犯罪与未犯罪青少年中抽样，则样本中犯罪青少年的比重太小，这样小的样本难于提供准确的资料，因此要扩大它的抽样比例。假定这个城市青少年总体中犯罪青少年有 960 名，未犯罪青少年 54400 名，以百分之一的比例从后者抽样，而以 50％ 的比例从前者抽样，则得到的样本中未犯罪青少年有 544名，犯罪青少年 480 名。假定交互分类后得到下面的表 12 - 7：

表 12 - 7　家庭与青少年犯罪的列联表

	犯罪青少年	未犯罪青少年	
破裂家庭	146	45	191
完好家庭	334	499	833
	480	544	

当因变量在样本中的分布不能代表其在总体中的分布时，这时我们就应当以因变量作为计算百分比的方向。如果我们按照因变量方向，则有完整家庭的青少年共 833 名，其中犯罪者 334 名，则犯罪率高达 40.1％，这显然与事实不符，原因是抽样时扩大了犯罪青少年在样本中的个案数。我们以因变量的方向来计算百分比的方向，从表 12 - 8 中可以看出，犯罪青少年中破裂家庭的比例为 30.4％ 大于未犯罪青少年的比例 8.3％，这可以证明家庭破裂确实是导致青少年犯罪的一个原因。

表 12 - 8　家庭对青少年犯罪的影响

家庭情况	青少年行为	
	犯罪 %	未犯罪 %
破裂家庭	30.4	8.3
完整家庭	69.6	91.7
总数	(480)	(544)

列联表既可以用来对总体的分布情况和内在结构进行描述，又可以用来进行分组比较，还可以用来解释变量之间的关系。对于变量之间关系的分析，列联表的优点是直观、资料丰富，不仅可以看到关系的有无、大小，而且还可以了解这种关系的详细结构。

二、相关分析

世界上各种事物之间的普遍联系是客观存在的，但联系的表现形式却各不相同。我们将这些不同的表现形式大致分为两类。

一类是指事物之间具有完全确定性的关系，被称为函数关系。在这种关系中某一个变量的数值都有确定数值与它相对应。例如，正方形的面积等于边长的平方。

另一类指事物之间的不完全确定关系，被称为相关关系。例如，农作物的产量与施肥量之间的关系，它们之间并不具有完全确定的关系，因为农作物的产量不仅受施肥量的影响，还受种子、土壤、雨量等一系列因素的影响。施肥量只是众多因素之一，所以农作物产量与施肥量之间不能用一一对应的函数关系来描述。但农作物产量和施肥量之间的关系，通过大量观察能够反映出一般趋势，即随着施肥量的增加，从一般意义上说农作物的产量也相应增加。

这里所谓的相关，就是指两个变量之间存在一种连带关系，即当一个变量的值发生变化时，另一个变量的值也相应地发生变化。如收入水平是一个变量，消费水平是另一个变量，收入水平不同，消费水平也不同，我们可以说这两个变量是相关的。相关分析就是以一个统计值表示变量与变量间的关系，这个统计值就称为相关系数。相关系数的取值范围是 $[-1, +1]$，0 代表无相关，± 1 代表完全相关，相关系数越大，表示相关程度越强。

由于社会现象的复杂性，相关关系表现为不同的类型和形态。从变量的相互关系的方向看，分为正相关和负相关。

所谓正相关就是当一个变量的值增加时，另一个变量的值也增加，相关系数取正值。例如，居民的收入越高，则其消费支出也越多。

所谓负相关就是当一个变量的值增加时，另一个变量的值反而减少，相关系数取负值。例如，家庭收入不变，家庭人口越多，家庭生活水平就会下降。

从变量的相互关系的表现形式来看，可以分为直线相关和非直线相关。当一个变量的值发生变动时，另一个变量的值也会随着发生均匀地增加或减少的变动，在直角坐标系上其观察值的分布近似地表现为一条直线，称为直线相关。

当一个变量变化时，另一个变量发生不均匀增加或减少的变动，图形上表现为各种不同的曲线形式，如抛物线、双曲线等，称为非直线相关或曲线相关。例如，教育程度与收入的关系。

需要指出的是：虽然相关系数可以描述变量间关系的有无、大小和方向，但相关系数多大时才能断定两个变量有必然的、规律性的联系，是很难确定的，在统计学上要求 0.7 以上，但在实际社会研究中很少能达到这个要求，所以研究人员要结合定性分析来断定事物内在的联系。

从两个变量相关关系的测定类型来看，可分为定类变量与定类变量、定序变量与定序变量、定距变量与定距变量、定类变量与定序变量、定序变量与定距变量之间的相关关系等。不同类型变量构成的相关关系，采用的分析方法也不相同。

（一）定类变量与定类变量

如果两个变量都是定类层次，或一个定类、一个定序，我们可以采用 λ 系数进行测量。λ 系数优于其他几种相关统计量的地方，是因为它具有消减误差比例的意义。消减误差比例是指一种对变量间关系的测定，简称 PRE。

我们知道社会现象的研究，旨在探索现象与现象之间的联系或称关系。而现象间关系的研究，可以帮助我们从一个现象预测另一个现象。因此，变量间的相关程度，可以通过不知 y 与 x 有关系时，预测 y 时的全部误差与知道 y 与 x 有关系时，用 x 去预测 y 的误差的相对值的大小度量。例如，我们知道家庭所在地区（x）与其户主从事的产业有关，或社会经济发展水平与家庭从事的产业有关，则根据社会现象 x（居住地）来预测社会现象 y（从事的事业），应能减少这种推测或解释的误差。而且，x 与 y 的关系越强，所能减少的误差就应越多。因此，通过所消减的误差多少，可以反映出 x 与 y 的关系强弱。

消减误差比例 $PRE = \dfrac{E_1 - E_2}{E_1}$

式中 E_1 表示不知 y 与 x 有关系时，预测 y 的全部误差。E_2 表示知道 y 与 x 有关系后，用 x 去预测 y 的全部误差。（$E_1 - E_2$）表示知道 y 与 x 有关系后，预测 y 所减少的误差。PRE 的取值范围为 0 到 1。当两变量无关时，由于知道 x 与否，无助于 y 的预测，因此 $E_1 = E_2$，$PRE = 0$，此时两变量无关，x 对 y 无解释力。同理，如果知道 y 与 x 有关系后，可以全部消灭预测之误差，这时有 $E_2 = 0$，$PRE = 1$，此时两变量完全相关，x 能百分百解释 y 的变化。其他时候，$0 < PRE < 1$。PRE 越大，表示以 x 值去预测 y 值时能够减少的误差所占的比例越大。或者说，x 与 y 之间就越是相关。比如说，$PRE = 0.70$，表示以 x 预测 y 时能减少 70% 的误差，说明二者之间的相关程度较高；而 $PRE = 0.09$，则表示只能消减 9% 的误差，即 x 与 y 之间的关系微弱。λ 系数

的基本特点是以众值作为预测的准则。其计算公式为：

$$\lambda = \frac{\sum f_0 - F_y}{n - F_y}$$

式中，f_0 表示变量 x 的每一个值之下变量 y 的众值，F_y 表示变量 y 的边际分布中的众值。

下面是一个例子说明 λ 的计算方法。

表 12-9　性别对吸烟者态度的交互分类　　　　　　（人）

性别（X） 态度（Y）	男	女	边缘和 F_y
赞同	96	18	114
反对	24	62	86
边缘和 F_x	120	80	200

根据 λ 计算公式，有：

$$\lambda = \frac{\sum f_0 - F_y}{n - F_y} = \frac{(96 + 62) - 114}{200 - 114} = 0.51$$

由结果我们可以说，性别与对吸烟态度之间存在中等程度的相关。也可以说，用性别去预测对吸烟的态度，比仅用对吸烟态度自身的资料（即边际分布的众值 114）去预测对吸烟的态度，可以减少 51％的误差。

λ 系数的优点是具有 PRE 意义，但其缺点是仅利用众值资料。当表中的众值都集中在同一行时，λ 系数为零（此时则采用计算其他相关系数）。

（二）定序变量与定序变量

如果两个变量都是定序变量，我们可以用古德曼和古鲁斯卡的 Gamma 系数来测量它们之间的相关系数。Gamma 系数一般用 G 表示，它具有消减误差比例的含义，其计算公式为：

$$G = \frac{N_s - N_d}{N_s + N_d}$$

式中，N_s 表示同序对的数目，N_d 表示异序对的数目。同序对指的是变量大小顺序相同的两个样本点，即其在变量 x 上的等级高低顺序与在变量 y 上的等级高低顺序相同；否则就叫做异序对。G 的取值在 -1 到 $+1$ 之间，既表示相关程度，也表示相关方向。

如表 12-10 所示，一次调查四个企业的效益水平与人均收入水平等级中，调查对象总数为 4，有 6 对个案：A—B、A—C、A—D、B—C、B—D、C—D。其中 A—C、B—C 是同序对，其余均为异序对，于是其等级相关系数为

$G=(2-4)/(2+4)=-0.33$。它表示企业的效益与其职工人均收入成反比，以企业的经济效益等级推测其职工人均收入等级，可以减少 33％的误差。

表 12 - 10　四个企业的效益水平与人均收入水平等级

企业	企业效益等级	职工人均收入等级
A	4	2
B	3	3
C	2	1
D	1	4

要将随机样本中有关两变量间关系的结果推论到总体，同样必须对其进行统计检验。Gamma 系数的抽样分布在随机抽样和样本规模较大的前提下，近似于正态分布。因而其检验通常采用 Z 检验的方法进行。为了进行 Z 检验，必须将 G 值转换为 Z 值。

$$Z = \frac{G}{\sqrt{1-G^2}}\sqrt{\frac{N_s + N_d}{n}}$$

例：以下是 500 名文化程度代际流动的抽样调查（见表 12 - 11），试求 G 值（$\alpha = 0.05$）。

表 12 - 11　500 名文化程度代际流动抽样调查表

父辈文化 子辈文化	大学	中学	小学
大学	118	37	15
中学	18	130	32
小学	9	43	98

解：$N_s = 118(130+32+43+98)+37(32+98)+18(43+98)+130 \times 98 = 55842$

$N_d = 15(18+130+9+43)+37(18+9)+32(9+43)+130 \times 9 = 6833$

$$G = \frac{N_s - N_d}{N_s + N_d} = \frac{55842 - 6833}{55842 + 6833} = 0.78$$

为了确认 G 值具有推论价值，进行统计检验，计算 Z：

$$Z = \frac{G}{\sqrt{1-G^2}}\sqrt{\frac{N_s + N_d}{n}} = \frac{0.78}{\sqrt{1-0.78^2}}\sqrt{\frac{55842 + 6833}{500}} = 14.05$$

$Z_{0.05/2} = 1.96$

$\therefore Z > Z_{0.05/2}$ ，所以 G 值具有推论总体的价值。

（三）定类变量（或定序变量）与定距变量

当两个分析的变量一个为定类（或定序）变量，另一个为定距（以上）变量时，我们用相关比率或 eta 系数来测量二者之间的相关程度。相关比率又称为 eta 平方方系数，记为 E^2，它的取值范围为 0~1，具有消减误差比例的意义，其计算公式为：

$$E^2 = \frac{\sum(y-\overline{Y}) - \sum(y-\overline{Y_i})^2}{\sum(y-\overline{Y})^2}$$

式中，y 为因变量的数值，$\overline{Y}$ 为因变量的均值；$\overline{Y_i}$ 为自变量 x 的每个取值 x_i 上的因变量的均值。

关于定序变量与定距变量的相关分析，需要说明的是，有些研究者在对资料进行统计分析时，常常将定序变量看作（并非实际等于）定距变量，进行积矩相关系数的计算，甚至进行线性相关分析，比如，将文化程度高、中、低转化为高=3、中=2、低=1，然后将它们看作定距资料进行计算，事实上这些数字不具有数学特质，不能进行数学运算。严格地说，这是行不通的，但这样做的主要原因是当变量上升到定距层次后，便于用来进行各种多元统计分析。

相关比率 E^2 检验采用的是 F 检验法，其计算公式为：

$$F = \frac{E^2}{1-E^2}\left(\frac{n-k}{k-1}\right)$$

其中，k 为分组数目，n 为样本规模。

（四）定距变量与定距变量

测量两个定距变量相关系数的一个最常用的指标是皮尔森（Pearson）相关系数，用 r 表示。其计算公式为：

$$r = \frac{\sum(x-\overline{X})(y-\overline{Y})}{\sqrt{\sum(x-\overline{X})^2}\sqrt{\sum(y-\overline{Y})^2}}$$

可以证明，r 的取值范围在 -1 到 +1 之间。这个公式中 x 与 y 是对等的，即将二者位置互换，r 的值不变，这说明 r 是一种对称关系的测量。r 要求调查对象的成对资料 $N \geqslant 50$ 而且两个变量的分布应近似于正态分布。r 本身不具有消减误差比例的意义，但其平方 r^2（又称为决定系数）具有消减误差比例的意义。r 的检验可以采用 F 检验的方法，也可以采用 t 检验的方法，因为 $F=t^2$。

F 检验的计算公式为：

$$F = \frac{r^2(n-2)}{1-r^2}$$

t 检验的计算公式为：

$$t = \sqrt{F} = \frac{r\sqrt{n-2}}{\sqrt{1-r^2}}$$

上面我们已经介绍了各种层次变量之间的相关测量与检验方法，最后需要强调的是，各种相关测量的方法，目的是理解两个变量在"样本"相关程度的强弱或大小。而我们对各种相关系数所进行的相应的检验，目的是根据样本的资料来推论两个变量在"总体"中是否相关。它关心的是总体中"是否相关"。选择何种测量方法和何种检验方法，主要看两变量的测量层次，以此来选择合适的相关检验工具。

三、回归分析

现象之间的相关关系，虽然不是严格的函数关系，但现象之间的一般关系值，可以通过函数关系的近似表达式来反映，这就是回归分析。

专栏 12 - 1 回归分析

"回归"一词是英国生物学家高尔顿（Francis Galton，1822～1911）首先提出的。高尔顿在研究父母亲身高和子女身高的关系时发现：身材特别高的父母所生的孩子其身材未必特别高，而身材特别矮的父母所生孩子的身材也并非特别矮，子辈身高有向父辈平均身高逼近的趋向，这种现象被他称作"身高数值从一极端向另一极端的回归"。以后，高尔顿的学生皮尔逊（Karl Pearson，1857～1936）把回归的概念同数学方法联系起来，把代表现象之间一般数量关系的统计模型叫做回归直线或回归曲线，从此诞生了统计学上著名的回归理论。后来"回归"一词被用来泛指变量之间的一般数量关系。

（一）回归分析的含义

回归分析就是对有相关关系的现象，根据关系的形态选择合适的数学模型，来近似地表达变量间的平均变化关系，以便依据回归方程对未知的情况进行估计和预测。即当变量 x 发生一个量的变化时，变量 y 一般会（或平均会）发生多大量的变化。例如，单位面积化肥施用量增加一公斤，稻谷单产量会增产多少公斤。反映现象间相关关系数量变化规律的这条直线，就叫回归直线，表现这条回归直线的数学表达式，称为直线回归方程式。用这个回归方程式对未知的情况进行估计和预测。

相关分析的目的是在于了解两个变量之间的关系强度，即用相关系数来描

述 x 和 y 两个变量之间的共变特征。两个变量间的方向是双向的，也就是说不涉及两个变量间的因果关系。从本质上说，相关分析只是对客观事物的一种描述。而回归分析具有推理性质，表示一种因果关系，可以进行预测，它比相关分析更进一步，其作用更大了。

相关分析和回归分析是研究现象之间相互依存关系的两个方面。相关分析的目的在于了解两个变量之间有无关系或关系的密切程度，回归分析的目的在于了解变量是怎样随着另一个变量的变化而变化。而只有两个变量之间存在着高度的相关关系时，回归分析才有意义。一般先进行相关分析，测定现象之间相关程度大小，进而决定是否进行回归分析，并拟合相应的回归方程，以便进行推算和预测。因而可以说，相关分析是回归分析的基础。回归分析是把变量的相关关系转变为函数关系的手段。但是，相关分析可以不分自变量和因变量，而进行回归分析时，则必须明确自变量和因变量，当自变量和因变量位置互换时所得到的回归方程不同。

（二）一元线性回归方程的建立过程与方法

回归分析的对象是定距层次的变量，它的中心问题是建立回归方程，而建立回归方程的基础是最小二乘法。我们以表 12 - 12 中的数据为例，简要说明一元线性回归方程的建立过程与方法。

表 12 - 12　10 名工人年龄与收入资料统计表

年龄（x）岁	收入（y）元	$x - \overline{X}$	$(x - \overline{X})^2$	$y - \overline{Y}$	$(y - \overline{Y})^2$	$(x - \overline{X})(y - \overline{Y})$
25	280	−12	144	−50	2500	600
32	300	−5	25	−30	900	150
41	350	4	16	20	400	80
28	300	−9	81	−30	900	270
37	380	0	0	50	2500	0
50	360	13	169	30	900	390
44	400	7	49	70	4900	490
54	420	17	289	90	8100	1530
33	260	−4	16	−70	4900	280
26	250	−11	21	−80	6400	880
Σ			910		32400	4670

首先，依据事先的理论分析确定两变量中哪一个为自变量，哪一个为因变量。在表 12 - 12 中，我们确定年龄为自变量（x），收入为因变量（y）。

其次，以自变量为 x 轴，因变量为 y 轴作出表中资料的散点图（图 12-2），以判明是否为线性相关。

从 12-2 散点图上，我们发现这些散点虽不在一条直线上，但它们的倾向和趋势是明显的，两个变量为线性相关。接近这些散点的直线有很多条，每条直线都不会正好与每一点都相连，都存在着误差。我们进行回归计算的目的就是要找出一条最佳的直线，使它与各点的误差之和为最小。这条回归直线可以用数学方程式表达：

$$y = a + bx$$

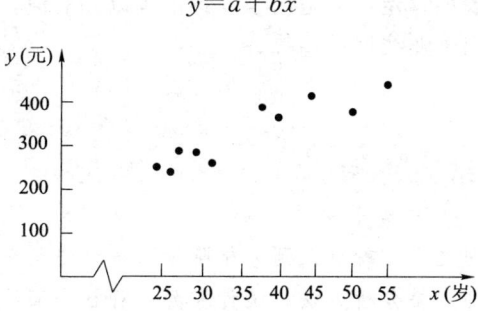

图 12-2　年龄与收入的散点图

其中，a 和 b 是待定系数。a 为直线在 y 轴上的截距，b 为直线的斜率也称为回归系数。b 和 a 确定后，直线也就确定了。最优回归直线是根据最小二乘法计算的，其计算公式为：

$$b = \frac{\sum (x - \overline{X})(y - \overline{Y})}{\sum (x - \overline{X})^2} \text{ 也可化为 } b = \frac{n \sum xy - \sum x \sum y}{n \sum x^2 - (\sum x)^2}$$

$$a = \overline{y} - b \overline{x}$$

将表 12-12 的数据结果代入公式有：

$$b = \frac{\sum (x - \overline{X})(y - \overline{Y})}{\sum (x - \overline{X})^2} = \frac{4670}{910} = 5.13$$

$$a = 330 - 5.13 \times 37 = 330 - 188.7 = 141.3$$

得到回归直线方程为：$y = 5.13x + 141.3$

利用这条回归直线方程，我们可以对不同年龄的工人的收入进行预测。比如，

年龄为 35 岁，则收入 $y = 5.13 \times 35 + 141.3 = 319.8$（元）

年龄为 48 岁，则收入 $y = 5.13 \times 48 + 141.3 = 386.1$（元）

预测的数字与实际的数据肯定有些差别。这些误差是由于其他变量对因变

量产生影响造成的,这些原因的影响在这个方程式中被我们忽略了,就必然出现误差。在运用回归分析进行预测时,应注意下述两点内容。

一是要注意时间条件。回归方程往往反映的是一定时期内变量间的相互关系,当时期不同时,这种关系常常会发生变化,否则用这个方程分析就会丧失分析的可靠性。

二是注意预测不能超出资料所适合的范围。回归方程的预测在变量取值上有一定的临界条件,忽视这一点,有时也会作出不合理的预测来。从统计学的角度看,线性回归模型肯定不能适用于资料范围以外的值,因为回归线段以外未观察到的点可能出现非线性的趋势。

本章小结

在调查资料整理之后,就进入到分析阶段,统计资料分析是资料分析中最重要和应用最广泛的定量分析方法。统计作为一种社会实践活动具有悠久的历史,尤其是近年来,随着计算机的迅速发展,已经成为人们进行科学研究必不可少的工具。

对单变量统计描述我们可以采用集中量数分析和离散量数分析的方法。集中量数包括众数、中位数、平均数,离散量数包括异众比率、四分位差、标准差。推论统计主要包括区间估计和假设检验两个方面。区间估计的实质就是在一定的可信度下,用样本统计值的某个范围来估价总体的参数值。假设检验是先对总体的某一参数作出假设,然后用样本的统计量去进行验证,以决定假设是否为总体所接受。

在涉及两个变量的统计分析中,从两个变量相关关系的测定类型来看,可分为定类变量与定类变量、定序变量与定序变量、定距变量与定距变量、定类变量与定序变量、定序变量与定距变量之间的相关关系等。不同类型变量构成的相关关系,采用的分析方法也不相同。

思考题

1. 什么叫统计分析?统计分析有哪些作用?
2. 测定集中量数的作用是什么?
3. 假设检验包括哪些步骤?

4. 相关分析和回归分析是一种什么样的关系？

自测题

一、判断题

1. 统计数据作为客观事物的一种数量表现，是事物必然性与偶然性共同作用的结果。

2. 推论统计的基本方法包括集中量数分析、离散量数分析等。

3. 推论统计的主要目的，是用从样本中所得到的数据资料来推断总体的情况。

4. 计算平均数的方法，根据资料形式不同有三种：简单算术平均数、加权算术平均数和几何算术平均数。

5. 算术平均数主要用来计算平均发展速度。

6. 5 名青年身高（厘米）为 165、167、168、170、176，其中位数 $M_d =$ 168 厘米。

7. 在简单分组数据中确定众数，可采用直接观察法，把出现次数最多的标志值确定为众数。

8. 异众比率越大，各变量值相对于众数越离散，众数的代表性越好。

9. 四分位差越小，说明中位数的代表性越小。

10. 离散系数是一种相对的离散量数统计量，它使我们能够对同一总体中的两种不同的离散量数统计量进行比较。

（答案：对、错、对、对、错、对、对、错、错、对）

二、不定项选择题

1. 在研究资料的性质时，主要考虑（　　）。

A. 变量的测量层次　　　　　　　　B. 资料的收集方法

C. 数据的分布形态　　　　　　　　D. 变量的个数

2. 最常见的集中量数有（　　）。

A. 平均数　　　　B. 中位数　　　　C. 众数　　　　D. 标准差

3. 如果据以计算算术平均数的资料是未分组资料，则应求（　　）。

A. 几何算术平均数　　　　　　　　B. 加权算术平均数

C. 简单算术平均数　　　　　　　　D. 四分位差

4. 计算中位数时，对于未分组的资料，先把原始资料按顺序大小排列成数列，然后用公式（　　）确定中位数所在位置。

A. n/2   B. (n-1)/2   C.(n+2)/2   D. (n+1)/2

5. （　　）与平均数相对应，判定平均数代表性的大小。

A. 全距   B. 异众比率   C. 标准差   D. 四分位差

6. （　　）是指非众数的次数与全部变量值总次数的比率。

A. 全距   B. 异众比率   C. 标准差   D. 四分位差

7. 列联表是专门用来分析（　　）之间关系的方法。

A. 两个定类变量   B. 一个定类和一个定序变量

C. 两个定距变量   D. 一个定类和一个定序变量

8. 如果两个变量都是定序变量，我们可以用（　　）来测量它们之间的相关系数。

A. Gamma 系数   B. λ系数

C. 皮尔森相关系数   D. eta 系数

9. （　　）本身不具有消减误差比例的意义。

A. Gamma 系数   B. λ系数

C. 皮尔森相关系数   D. eta 系数

10. 消减误差比例 PRE 的取值范围在（　　）。

A. [0, 1]   B. [-1, 1]   C. (0, 1]   D. (-1, 1)

（答案：ABCD、ABC、C、D、C、B、AB、A、C、A）

第十三章　调查报告的撰写

内容提要

本章包括调查研究报告的类型及撰写步骤、普通调查报告的写作、学术研究报告的写作和撰写调查研究报告应该注意的问题共四节内容。本章结合实例详细介绍了普通调查报告和学术研究报告的写作以及撰写研究报告应该注意的问题。

学习目标

1. 了解调查报告的性质、特征和主要类型。
2. 理解文献综述与研究设计在调查报告中的意义。
3. 掌握学术研究报告的写作方法。
4. 熟练掌握普通调查报告的写作方法。

学习提示

1. 课外多阅读不同类型的调查报告，学习其写作方法。
2. 认真解剖、分析两篇学术研究报告的结构，了解其研究设计。
3. 主动应用所学知识撰写调查报告。

第一节　调查研究报告的类型及撰写步骤

当完成了资料的收集和分析工作后，最后的任务就是要把我们研究的结果以某种恰当的形式传达给其他人，同其他人之间进行交流。这就是研究报告的撰写工作。研究报告撰写的好坏，将直接影响到社会研究成果的交流和这一成果对社会的作用。因此，研究者一般都会高度重视研究报告的撰写，要根据不同的目标和要求，将研究结果以合适的形式表达出来。对一项具体的社会研究来说，研究报告是其成果的集中体现。

一、调查研究报告及其类型

调查研究报告是反映调查研究成果的一种书面报告。它以文字、图表等形式将调查研究的过程、方法和结果表现出来。其目的是告诉有关读者，对于研究的问题是如何进行研究的，取得了哪些结果，这些结果对于认识和解决这一问题有哪些理论意义和实际意义等。

（一）普通调查报告、学术研究报告和学位论文

根据调查研究报告的用途、读者对象等方面的不同，可将调查研究报告分为三类：以政府决策部门领导和有关实际工作部门人员为读者对象的普通调查报告；以各学科专业研究人员为读者对象的学术研究报告；以及以某一课程任课老师为读者对象的学位论文。我们可以以将学术研究报告与学位论文归为一类来介绍。

普通调查报告往往以了解社会现实情况、解决实际社会问题为主要目的。提供给政府决策部门或实际工作部门的研究报告则对研究过程的介绍十分简短。这种报告的研究结果部分常常采用比较直观的统计图、统计表等形式表示出来，并且根据研究结果所提出的政策建议部分在这种报告中也十分突出。这类研究报告对于各级政府决策部门和各类实际工作部门了解社会情况、分析社会问题、制定社会政策、开展社会工作有着重要参考作用。主要有以下四种类型的报告：（1）认识社会的报告；（2）关于政策研究的报告；（3）关于总结经验的报告；（4）揭露问题的报告。

学术报告一般指在专业杂志上发表或学术会议上发表的研究报告，这类报告往往比较紧凑、严谨；在研究设计、研究方法方面，它需要比较详细的描述，特别是样本抽取、变量测量、资料收集等细节更是如此；资料分析部分逻辑性强，对结果的讨论部分则相对严谨。学术研究报告着重于对社会现象的理论探讨，即分析各种社会现象间的相互关系和因果关系，以及通过对实地调查

资料的分析或归类，达到检验理论和构造理论的目的。

学位论文主要指博士学位论文、硕士学位论文和学士学位论文。博士学位论文往往篇幅较长，这里不予讨论。硕士学位论文与学士学位论文在形式上与学术研究报告相似，故把它们并在一起讨论，都称为学术研究报告。但实际上，学位论文往往比学术研究报告的内容更多、更细。

由于普通调查报告与学术研究报告这两类研究报告在目的、读者对象等方面的不同，因此，在撰写的格式和要求上也不完全一样。两者有以下区别：

（1）普通调查报告更强调对调查结果的描述、说明和应用，而对调查的方法、过程及工具等不大关心；

（2）普通调查报告的语言大众化，对社会现象的描述和分析也没有固定的格式，更多的采取直观的方式进行说明；学术研究报告要运用各学科的理论、概念、专业术语等，在形式上有较固定、严格的格式，结构更加严谨，论述的语言要求更加严密。

（二）描述性调查报告与解释性调查报告

根据调查报告在性质和主要功能上的不同，我们可将其区分为描述性调查报告和解释性调查报告两大类。

描述性调查报告着重对所研究对象进行系统、全面的描述，这种描述既可以是定量的，也可以是定性的。其主要目标是通过对研究资料和结果的详细描述，向读者展示某一现象的基本状况、发展过程和主要特点。对于那些以弄清现状、找出特点为目的的描述性研究来说，这种报告是其表达结果的最适当的形式。

解释性调查报告的着眼点则有所不同，它的主要目的是要用研究所得资料来解释和说明某类现象产生的原因，或说明不同现象之间的关系。这类报告中虽然也有一些对现象的描述，但一方面这种描述不像描述性报告中的那样全面、详细；另一方面，这种描述也仅仅是作为合理解释和说明现象的原因、解释和说明现象间关系的基础或前提而存在。简言之，这种报告是为了解释和说明而作必要的描述。

从撰写要求来看，描述性调查报告首先强调内容的广泛和详细，要求尽可能面面俱到。同时，它还十分看重描述的清晰性和全面性，力图给人以整体的认识和了解。而解释性调查报告则强调内容的集中与深入，看重解释的理论性和针对性，力图给人以合理和深刻的说明。

需要说明的是，研究报告的这种区分并无十分严格的界限，或者说，研究者在实际撰写研究报告时，往往难以把描述和解释这两方面完全区分开来，只是不同的报告对其中某一方面侧重的程度有所不同而已。

（三）定量研究报告与定性研究报告

根据研究的性质，研究报告还可以分为定量研究报告与定性研究报告两类。定量研究报告主要以对数据资料的统计分析结果及其讨论为主要内容，数量化、表格化、逻辑性强是其表达结果的主要特征，报告的格式十分规范且相对固定，报告的各个部分之间界限十分明显。与此相反，定性研究报告则主要以对文字材料的描述和定性分析为主要特征。在报告的结构上，既无严格的规范，也没有十分固定的格式。在内容上，描述和分析、资料与解释之间的界限也不十分明显，而且一般来说，定性研究报告中体现的主观色彩也较重。

二、调查研究报告的撰写步骤

（一）确立主题

调查报告的主题就是调查报告所要表达的中心问题，它是整个调查报告的灵魂。明确而适当的主题的确立，是整个调查报告撰写过程顺利开展的前提，在一般情况下，调查报告的主题就是该项调查的主题，即调查报告所要反映的中心问题也就是整个调查的中心问题，二者往往是一致的。

（二）拟定提纲

主题确立后，不可马上动笔写调查报告，而应先构思好调查报告的整体框架，并进一步将这种框架转变为具体的写作提纲。如果说主题是调查报告的灵魂，那么这种提纲就是调查报告的骨架。写作提纲的主要作用是清理思路，明确调查报告内容，安排好调查报告的整体结构，为实际写作打下基础。拟定写作提纲的方法是对调查报告的主题进行分解，并将分解后的每一部分进一步具体化。

（三）选择材料

首先要把研究收集到的资料进行整理、分类、统计分析后，按研究主题进行汇编；其次研究报告所用的材料并不是一项研究所收集到的所有资料，因此，在写研究报告前，必须对所用的材料进行选择。这种选择首先应以撰写提纲的范围和要求为依据，即应按照报告的"骨架"来选择填充的"血肉"，这样才能保证所选取的材料与报告的主题密切相关。其次还要坚持精练、典型、全面的原则，做到既不漏掉一些重要的材料，又使所用的材料具有最大的代表性和最强的说服力。调查报告所用的材料通常包括两方面的内容：一种是从调查中得到的各种数据、表格、事例等客观材料，另一种是在这些客观材料的基础上通过分析、综合、概括所形成的观点、认识、建议等主观材料。二者相互联系、相互依赖，共同构成填充调查报告"骨架"的"血肉"。

（四）撰写调查报告

撰写时通常要从头到尾一气呵成，而不要经常地在一些小的环节上停下来推敲修改，否则会影响整篇论文的逻辑性。这样做的好处是便于整个调查报告紧紧围绕所确立的主题来展开，使得调查报告在整体思想、体系结构、内容形式、行文风格等方面都前后一致，浑然一体。当调查报告全文写完后，再反复地从头阅读、审查和推敲每一个部分，认真地修改好每一个细节，使调查报告不断丰富和完善。

第二节　普通调查报告的写作

普通调查报告没有固定不变的格式，主要依据调查的目的、内容、结果以及调查报告的读者对象和主要用途来决定。但一般来说，各种调查报告在结构上都可分成标题、导言、主体和结尾几个部分。下面，结合具体例子对这几个不同部分的写作方法和要求作一些说明。

一、标　题

对于一篇调查报告来说，标题是引起读者注意的关键因素之一。标题要力求生动、明确、针对性强，这样才能打动读者、吸引读者。如果标题平平常常，往往难以引起读者的关注。从目前大量调查报告的标题来看，用得较多的标题形式主要有下列四种类型。

（1）陈述式标题，即直接在标题中陈述调查的对象及调查的问题，直接反映出主题的内容，比如，《北京市高校研究生思想状况调查》《北京市房山区窑上乡官庄村社会经济状况调查报告》《上海市区高龄老人生活状况调查报告》等。这类标题的优点是读者一看题目，就知道该调查报告所反映的主要问题，有利于读者根据自己的实际情况和需要来选择是否阅读，但这类标题的最大弱点就是千篇一律，太一般化，难以吸引读者的阅读兴趣。因而发表在各种非专业的报刊杂志上的调查报告，很少用这类标题。

（2）结论式标题，即用某种结论式的语言或警句、格言、判断句等作标题，比如，《外汇管理体制改革出台后对江西经济产生的影响》《早期教育与学习成绩关系初探》《影响未来养老形式的一个重要因素》等。这种类型的标题的优点是既指明了调查所研究的主要内容或现象，同时又表明了作者的观点和结论，具有较强的针对性。其缺点是理论性较强，往往不够通俗易懂，有时还显得比较呆板，这种标题在专业刊物上用得较多，而在一般刊物上较少见。

（3）问题式标题，即以一个问题作为标题，比如，《他们为什么选择离婚》《我市为什么会出现"乘车难"的现象》《十名婴儿死亡的原因在哪里》等。这类标题的突出特点是十分吸引人们的注意力，有利于引起人们进一步阅读的兴趣。对于揭示和分析某一社会现象的原因的社会调查来说，其调查报告往往采用这种形式的标题。用于一般报刊上发表的调查报告，也多采用这种形式。

（4）双标题，即由主标题和副标题共同构成调查报告的标题，主标题多以提问式、判断式、警句式和结论式表达，而副标题则以陈述式表达，比如，《众星赶月追太阳——松滋县民营经济调查报告》《独生子女都是"小皇帝"吗？——对武汉市 1000 名小学生的调查》《教室爆炸——关于中小学生教室拥挤情况调查》等。这种形式的标题具有上述三种标题的优点，无论是普通调查报告还是学术性调查研究报告，都可采用这种形式的标题，因而这也是各类报刊杂志中十分常见的一种标题形式。

标题的写法虽然可以灵活多样，但应当注意以下两点：一是"文要对题"，即调查报告的标题要与调查报告的内容相符，不能为了引起读者的注意而使用超出报告内容的标题；二是标题大小适当，不能帽子很大，内容很少，显得"头重脚轻"，亦不能标题很小，所反映的内容超出标题所指的范围，显得不和谐。

二、导　言

普通调查报告的第一部分称作导言，也称引言或绪论，是调查报告的开头部分，它的主要任务是向读者简要地介绍整个调查的有关背景。其中，最主要的内容包括调查的目的、调查的内容、调查的对象、调查的时间、调查的地点、调查的方法等。有的调查报告也把调查的结论写进这部分。导言的具体写法有下列三种常见的方式。

（1）直述式，即开门见山，平铺直述，直接把调查的主要目的和意义、内容、对象、范围和方法等一一写出。这种写法是目前常见的一种写法，它的主要特点是有利于把握调查报告的主要宗旨和基本精神。

（2）悬念式，即先描述某种社会现象和社会问题，然后对这种社会现象和问题产生的原因或这一现象的影响、作用、意义等提出一系列疑问，最后介绍调查的基本情况。这种写法的效果是引人入胜，增强读者阅读报告的欲望。

（3）结论式，即在描述现象、提出问题的同时，直接写出结论，然后再在调查报告的主体部分对这一结论进行论证。

三、主　体

调查报告的主体部分是容纳大量材料和结果的部分，其关键在于如何在结构上恰当地进行组织和安排。主体部分的结构必须根据调查报告的内容来确定。要表现什么样的材料，要说明什么样的问题，报告主体部分要努力为这两者服务。一般来说，普通调查报告主体部分的结构有下列三种常见的形式。

（1）纵向结构式，即按照所调查现象本身所具有的时间顺序从纵的角度来描述分析，以突出某一现象或问题的发展过程，或者反映不同时期的变化与差别。这一结构有利于说清某一现象或问题的来龙去脉，使读者既了解问题的起因，又了解它的发展、变化和状况。

（2）横向结构式，即主要根据调查的内容来安排，根据调查现象本身所包含的各种不同特征或不同方面，从横的角度来逐一描述、分析和比较，以突出某一社会现象或主题的各方面的内容。这样可以使与某一现象或问题有关的各个方面的内容都得到集中的讨论。通过对这些方面的分析和描述，就能使读者对报告的中心问题有更深刻、更全面的理解。

（3）纵横结合式，即将上述两种方式相结合，以其中一种方式为主，常用于较大规模调查的调查报告中，以便于反映出比较复杂的内容。比如，在总体结构上按时间顺序，但在每一时期，又分别从不同的方面进行讨论；或在总体上按横的结构，而在每一个具体方面的描述中又采取纵的结构等。

需要注意的是，纵向结构式常用于纵向社会调查的调查报告中，而横向结构式则通常是用于横剖式社会调查的调查报告中。对于一项具体的调查研究来说，这些形式都不是固定不变的教条，应根据该项调查研究的实际情况进行构思。

四、结　尾

普通调查报告结尾部分的中心内容是小结调查的过程和主要结果，陈述调查研究的结论。此外，有的调查报告还可以在结尾部分阐明所调查现象产生或形成的原因、所具有的影响，并提出解决的办法或建议等，以供有关部门决策时参考。此外，通过对调查结果的深入调查分析，说明某一现象或问题对社会的危害性，以便引起有关部门的注意和重视。结尾部分在写作上的具体要求是：语言要精炼，陈述要明确，可以简明扼要地列出几点，清晰地表明调查研究的主要结果以及研究者的看法和观点。要抓住调查结果中最关键、最有价值的结论，使读者能留下鲜明深刻的印象。

> **专栏 13 - 1**　《上海市区高龄老人生活状况调查报告》（这一标题属于直接陈述式）

报告共分为五部分：导言、调查方法、高龄老人的基本情况、高龄老人的生活状况、亟须解决的几个困难问题。

导言：通过列举数据，概括地描述了上海老年人和高龄老年人的情况。指出高龄老人是"老龄问题的关键"。说明了研究高龄老人状况的意义。接着介绍调查的组织情况。

调查方法：单独列出。作为报告的一部分。这样做能较详细介绍调查方法各个具体方面，是专业刊物的基本要求。但在非专业刊物上发表的调查报告，以及供领导阅读的调查报告往往不必这么安排，可以用简明扼要的话在导言中叙述即可。

基本情况：包括性别、年龄、文化程度、职业状况、婚姻状况、家庭人口和结构、收入状况等。这些内容虽然不是作者调查的主要内容，但却与主要内容和分析有着密切的关系。所以在各种调查报告中，在介绍主要调查结果之前，常常要陈述和介绍被调查对象有关方面的基本情况。通过这些基本状况的介绍，可使读者对被调查对象的总体情况有一个概括的了解。

报告第四部分是调查的主要结果：上海市区高龄老人的生活状况。作者采取的是横的结构安排。分别从对老年人的赡养、日常生活、居住情况、健康与就医情况等四个方面来描述高龄老年人的生活。摘录中间一小部分：

表 13-1 年龄与健康状况交互分类表

健康状况	年龄							
	80～84		85～89		90～94		≥95	
	人数	%	人数	%	人数	%	人数	%
有病	484	79.6	133	72.7	29	72.5	2	50
无病	124	20.4	50	27.3	11	27.5	2	50
合计	608	100.0	183	100.0	40	100.0	4	100.0

高龄老人所患的疾病中居首位的是白内障，第二位是心脏病，第三位是高血压，第四位是关节炎，第五位是慢性支气管炎。

在 835 位高龄老人中，思维清楚的有 749 人，占总人数的 89.7%；有些迷糊的有 78 人，占 9.3%；神志不清的有 7 人，占 0.8%。年龄与精神状况一般成正比，即高年龄的老人，精神状况日差，但四位 95 岁以上的老人却是思维清楚的。

在这部分应注意，表格中的类别要分得比较合理。例如，该表 5 中，年龄大于 95 岁的老人仅 4 位，单独分成一类就不太合适，因为当有病和无病者各为 2 位时，虽然从纯数学的角度看，比如各为 50%，但是由于个案数目太少，使得此时的百分比意义不大，而随机误差产生的影响太大。较恰当的方式是将95 岁以上者并到 90～94 岁组，列为 90 岁以上者一组，这样三个不同年龄段的百分比具有较强的代表性，相互比较就有意义。另外，还需要注意，文字叙述部分要突出表格中最关键的内容以及表格中未能反映出的内容。应通过深入分析表中的数据的含义，揭示出某些特点和规律。

最后一部分： 对调查中所了解的问题进行了综合分析，并提出了作者的建议。

资料来源：袁方. 社会研究方法教程［M］. 北京：北京大学出版社，1997.

总的来说，导言部分以介绍情况、说明目的为主；主体部分则以详细描述社会现象的实况、报告实地调查的结果为主；结尾部分则以对这一社会现象的讨论、总结为主，在必要的时候，还要提出作者的看法以及解决问题的建议，以引起社会的重视，或供有关部门参考。

第三节　学术研究报告的写作

学术研究报告主要用于专业学术会议或专业学术刊物，其读者对象主要是各具体学科的专业人员，因此，学术研究报告的撰写往往比普通调查报告的撰写更加严格。

规范的社会研究报告往往有比较固定的格式，尽管用于不同目的、不同场合的研究报告在形式上会有若干细小的差异。大体上，研究报告都是从所探讨的问题开始，到研究所得到的结论和意义结束。各种研究报告在结构上通常可以分成导言、方法、结果、讨论、小结、参考文献，以及附录几个方面。

导言：即说明研究的是什么问题以及为什么进行这一研究。其中，往往包括三方面内容：第一，研究的缘起（或背景、动机）；第二，研究的问题及其界定；第三，研究的目的和意义。

方法：即说明进行研究所采用的方法、程序和工具。其中，主要包括以下内容：第一，文献回顾及评论；第二，研究的基本概念、变量、假设和理论架构；第三，研究的总体、样本及抽样方法、抽样过程；第四，研究的主要方法（包括资料收集方法和资料分析方法）。

结果：即说明通过调查研究发现了什么。

讨论：即说明发现的结果具有哪些意义，从这一结果出发，还能得到什么或还可以继续做些什么。

小结：即对上述四个方面的简要总结。

参考文献：即研究报告中所涉及的书籍和文章目录。

附录：即调查研究过程中所用的问卷、量表及某些计算公式的推导、数据计算方法等。

➡ 专栏 13－2 《农村外出妇女的生育意愿分析——安徽、四川的实证研究》

一、研究背景

由于中国特殊的城乡二元模式，流入城市的农民往往会在观念和行为方式上受到来自于城市社会的巨大冲击，加之流动本身带来的生活的不稳定性、职业的频繁变更性、行为的短期性，使他们在观念和行为方式上有别于其家乡人，从原有的农村社群中分化和剥离出来；然而农村文化在他们身上烙下的印迹以及制度的限制又使得他们很难真正地融入城市社会，从而造成他们对城乡两种文化的双重不适应，成为一个既游离于农村和城市之外又与农村和城市有紧密联系的边缘群体。在这个群体中，平均大约有 1/3 为女性，且以 15～35 岁年龄段的人居多（陈再华，1996；陈浩，1996），这个年龄段正是妇女婚嫁生育的集中期。因为在人口管理上属于易遗漏的群体，游离于城市和农村之间的妇女相对于其乡里人而言有着更为广阔的生育自由度。在这种背景下，作为生育主要载体的妇女的生育观念在外出前后有无变化，有怎样的变化？外出对妇女的生育观念是否会产生深远的影响？流动妇女的生育观念与流出地的妇女是否有差异，有怎样的差异？是什么因素影响了这些变化和差异？本文将就这一系列问题进行探讨。

二、理论框架和研究设计

分为概念界定、理论框架、研究思路、数据来源和分析方法五个部分。

三、结果与分析

首先介绍调查点和被调查妇女的基本情况；其次对生育意愿进行概述，认为"从外出妇女和未外出妇女的比较来看，两群体的性别期望构成大致相当，控制了年龄、文化程度等因素后仍然没有太大差异，这似乎能在一定程度上表明，外出对妇女性别期望的改变并不起太大作用"；再次是"外出对理想子女数影响的多因素分析"，为了控制相关特征变量的影响，研究采用多变量 logistic 回归以考察是否外出以及外出经历对农村妇女理想子女数的作用，在回归分析中采用反向剔除法，只保留对模型有显著作用的变量；最后得出结论：通过以上分析，本研究的主要发现可以总结为：（1）在相同的年龄、文化程度等条件下，外出妇女的理想子女数要少于未外出妇女，外出对妇女理想子女数的减少具有显著的作用；（2）在对子女的性别偏好上，外出妇女和从未外出妇女没有显著差别；（3）外出妇女回到家乡的时间越长，其理想子女数与家乡未外出妇女就越趋近，回到家乡多年的妇女只想要一个孩子的可能性低于那些刚刚回乡不久的妇女；（4）一些外出经历如外出期间回家情况、累积在外滞留时间、外出期间工作性质、外出是否跨省、流入地类型等的不同并没有造成外出妇女之间理想子女数的差别。

四、讨论

从定量分析结果可见，外出妇女和未外出妇女在生育意愿上存在差异，这种差异主要来自于两方面：外出妇女的选择性特征带来的差异和外出带来的差异。对于选择性特征带来的差异我们较易理解，然而外出究竟是通过何种机制和途径影响生育意愿呢？结合访谈资料对这个问题进行了进一步的探讨。

资料来源：尤丹珍，郑真真．社会学研究［J］．2002（6）．

撰写研究报告时，应该明确这样一种指导思想或基本思路，这种指导思想或基本思路可以用"宽—窄—宽"来概括。若形象地说，就是要按照沙漏的形式来撰写。

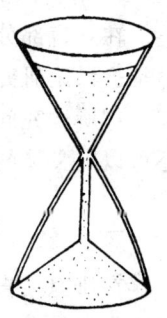

这种按沙漏的形式撰写的思路指出，调查报告在内容上应从广阔的导言开始，逐步转变到较为专门化的领域，直到提出研究者自己的研究领域，这就是由"宽"变"窄"；然后介绍自己的研究方法和结果，这是沙漏的最狭窄部分。从讨论研究结果的内涵开始，报告又开始逐渐向一般的领域拓展，即由"窄"变"宽"。广阔的导言可向读者提供你的问题形成的背景及其意义；狭窄的方法和结果部分可以帮助读者集中注意力于你的研究成果和质量；而讨论部分的拓宽，则可向读者展示你的研究结果所具有的丰富内涵，尽量发掘特定结

（沙漏式图）

果所具有的一般意义，提高研究的意义和价值。这种沙漏式的撰写形式，并不是指篇幅上的多和少，而是指所涉及的内容范围的宽和窄。

一、导 言

导言必须包括下述三方面的内容。

1. 介绍所研究的问题和研究意义

主要介绍所研究问题的性质和背景，陈述所研究问题是什么，为什么选择该问题进行研究，并介绍其研究意义。研究意义包括理论意义和现实意义。

2. 相关文献的综述（或国内外研究现状）

就是对有关这一问题研究领域中已有的研究及其结果进行综述和评论。研

究者应该让读者了解这个领域到目前为止的已有的研究，并且指出这些研究的共同点和相抵触的地方。对文献的回顾奠定了研究者的研究基础，展示了研究者的研究在一个更大的框架下的价值。

有时候，研究者要质疑已为众人所接受的观点，为此，研究者应该详细地介绍导出这些结论的研究，然后指出已有的研究未曾考虑的因素或这些研究的逻辑错误。如果研究者要着重解决过去研究中有争议的观点，研究者的文献就应该以两种相反的论调为主要框架。先概述支持其中一种观点的所有研究，再概述支持另一种观点的研究，最后对两种观点的差异提出解释。

对读者而言，研究者的研究文献或多或少还有参考书目的功能。因此，要把同一议题的相关研究作出索引。综述的写作要精心地组织和安排，不能只是简单地将有关文章的摘要重述一遍，更不能将别人的文章逐字逐句地写进文献评论中。正确的方法是，先仔细阅读每一篇有关的文章，寻找那些与自己的研究紧密相关的部分，然后依据这些材料归纳、概括后作出综述，写作中要体现有"综"有"述"的特点。

3. 对自己的研究的介绍

在导言部分的最后，应该简要介绍一下自己的研究。这种介绍的主要目的不是去讨论研究内容的细节，而是介绍自己研究的切入点和基本理论框架。比如，你所研究问题或准备检验的假设是什么，主要的自变量和因变量是什么，还可以定义你的研究模型和主要理论概念等。

二、方　法

在研究报告中，方法的说明非常重要。这部分的主要任务是明确地告诉读者你是如何做这项研究的。只有知道了研究所采用的方法，明了各种具体操作步骤，读者才能评价你的研究是否具有科学性，是否有价值。

1. 有关研究方式及研究设计的介绍

对于导言部分所提出的问题，是采取哪一种方式进行研究的？基本设计是什么？这是方法部分首先应该说明的问题。社会研究主要有实验研究、调查研究、实地研究和文献研究等方式，具体到自己的研究来说，主要采用哪种研究方式由不同的资料收集方法和资料分析方法及特定的程序和技术所组成。同时还包含着不同的方法论问题。因此，介绍的内容和重点往往是不一样的。

如果采取的是调查研究方式，那么，需要介绍调查的总体、样本、采用的调查方式（自填式问卷调查或是访问员登门访谈）、调查工具、调查员培训及资料的回收情况等方面的情况。

2. 有关研究对象的介绍

在研究报告中，要专门介绍研究对象的情况。对于调查研究来说，要给出调查和研究对象总体的定义，对总体的基本情况进行描述，还要对调查的样本及抽样方法、抽样程序进行说明。许多研究报告中写上"在××市进行了抽样调查"，这样的说明远远不够，因为读者仍旧不明白你究竟调查了些什么人，究竟是怎样抽样的，读者无法判断你的结论在多大程度上反映了现实的情况。只有当读者了解了你的样本的来源和特征后，他们才能估计你的研究结果推而广之时，受到的局限性有多大。

3. 对研究的主要变量的说明

如果是采用问卷调查的方式，应介绍研究的主要变量是什么，变量的操作定义是什么，变量又是通过哪些具体的指标来测量的。还应该对问卷中用来测量这些变量的特定问题进行分析说明。即使在研究报告的附录中附有调查的问卷，也要这样做。

4. 对资料收集过程的说明

如实地把研究者是如何进行实验操作或实施调查的过程告诉读者。比如，一项实验研究对其过程介绍如下：

"我们先用一份含有 30 个问题的种族偏见程度量表同时对实验组和控制组成员进行测量。半个月后，单独给实验组成员放映了一场反映黑人历史和生活的影片。又过了半个月后，再用同样的量表对两个组的成员再次进行测量。在这一个月中，两组成员都没有经历与种族偏见有关的事件。"

同时要对所用的工具进行说明。无论是实验所用的仪器、材料，还是测验所用的量表，调查所用的问卷，都要对读者进行一定程度的描述。对于问卷来说，虽然在学位论文或学术专著中常将其附于文后或书后，但一般的供发表用的研究报告常常由于篇幅的限制，不可能这样做。因此，需要将其长度、形式、制作过程等做些介绍，比如，问卷包含多少个问题，主要是封闭式问题还是开放式问题，是否进行过试调查，在何地对哪些对象进行的试调查，试调查的结果如何等，都应作些说明。

5. 对资料分析方法的说明

由于研究方式的不同，样本规模的不同，资料收集方法的不同等，使得每一项具体的研究所采取的分析方法也都不完全一样。有的以定性分析为主，有的则以定量的统计分析为主，有的只进行了初步的、一般化的描述分析，有的则进行了较深入的、复杂的相关分析等。在这部分，研究者还要对实际采用的分析方法作些说明。

6. 对调查的质量及局限性进行评价

在方法的最后部分，常常需要对研究程序、样本、资料等方面的质量进行评估。在社会研究中，任何一项研究都不可能十全十美，即总会在某些方面存在这样或那样的问题。一个研究者的科学态度既体现在研究工作中扎扎实实、一丝不苟的精神上，也体现在对研究质量实事求是的评价上。研究的过程只有研究者本人最清楚，哪些地方存在着误差，哪些方面存在着缺陷，哪些方面存在着限制，都应该毫无保留地向读者报告。这种说明既可以避免其他研究者将该研究的结论不适当地推广或运用到不恰当的地方，同时也可以启发其他研究者在该研究的基础上作进一步研究来弥补它的不足。

一般而言，研究方式、资料收集方法和资料分析方法之间有一定的对应关系，具体如表 13-2 所示。

表 13-2　研究方式、资料收集方法与资料分析方法之间的对应关系

研究方式	子类型	资料收集方法	资料分析方法	研究的性质
调查研究	普遍调查 抽样调查	统计报表 自填式问卷 结构式访问	统计分析	定量
实验研究	实地实验 实验室实验	自填式问卷 结构式访问 结构式观察 量表测量	统计分析	定量
实地研究	参与观察 个案研究	无结构观察 自由式访问	定性分析	定性
文献研究	统计资料分析 二次分析 内容分析 历史比较分析	官方统计资料 他人原始数据 文字声像文献 历史文献	统计分析 定性分析	定量/定性

三、结　果

如何表达结果？总的原则是：先给出总体的、一般性的陈述，然后才是个别的和具体的细节陈述。不管是在对整个研究的结果的陈述中，还是在对各个部分结果的陈述中，都应该采取这一原则。在对整个研究结果的陈述中，应该先给出中心的结果，然后移到外围的结果；在对各个部分结果的陈述中，也是应该先陈述基本的结果，然后再在必要的地方和细节上详尽地阐述或描述。

具体的做法是，从基本结果或中心结果开始，按照下列步骤慢慢展开：

（1）再次向读者提示在报告的导言部分所提出的概念性问题，即对所研究的问题的概念性陈述。比如，我们的问题是："男人比女人更容易感情外露吗？"或者，"让我们先看看这一问题：是男人还是女人更容易感情外露？"这一做法的目的是将读者从导言部分开始的、但中途被方法打断的有关研究问题的思路再次连接起来，即按照"问题－结果"的线索继续下去。

（2）马上告诉读者调查的答案。比如，"回答是肯定的"或者，"正如下面表1（表1略）所显示的那样，正是男人比女人哭的更多"，这就是你的结果或结论。

（3）开始用调查得到的各种数字、图形、表格和材料向读者说话。这里的基本规则是，既能使读者通过阅读你的说明和解释来抓住你的主要结果，又能使他们通过查看图形或表格来做到这一点。这也意味着，各种图表都必须具有清楚完整的标题，即使是一个非常长的标题也行。同时，在说明和解释的文字中，你又必须手把手地引导读者找出图表中的主要结果。比如，"正如表2（表2略）中第一栏所显示的，男性中流泪人数的百分比（32.6%）高于女性流泪的百分比（26.8%）"，而不要只是笼统地说"从上面表中我们可知男性流泪比女性更多"。

（4）在对这一分支结果进行适当的小结的同时，用一种平滑的转折句把读者引向下一个分支内容。比如，"上述结果肯定了男性在消极的情感方面比女性更容易出现感情外露的现象，但是，我们是否能够假定他们在积极的情感方面也比女性更加容易外露呢？下列表3（表3略）说明，我们不能下这样的结论……"随着结果部分的进行，我们需要不断地小结，以便帮助读者不断地把到目前为止的这些信息储存在头脑中。而不能总是让读者回过头去查找和取回你的叙述线索中的那些主要点。

这部分常犯的毛病有以下三种：

① 面对一大堆收集来的资料和统计数字不知该如何取舍，好像这也有用，那也有价值，往往舍不得"割爱"；

② 片面地认为统计图表越多越好；

③ 对图表数据的说明太肤浅，没有去揭示这些图表数字所代表的意义和内涵，没有起到文字说明的效果。

四、讨　论

讨论部分一般是从告诉读者本研究掌握了什么开始。开头就以明确的叙述说明研究的假设是否得到证实，或者明确地回答导言部分所提出的问题。但是要注意，不要简单地再次解释和重复在结果部分已经总结了的观点和结论，而是要在结果部分的基础上，挖掘新的、更深的东西。讨论部分的每一句陈述，都应该增加读者对所研究的问题的理解。

讨论部分还包括：对于研究仍未能回答的那些问题的讨论；对于在研究中新出现的问题的讨论；以及对有助于解决这些问题的研究的建议等。在实际发表的研究报告中，相当一部分是以对进一步研究的建议来结束研究报告的。此外，研究者还应该回顾研究的不足，并给未来从事相关研究的人一些建议，以免再次出现同样的不足。

五、小结、中英文摘要和关键词

小结是对前面四个部分的主要内容作一个提纲挈领的总结。但是，目前许多专业刊物上发表的研究报告，常常以摘要来代替小结。摘要是研究文章的概要，它通常作为一个单独的部分放在研究报告的开头，而不是放在研究报告的末尾，它陈述了研究目的、研究方法和主要发现。一般来说，学术论文的摘要往往只有一二百字，硕士学位论文的摘要有三五百字，博士学位论文的摘要有一千字左右，它使广大读者能很快地对这一研究的主要内容、方法、结果和结论有一个总的了解。

> **专栏 13 - 3　摘要的例子**
>
> **提要：** 本文通过讲述后集体时代发生在一个中国村庄里的楼房竞赛故事，分析这一现象背后的农民平均主义心态。与动辄将平均主义归咎于中国传统文化的做法不同，文章利用田野资料，结合更宏大的历史文化背景，精心建构出一个故事脉络，以特别探讨集体化经历与这一心态形成之间的关系。

专栏 13 - 3 所引摘要是卢晖临在 2006 年发表于《社会学研究》第 6 期的《集体化与农民平均主义心态的形成——关于房屋的故事》一文的摘要，只有一百多个字。要想写好摘要很不容易，因为在短短一二百字内突出自己论文的亮点，吸引读者的"眼球"，需要作者下一番工夫。可以多看相关期刊上的摘要，慢慢地摸索经验。

目前国内绝大多数期刊，不仅要求有中文摘要，而且要求要有英文摘要（abstract），国内期刊的英文摘要通常是将中文摘要翻译成英文。规范的学术期刊，不但要求有摘要，而且也需要有关键词，关键词就是反映文章内容的 3～7 个关键的词语。关键词一定要反映文章的内容，是方便别人检索文章的，有一些词不太适合做关键词，比如"中国"这样的词就不适合做关键词。上面我们所提到的卢晖临那篇文章的关键词为：农民平均主义，集体化，社会分化，共 3 个关键词。英文关键词（keywords）就是将中文的关键词翻译成英文。

六、参考文献与注释

调查报告中有时需要援引别人的论述、结果、资料或数据，来支持、佐证或说明自己的某种观点或结论。凡是引用别人的资料，一定要注明来源，而不能将别人的工作和成果不加注明地在自己的报告中使用。

对于引文的处理通常主要有夹注、脚注和尾注三种写法。一般夹注与尾注在研究报告的结尾处，要将报告中所引用过的全部著作和文章目录列出，并以"参考文献"作为标题，将它们集中成一个单独的部分。脚注则用［1］或①等符号作出标记，然后在该页的最下端，用小一号的字体分别说明引文的出处、时间等情况，或作出有关的解释。

有的学术期刊将参考文献与注释分开，参考文献表示所参考的论文、著作等。对于一些需要进行单独说明的地方，或者对一些概念的解释，以及某些不易理解的内容可以加注释来进行说明。有的期刊则将参考文献与注释放在一起。我们用实例来说明一些学术期刊中的规范。

1. 脚注中的参考文献与注释：以《中国社会科学》杂志为例

在所引的资料处注明一注释记号，如在该资料后的右上角用①、②、③等来标明，然后在该页的最下端，用小一号的字体分别说明引文的出处、时间等情况，或作出有关的解释。《中国社会科学》杂志采用脚注的方式标明参考文献与注释。专栏 13-4 截选了《中国社会科学》2008 年第 3 期一篇论文的部分内容，在这篇论文中，④可以看做是注释，而①、②、③可以看做是参考文献，每一页在页面底端均用①、②、③等予以标明。

⇨ 专栏 13-4　《中国社会科学》中脚注的写作方式（节选）

……那种乡村兴衰的问题。①他对于台湾社会的观察让我们看到了事物发展的另一面。这一面并不是那么悲观。显然，黄应贵借用了萨林斯（Marshall D. Sahlins）的文化不会轻易转变的观念。萨林斯提醒我们，应该注意到本土社会自身转化外来势力的能力，文化并不是那种轻而易举就会消失的东西。②这样的看法再一次回归人类学根本——对他者的关怀，③这种关怀不是先入为主地把他者看成是问题的发源地，也不仅仅将"我"与"他者"看成是研究者与被研究者的主客对立关系，而是要追溯到作为他者的本土社会自身的演化逻辑。这种逻辑在没有这种他者关怀的社会问题论者的眼中，可能就是一种非理性的逻辑，但是对于本土人自身而言却是再理性不过了，是一种"实践理性"。

随着时间的推移，过去人类学家曾经调查过的村落也将成为历史中的村落；寻访这些村落的现在状况已经成为当下中国乡村研究的一种主流范式，④

在这种研究范式的引导之下，利奇向费孝通提出的村落代表性问题也许可以有一种新的解决途径。这种解决途径是将一个村落放置在一种自身演进的生命历程轨道上，由此我们能感受到一个可以微观把握的村落史。这样，所有发生过的事情之间的联系就不再是那种宏观历史学家凭借过于丰富的想象力而把不同时空下发生的同质性事件并接在一起的做法，那样一种并接，作出来的是一种任意性，却缺少了内在联系的实质性以及解释的关联性。

当然，对于回访者而言，回访是一件比较容易的事情；以最初研究的田野民族志为基础，所有的问题意识都可以借此描述而展开。但是要想真正看出一个村落的时代变化，却是一个怎样看待变化的复杂问题。这单单依靠结构功能论的缺少理论的客观描述是无法解决的，同时，这也不是历史学家的那种以过去解释现在的做法所能够完全理解的。1950 年埃文斯-普理查德所做的"马雷特讲座"已经开启了一种要把人类学（以"当下"解释"当下"）和历史学（以"过去"解释"当下"）结合起来的努力，这也成为结便可以构建出一种理论，这想法显得过于天真。在阅读了那些自称是民族志的、实际上很多是罗嗦的村落描述之后。那种"食之无味、弃之可惜"的鸡肋般印象是怎么也无法挥之即去的，可这些作品都自称是在反映真实的乡村社会！

来源：赵旭东．乡村成为问题与成为问题的中国乡村研究［J］．中国社会科学，2008（3）．

---

① 参见黄应贵：《农村社会的崩解？当代台湾农村新发展的启示》，《中国农业大学学报》（社会科学版），2007 年第 2 期。

② 关于萨林斯的讨论可参见赵旭东：《神话的文化解释及其争论》，《民俗研究》2001 年第 1 期。

③ 参见王铭铭：《西方作为他者——论中国"西方学"的谱系与意义》，北京：世界图书出版公司，2007 年。

④ 这方面当属庄孔韶教授的研究最为卓著。他不仅比较早地开展了对林耀华的《金翼》（庄孔韶、林余成译．北京：三联书店，1989 年）研究的村落回访，而且有意识地将回访发展成一种研究中国乡村变迁的方法，关于这一点可以参见他的成名作《银翅》（北京：三联书店，2000 年）。另外，他还比较早地提出"乡村人类学"这一概念，鼓励一些人类学新人开展各种回访研究，并与其他人合著出版了《时空穿行——中国乡村人类学世纪回访》（庄孔韶等著，北京：中国人民大学出版社，2004 年）一书，可以说，此书的出版使回访研究在中国乡村人类学研究中成为一种范式的开端。另外，周大鸣教授对美国社会学家葛学溥（D. H. Kulp）1925 年研究的广东潮州市的凤凰村进行了再研究，发表了《凤凰村的变迁》（北京：社会科学文献出版社，2006 年）一书。王铭铭教授亦在 1990 年代后期针对英国人类学家王斯福（Stephan Feuchtwang）1960 年代中叶在台湾山街所做的民间宗教人类学研究进行了回访研究，并著有《山街的记忆》（上海：上海文艺出版社，1997 年）；在他的鼓励下，其学生们走进云南，对于 1940 年代费孝通研究过的"禄村"、许烺光研究过的大理喜州的西镇、田汝康研究过的芒市都做了极为细密的人类学再研究，这些都成为中国乡村人类学回访研究范式的经验基础。从事回访研究的地点不仅如此；可以见得，回访研究已经成为一种研究趋势，这种趋势可以化解人类学缺少历史感或者宏观史学缺少地方感的那种缺憾。

2. 夹注中的参考文献与注释：以《社会学研究》杂志为例

夹注中的参考文献的写法是在所引资料之后，用括号括起来。专栏 13 - 5 摘取了卢晖临发表于《社会学研究》2006 年第 3 期的论文中的一段来说明夹注的写作方式。

➡ 专栏 13 - 5　《社会学研究》中夹注的写作方式（节选）

……影响地球上最多人口而且长达 30 多年的集体制度联系在一起。历史学家布洛赫（Mare Bloch）说，"在历史学家审阅的所有画面中，只有最后一幅才是清晰可辨的。为了重构已经消逝的景象，他就应该从已知的景象着手，由今知古地伸出掘土机的铲子"（布洛赫，1992/1974：38）。社会学家吉登斯则说，社会学的使命就是去理解我们今天何以成为今天的（Giddens，1996：2）。虽然看上去这两种说法指向不同的方向，但是在对历史与现实之间关系的认识上完全一致。我把在后集体时代观察到的房屋换代潮，当作向集体时代提问的线索，最终目的是去理解集体化在乡村社会分化层面造成的影响，分析集体化在农民平均主义形态形成过程中的作用。

资料来源：卢晖临. 集体化与农民平均主义心态的形成——关于房屋的故事 [J]. 社会学研究，2006（6）.

夹注中的文献要与报告最后的"参考文献"相呼应。在参考文献中，一定要列出与此夹注相配合的文献。也就是说，文中出现的引文，在参考文献中能找到对应的文献，而文中没有出现的，在参考文献中不能列出。

有一点需要注意，在引用的时候，可以直接引用，也可以间接引用，直接引用就是引用别人的原话，这时候需要加引号。如专栏 13 - 5 中的所引用的布洛赫的话。如果是间接引用，即没有引用别人的原话，是用自己的话复述或者总结别人的观点，则不需要加引号，但是需要注明是谁的观点，如上述专栏中所引用的吉登斯的话。

在夹注中，要将文中所引的所有文章与著作列于文章的结尾处，并冠以"参考文献"而单独作为论文的一个部分。

《社会学研究》杂志中所引文献的排列按照中文在前，英文在后的顺序。中文按照姓氏首字母从 A 至 Z 进行排列，英文也是按照姓氏首字母从 A 至 Z 进行排列。

对于同一作者同一年出版的两篇文献的引用可以在夹住引用时作出标明。比如，可以采用（马寅初，1997a：38）和（马寅初，1997b：57）的形式进行区分，在后面列参考文献的时候也要标明。专栏 13 - 6 是卢晖临论文中部分参考文献的写作方式（此处截取了其参考文献中的一部分）。

⇒ **专栏 13 - 6** 《社会学研究》文末参考文献的写作（节选）

参考文献：

薄一波，1991，《若干重大决策与事件的回顾》（上），北京：中共中央党校出版社。

杜润生，1985，《中国农村经济改革》，北京：中国社会科学出版社。

费孝通，1986/1939，《江村经济》，南京：江苏人民出版社。

韩丁，1980/1966，《翻身：中国一个村庄的革命纪实》，韩琼等译，北京：北京出版社。

黄宗智，1986/1985，《华北的小农经济与社会变迁》，北京：中华书局。

勒华拉杜里，1997/1982，《蒙塔尤》，许明龙、马胜利译，北京：商务印书馆。

刘少奇，1985，《在中国共产党第八次全国代表大会上的政治报告》《刘少奇选集》（下卷），北京：人民出版社。

卢晖临，2003，《革命前后的社会分化模式及其变迁：社区研究的发现》，黄宗智主编，《中国乡村研究》第一辑，北京：商务印书馆，2004，《集体制度的形成：一项关于文化观念和制度形成的个案研究》（博士论文），香港：香港中文大学。

马克·布洛赫，1992/1974，《历史学家的技艺》，张和声、程郁译，上海：上海社会科学出版社。

秦晖，1999，《从大共同体本位到公民社会》，载《问题与主义：秦晖文选》，长春：长春出版社。

王晓毅，1993，《血缘与地缘》，杭州：浙江人民出版社。

Bianco, Lucien 2001, *Peasants without the Party*. Armonk：M. E. Sharpe.

Eastman, Lloyd E. 1988, *Family, Fields, and Ancestors：Constancy and Change in China's Social and Economic History*, 1550 — 1949. Oxford：Oxford University Press.

Fei Hsiao-Tung & Chang Chih-I 1945, *Earthbound China：A study of Rural Economy in Yunnan*. Chicago：University Of Chicago Press.

Foster, George M. 1965, "Peasant Society and the Image of Limited Good." *American Anthropoligist* 67 (2).

Geertz, Clifford 1973, *The Interpretation of Cultures*. New York：Basic Books.

Giddens，Anthony 1996，*Introduction to Sociology*. New York：W. W. Norton & Company，Inc.

Griffin，Larry J. 1993，"Narrative，Event-structure Analysis，and Causal Interpretation in Historical Sociology." *American Journal of Sociology* 98 (5).

　　资料来源：卢晖临. 集体化与农民平均主义心态的形成——关于房屋的故事［J］. 社会学研究，2006（6）.

　　夹注中的注释则是采取脚注的形式进行标明。目前《社会学研究》杂志采用脚注的方式来写作注释。专栏 13－7 是《社会学研究》杂志中关于注释的例子。

⇨ 专栏 13－7　《社会学研究》中的注释（节选）

　　我的房东，年过 50 的汪老大常常指着他的楼房自我解嘲："这房子有什么好？要说有用，就一条，晒稻子有地方了。"①

　　话虽如此说，楼房还是照盖。1994 年 11 月，在汪老大的弟弟汪老三新落成的楼房前，我向他提出这个问题：为什么大家要盖楼房？汪老三觉得这个问题太滑稽，"大家都盖，你怎么能不盖呢？盖比是一个潮流，大家都是人，谁也不比谁差多少，形势摆在那儿，你不盖不成，形势逼人啊！"我眼前的这栋楼房。正是这种"形势"和"潮流"裹挟的产物。不过，细细一看，就发现很多问题。

　　资料来源：卢晖临. 集体化与农民平均主义心态的形成——关于房屋的故事［J］. 社会学研究，2006（6）.

　　3. 尾注中的参考文献与注释：以《西北人口》杂志为例
　　尾注中的参考文献是将所有脚注都移到文章的结尾处一并排出，并冠以"参考文献"的标题而单独列出，不是分别排在各页之下。
　　尾注中的注释有两种方式，一种脚注的方式，一种尾注的方式。采用脚注

---

① 　笔者 1994～2003 年期间在汪家村共完成田野调查 10 余次，文中所有访问和观察材料，均来自这些调查，以下不再一一注明。详见笔者的博士论文《集体制度的形成：一项关于文化观念和制度形成的个案研究》。

的方式标注注释与前面介绍的《社会学研究》的标注方式一致。

采用尾注的方式标注注释又可以分为两种情况。

（1）有的刊物和《中国社会科学》的标注方式相类似，也是不区分参考文献与注释，按序号一直排下来，在结尾处一并排出。

（2）有的刊物对尾注的处理采取另外一种方式，也就是在最后将其冠以"注释"的标题单独列出，并且与参考文献区分开来，在标注的时候也采用与参考文献不同的符号，比如，参考文献采用 [1]、[2]、[3] 等标注，则注释就可采用①、②、③ 的方式标注。具体可以参考相关杂志的要求。

专栏 13-8 以《西北人口》杂志上一篇文章的部分截图为例来说明其参考文献的写作方式。

专栏 13-8 《西北人口》中的参考文献（节选）

李录堂（2006）也提出经济落后地区新型农村合作医疗筹资方式：非货币型发展路径[4]。顾昕、方黎明（2006）以农民个人投入为主筹集合作医疗资金，也能增强农民群众的费用意识，可以避免和减少医疗资源的过度消费和浪费[5]。刘雅静（2007）认为新型农村合作医疗筹资要以个人投入为主，农民具有承担一定的医疗保障费用的能力[6]。孟宏斌（2007）认为新型合作医疗的筹资渠道一般分四个部分，应建立由政府引导、集体资助、居民自愿参加的多元化筹资制度框架[7]。刘岚（2008）认为筹资涉及到资金的来源和缴费时间平衡[8]。但是对欠发达地区新农合的筹资涉及的较少，缺乏实证性的研究。

参考文献：

[4] 李录堂，肖湘雄. 贫困地区农村合作医疗制度可持续发展研究 [J]. 中国卫生事业管理，2006（7）：431-433.

[5] 顾昕，方黎明. 公共财政体系与农村新型合作医疗筹资水平研究 [J]. 财经研究，2006（11）：37-46.

[6] 刘雅静. 我国新型农村合作医疗筹资问题研究 [J]. 中国卫生事业管理，2006（7）：436-438.

[7] 孟宏斌. 新型农村合作医疗筹资困境及机制创新研究 [J]. 武汉理工大学学报，2007（4）：485-489.

[8] 刘岚，陈功等. 农村社会保障研究应关注哪些问题 [J]. 农村经济. 2008（2）：54

[9] 中共甘肃省委党校. 甘肃省情数据手册（2008-2009）[Z]. 2009（内部资料）.

资料来源：包国宪，高选. 欠发达地区新型农村合作医疗筹资问题研究——以甘肃为例 [J]. 西北人口，2010（4）.

从专栏 13 - 8 可以看出，所引文献要用［1］［2］［3］等在文中标示，在文末所列的参考文献清单中，按照所引文献出现的顺序依次列出文献。

在专栏 13 - 8 中，在有的文献标题后有［J］，表示所引的文献是杂志，有的文献标题后有［M］，表示所引的文献是著作。根据 GB 3469 规定，以单字母方式标识以下各种参考文献类型。

表 13 - 1　文献类型和标志代码

文献类型	标志代码
普通图书	M
会议论文	C
报纸文章	N
期刊文章	J
学位论文	D
报告	R
标准	S
专利	P
汇编	G
参考工具	K

在目前学术刊物上所发表的研究报告中，三种注释形式都在使用中，并且按照任何一种注释形式都能够让人明白易懂。不过，不同的刊物要求的往往不大一致，甚至对于参考文献的写法都不同，具体在发表调查报告的时候可以参考相关杂志的具体要求，一定要按照杂志的要求来写作。

七、附　录

附录部分是将一些可以帮助读者更好地了解研究细节的资料编排在一起，作为正文的补充。这样的材料通常包括：（1）收集数据资料的调查表、问卷、心理测量表等；（2）计算某些指标或数据的数学公式介绍；（3）某些统计和测量指标的计算方法介绍；（4）某些调查工具、测量仪器和计算机软件介绍；（5）访谈资料。

一般而言，博士学位论文的撰写比较规范，专栏 13 - 9 的目录节选自龚春明的博士学位论文，其写作相对来说较为规范，可供初学者借鉴参考。

➡️ 专栏 13 - 9　博士学位论文目录

资料来源：龚春明．城镇化进程中村落的价值及发展研究［D］．中国农业大学，2013.

第四节　撰写调查研究报告应该注意的问题

上面几节中我们主要介绍了不同类型的研究报告的各个组成部分及其写作要求，在这一节里，我们将主要从写作方式、技巧上提出一些一般性的建议。

一、撰写政策性调查报告应注意的问题

政策性调查报告的读者一般是各个层次的决策者。这些人比较忙，每天要看很多文字材料。要使调查报告引起他们的注意，其写作应当从以下几个方面努力：

首先，标题要反映调查报告的内容。1948 年 9 月 14 日，毛泽东为新华社修改了一条新闻和一篇社论的标题。新闻的原题为：《华北召开中等教育会议》，毛泽东改为：《华北中等教育会议决定改善中等教育制度》；社论的原题是：《中等教育问题》，毛泽东改为：《恢复和发展中等教育是当前的重大政治任务》。毛泽东还在旁边批示："凡新闻，标题必须有内容。原题并无内容，不能引人注目。""凡论文标题，亦须有内容。原题没有内容，不能引人注目。"政策调查报告其标题也必须有内容。如果用《关于×××的调查》做标题，不知道内容是什么，就不能吸引决策者去看。例如，关于农民种粮积极性的调查，如果用《怎样调动农民种粮积极性》为题，就显得很平，倘若改成《调动农民种粮积极性不能单靠提粮价》，就会引起人们的注意。

其次，政策性调查报告应当提出解决问题的对策或者解决问题的思路。政策性调查报告从内容上可以分为两种类型：一种是可操作的调查报告，一种是思路性调查报告。可操作性调查报告要求提出具体的解决问题的办法或方案，只要这些办法或方案经过论证是可行的，就可以转化为党政机关的文件、政策，并付诸实施。思路性调查报告不是具体提出解决某一问题的办法，而是提出解决问题的思路，或是对某一问题的剖析。它是诊断，而不是开药方。解决问题的对策或思路是在提出问题、分析问题的基础上产生的，问题要提得鲜明，不能似是而非，要有说服力很强的事实来证明问题存在的状况和解决的紧迫性。对问题的分析要丝丝入扣，合情合理。对策或思路要面向实际工作，面向千百万人的切身利益，一点也不能有书生气。

最后，政策性调查报告文字尽可能简短一些，以能说明问题、使人能看懂为原则。周恩来 1961 年写的调查报告《关于食堂和评工记分等问题的调查》只

有六百多字，却反映了当时全国人民关心的、党内争论激烈的四个重大问题。陈云在 1956 年写的调查报告《解决猪肉和蔬菜供应紧张的办法》，系统地提出了猪肉和蔬菜生产、流通的一整套新办法，既有深刻的思想内容，又有可操作性。其中有些政策今天还在应用。这么重要的调查报告也才三千六百多字。

二、撰写科学调查报告应注意的问题

科学调查报告的写作特点是调查报告应当有严格的科学性。这种科学性在写作上表现在以下几个方面：第一，要客观描述，力求所写的东西不受感情因素的影响。要尽可能地摒弃一切感情用事的成分，这就要求用客观的行文方式，不带任何倾向性，用准确的语言，不用带感情色彩的形容词。第二，内容要系统，论据要充足，说明要详尽，背景要清楚。要回答读者可能产生的各种问题，要为后来的研究者提供可靠的资料。在适当的地方要绘出精确的统计数据或图表。第三，由于调查的准确程度和调查方法有关，所以在调查报告中要向读者介绍这一调查的调查方法，以便研究者进行分析、对比。如果是抽样调查，就应说明具体的抽样方法、样本数量、问卷的回收率，还要进行抽样误差分析。如果是实地观察，要介绍观察监测所使用的手段，使用计算机统计，应当说明具体软件、分析方法、总数据量等。第四，所引用的资料、数据，必须注明出处，便于读者核对。第五，文字清晰、精练，没有外行读者不能理解的行话。

三、行文应注意的问题

（1）用简单的语言写作，并要用例子来解释说明。研究报告应该用常用的语言写作，应该能让非专业的读者进行阅读，并且能让他们理解你干了些什么以及为什么要那么干。即使他们对于统计、实验设计或其他有关的专业知识一无所知。要做到这一点，最主要的办法是尽可能使用简单的语言，少用专业术语。同时研究报告毕竟是专业研究的结果，完全不涉及专业术语、抽象概念是不可能的。那么要使研究报告可读性强，除了上面所提到的用简单的语言叙述外，还要经常用具体的例子来解释说明所涉及的技术性概念。概念越抽象，就越需要用例子把它同读者自身的经验和已有的知识水平联系起来。

（2）叙述事实力求客观，避免使用主观或感情色彩较浓的语句。叙述中最好使用第三人称或非人称代词，尽量不用第一人称。比如，用"作者发现"、"笔者认为"，或者用"这一结果表明""这些数据说明"等，而不用"我认为""我们发现"等。

（3）行文时，应以一种向读者报告的口气撰写，而不要表现出力图说服读者同意某种观点或看法，更不能把自己的观点强加于人。因为读者阅读你的报告时，所关心的主要是你研究得到的客观事实，是你的研究结果和发现，而不是你个人的主观看法。尽管在研究结论的阐述中离不开作者个人的主观分析和思考，但各种研究结论的得出却不能是作者个人主观看法的延伸，而只能是研究资料和客观事实的逻辑结果。

（4）有时在阐述某一观点结论时，常苦于无法精辟深刻，这时可恰当地引用名言警句、民歌民谣。

总之，调查报告是为了完满地表述研究成果。成果即研究获得的新思想。古人云："文者，贯道之器也。"要使读者乐于接受研究成果，使新思想广泛传播。"言之无文，行之不远。"因此，首先，要怀着激动的心情动笔。我国晚清著名学者王国维在《人间词话》中，荟萃古代诗词佳句描绘出做学问的"三境界"："昨夜西风凋碧树，独上高楼，望尽天涯路；衣带渐宽终不悔，为伊消得人憔悴；众里寻他千百度，回头蓦见，那人正在灯火阑珊处。"其次，让新思想在读者面前闪光，不要让陈词将新思想埋没。做到陈言务去，无新不写，求新不求全。写作时选择最佳的角度表现新思想，因为"横看成岭侧成峰，远近高低各不同"。第三，要用最有说服力的事实把新思想表现得丰满有力。做到观点与事实严格统一，事实的叙述既要简约，又要生动；按逻辑来排列事实。

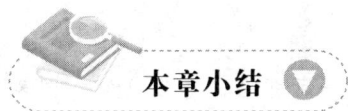

本章小结

研究报告是反映社会研究成果的一种书面报告。根据研究报告在性质和主要功能上的不同，我们可将其区分为普通调查报告、学术研究报告、学位论文等。

普通调查报告往往以了解社会现实情况、解决实际社会问题为主要目的。学术研究报告则着重于对社会现象的理论探讨。

导言主要说明所研究的问题、背景、研究的动机等；方法部分主要说明研究所采用的方式方法、研究的程序和工具等；结果部分说明通过研究发现了什么；讨论部分说明研究结果具有哪些意义，从这一结果出发，还能得到什么或还能继续做些什么；小结或摘要是对上述四个方面的简要总结；参考文献是研究报告中所涉及到的书籍和文章的目录集合；附录部分列出研究过程中所用的问卷、量表及某些计算公式的推导、数据计算方法等。

研究报告在内容上应从广阔的导言开始，逐渐集中到比较专门化的领域，直到提出研究者自己的研究领域和研究问题，即由"宽"变"窄"；然后介绍自己的研究方法和研究所得出的主要结果，这是研究报告内容的最狭窄部分。

当转向讨论研究结果的内涵时起，研究报告又开始逐渐由具体的结论向更一般的领域拓展，即由"窄"又变"宽"。

思 考 题

1. 选择三篇研究报告，包括普通调查报告、学术研究报告和学位论文三种类型，逐一概括其构成部分及结构，并进行比较。

2. 从《社会学研究》上选择一篇与你感兴趣的或你所熟悉的领域相关的研究报告，从该报告的导言部分读到结果部分，不要读其"结论与讨论"部分。你自己根据所读部分的内容写一个"结论与讨论"部分，并与原报告中的该部分进行比较。

3. 利用老师所提供的调查数据，撰写一篇描述性报告。

自 测 题

一、判断题

1. 调查研究报告是反映调查研究成果的一种书面报告。它以文字、图表等形式将调查研究的过程、方法和结果表现出来。

2. 学术研究报告以了解社会现实情况、解决实际社会问题为主要目的。

3. 学术研究报告往往比学位论文的内容更多、更细。

4.《北京市房山区窑上乡官庄村社会经济状况调查报告》这个标题属于直接陈述式。

5. 为了引起读者的注意，可以使用超出报告内容的标题。

（答案：对、错、错、对、错）

二、不定项选择题

1. 根据调查研究报告的用途、读者对象等方面的不同，可将调查研究报告分为（　　）。

A. 科学性调查报告　　　　　　B. 学术性调查报告

C. 学位论文　　　　　　　　　D. 普通调查报告

2. 标题形式主要有（　　）的类型。

A. 直接陈述调查的对象

B. 以某种结论式的语言或判断句作为标题

C. 以提问的形式作为标题

D. 采用双标题的形式，即主标题和副标题形式

3. 普通调查报告在结构上都可分成（　　）。

A. 标题　　　　　　B. 导言　　　　　　C. 主体　　　　　　D. 结尾

答案（BCD、ABCD、ABCD）

参 考 文 献

[1] 吴忠民. 社会学理论和方法 [M]. 北京：中共中央党校出版社，2003.

[2] 彭发祥，刘守恒. 社会调查研究方法 [M]. 北京：中国人事出版社，1992.

[3] 水延凯. 社会调查教程 [M]. 北京：中国人民大学出版社，1988.

[4] 风笑天. 社会学研究方法 [M]. 北京：中国人民大学出版社，2001.

[5] 袁方. 社会研究方法教程 [M]. 北京：北京大学出版社，1997.

[6] 李强. 应用社会学 [M]. 北京：中国人民大学出版社，2004.

[7] 施锡铨. 抽样调查的方法和方法 [M]. 上海：上海财经大学出版社，1996.

[8] 风笑天. 现代社会调查方法 [M]. 武汉：华中理工大学出版社，1996.

[9] 洪瑾. 社会调查研究方法 [M]. 北京：中国轻工业出版社，2004.

[10] 张创新. 社会调查理论与方法 [M]. 长春：吉林大学出版社，2003.

[11] 李莉. 社会调查方法 [M]. 广州：暨南大学出版社，2000.

[12] 艾尔·巴比. 社会学研究方法基础 [M]. 邱泽奇，译. 北京：华夏出版社，2002.

[13] 韦克难. 社会调查研究方法 [M]. 成都：四川人民出版社，2002.

[14] 戴建中. 社会调查研究方法 [M]. 北京：人民出版社，1998.

[15] 侯亚非. 社会调查研究原理与方法 [M]. 北京：华文出版社，1998.

[16] 王洪伟. 社会调查方法 [M]. 沈阳：辽宁大学出版社，2002.

[17] 韩明谟. 中国社会学调查研究方法和方法论发展的三个里程碑 [J]. 北京大学学报哲社版，1997 (4).

[18] [英] 哈拉博斯. 社会学基础 [M]. 上海：上海社会科学出版社，1986.

[19] [英] 罗斯. 当代社会学研究研究解析——社会学调查报告的系统分析 [M]. 银川：宁夏人民出版社，1988.

[20] 风笑天. 近五年来社会学方法研究述评 [J]. 社会学研究，1995 (1).

[21] [美] 贝蒂·H. 齐斯克. 政治学研究方法举隅 [M]. 北京：中国社会出版社，1985.